·湖北省社科基金一般项目（后期资助项目）"新时代高校辅导员专业化发展研究——基于湖北32所高校的调查分析"（项目编号：2021065）研究成果。

·湖北省哲学社会科学研究重大项目"'一带一路'倡议下湖北深化对外人文交流的机制与路径研究"（编号：21ZD046）项目资助

·本著作出版获得长江大学人文社科处和马克思主义学院学术著作专项资助

高校辅导员
专业化发展研究

伍廉松 著

GAOXIAO FUDAOYUAN
ZHUANYEHUA FAZHAN YANJIU

中国社会科学出版社

图书在版编目（CIP）数据

高校辅导员专业化发展研究/伍廉松著. —北京：中国社会科学出版社，2023.8
ISBN 978-7-5227-2174-3

Ⅰ.①高… Ⅱ.①伍… Ⅲ.①高等学校—辅导员—师资队伍建设—研究 Ⅳ.①G645.1

中国国家版本馆 CIP 数据核字（2023）第 120435 号

出版人	赵剑英
责任编辑	杨晓芳
责任校对	闫 萃
责任印制	王 超

出　　版	中国社会科学出版社
社　　址	北京鼓楼西大街甲 158 号
邮　　编	100720
网　　址	http://www.csspw.cn
发 行 部	010-84083685
门 市 部	010-84029450
经　　销	新华书店及其他书店
印　　刷	北京明恒达印务有限公司
装　　订	廊坊市广阳区广增装订厂
版　　次	2023 年 8 月第 1 版
印　　次	2023 年 8 月第 1 次印刷
开　　本	710×1000　1/16
印　　张	16
插　　页	2
字　　数	228 千字
定　　价	89.00 元

凡购买中国社会科学出版社图书，如有质量问题请与本社营销中心联系调换
电话：010-84083683
版权所有　侵权必究

序

习近平总书记在党的二十大报告中指出："培养什么人、怎样培养人、为谁培养人是教育的根本问题。育人的根本在于立德。全面贯彻党的教育方针，落实立德树人根本任务，培养德智体美劳全面发展的社会主义建设者和接班人。"[①]"国将兴，必贵师而重傅。"教育是国之大计、党之大计。教师是立教之本、兴教之源，是推动教育高质量发展的关键力量。辅导员是高校教师队伍的重要组成部分，肩负着为党育人、为国育才的重大职责和历史使命。自20世纪50年代初创立至今，我国高校辅导员制度走过了不平凡的发展历程。70多年来，我国高校辅导员制度不断完善，专业化发展进程持续推进，一批批高校辅导员成长为优秀的思想政治教育专家和党政管理干部。高校辅导员在全面贯彻党的教育方针、坚持社会主义办学方向、落实立德树人根本任务中发挥了不可替代的重要作用。实践已经证明，我国高校辅导员制度是成功的，辅导员队伍建设卓有成效。

《高校辅导员专业化发展研究》是伍廉松在其博士学位论文基础上修改完成的成果。2016年以来，作为一名在职攻读博士学位的高校辅

[①] 习近平：《高举中国特色社会主义伟大旗帜　为全面建设社会主义现代化国家而团结奋斗——在中国共产党第二十次全国代表大会上的报告》，人民出版社2022年版，第34页。

导员，廉松克服了在职学习的种种不便，认真学习马克思主义理论和政治学、教育学、社会学、思想政治教育学等学科理论知识，就"高校辅导员专业化发展"问题展开了较为深入的研究，完成了博士学位论文《新时代高校辅导员专业化发展研究》并顺利通过答辩。毕业后，他在新的岗位上仍然一如既往地努力进取，在承担更多任务、更大责任的同时，持续坚持自己的研究，奉献出了以博士学位论文为基础但又有别于博士学位论文的新成果——《高校辅导员专业化发展研究》。

《高校辅导员专业化发展研究》算得上是探讨高校辅导员队伍建设问题的理论之作、创新之作。在作者本人看来，高校辅导员专业化发展既是一个理论问题，更是一个实践问题。研究高校辅导员专业化发展不能脱离时代发展诉求与服务对象特点，不能简单地只从辅导员自身的微观视角审视如何提升专业化发展水平，而要把高校辅导员发展置于国际国内复杂的宏观发展大局之中进行认真研究和深入探索。中华人民共和国成立70多年来，我国高校辅导员队伍实现了从"政工干部"到"双肩挑"再到"职业化""专业化"的转变，但高校辅导员专业化发展还面临制度科学化、评价标准化、身份认同等方面的问题。针对这些问题，《高校辅导员专业化发展研究》以习近平新时代中国特色社会主义思想为指导，遵循"是什么—为什么—怎么做"的逻辑思路，全面梳理中华人民共和国70多年来高校辅导员建设与发展的历史进程，深刻分析新时代社会矛盾深刻变化给辅导员专业化发展带来的机遇和挑战，着力探讨影响辅导员专业化发展的主要因素，系统探讨高校辅导员专业化发展的主要任务与实践路径，提出了一些具有创新特色的重要观点。比如，书中提出的增强发展自觉、提升专业素养、培植专业伦理、构建常态化发展机制等高校辅导员专业化发展的路径，既充分反映了高校辅导员队伍建设的政策要求、已有经验，又体现了对高校辅导员队伍的专业化发展问题与时俱进、守正创新的探索。

序

习近平总书记多次强调："党和国家事业发展对高等教育的需要，对科学知识和优秀人才的需要，比以往任何时候都更为迫切。"① 毫无疑问，建设一支高素质、专业化的高校辅导员队伍，对满足党和国家事业发展对优秀人才的迫切需要具有重大战略意义。加强高校辅导员队伍专业化建设、促进高校辅导员个体专业化发展，是一项具有长期性、基础性的重大工程。新时代高校辅导员的专业化发展要更加重视坚定理想信念、强化责任担当、优化知识结构、提升能力水平等问题，积极引导、有效支持高校辅导员成为学生锤炼品格、学习知识、创新思维、奉献祖国的引路人。我想，这也许正是《高校辅导员专业化发展研究》出版的价值！

我是一名从高校辅导员岗位成长起来的思想政治教育学科教学科研人员，经历和见证了新时代高校辅导员专业化发展的过程，怀着深深的情感一直关注高校辅导员队伍建设问题。因此，当廉松提出把高校辅导员专业化发展作为博士学位论文选题和自己今后一段时间主要研究的问题的时候，我是极力支持的。看到经过近 8 年的努力后，他即将付梓的《高校辅导员专业化发展研究》书稿，眼前不禁浮现出他每周往返荆州—武汉求学、在课堂和读书会带着羞涩却能侃侃而谈等情景，心中不禁涌动着作为一名教师的自豪与骄傲！作为廉松的导师，也是他学术成长路上的同行人，我衷心期待他能以《高校辅导员专业化发展研究》的出版为契机，继续发扬坚持理想、敢于担当、不怕吃苦的奋斗精神，在学术研究道路上踔厉前行。

万美容

2023 年 1 月于武汉博文花园

---

① 习近平：《在北京大学师生座谈会上的讲话》，人民出版社 2018 年版，第 4 页。

目　录

绪　论 ·· 1
　　第一节　研究缘起与研究价值 ································· 2
　　第二节　国内外研究现状综述 ································· 12
　　第三节　研究思路与研究内容 ································· 23
　　第四节　研究方法与创新之处 ································· 26

第一章　高校辅导员专业化发展的理论阐释 ················ 30
　　第一节　高校辅导员专业化发展的基本内涵 ············ 31
　　第二节　高校辅导员专业化发展的一般特征 ············ 41
　　第三节　高校辅导员专业化发展的价值意蕴 ············ 49

第二章　中华人民共和国 70 年来高校辅导员队伍建设的
　　　　　演进与启示 ··· 60
　　第一节　中华人民共和国成立以来高校辅导员队伍建设的
　　　　　　历史演进 ··· 61

第二节　中华人民共和国成立以来高校辅导员队伍专业化
　　　　　　建设的现实启示 ·· 75

第三章　高校辅导员专业化发展的现状审视 ······················· 92
　　第一节　高校辅导员专业化发展研究设计与实施 ··············· 93
　　第二节　高校辅导员专业化发展的现实图景 ···················· 102
　　第三节　影响高校辅导员专业化发展问题现实归因 ·········· 124

第四章　高校辅导员专业化发展的主要任务 ······················ 131
　　第一节　以坚定教育信念为核心 ····································· 132
　　第二节　以掌握专业知识为基础 ····································· 141
　　第三节　以培养专业能力为重点 ····································· 150
　　第四节　以涵养专业伦理为关键 ····································· 160

第五章　高校辅导员专业化发展的路径建构 ······················ 168
　　第一节　激发自我效能感，增强辅导员专业化发展自觉 ···· 169
　　第二节　强化能力本位导向，提升辅导员专业化素养 ········ 181
　　第三节　以不可替代性为目标，构建专业化发展长效机制 ·· 196

结　语　推动高校辅导员专业化的深入发展 ····················· 205

附录1　高校辅导员队伍专业化发展调查问卷 ··················· 210
附录2　高校辅导员队伍专业化发展访谈提纲 ··················· 217
附录3　普通高等学校辅导员队伍建设规定 ······················ 219

参考文献 ·· 226

后　记 ·· 241

绪　　论

兴国必先强师。习近平总书记指出，"教师是人类灵魂的工程师，是人类文明的传承者，承载着传播知识、传播思想、传播真理，塑造灵魂、塑造生命、塑造新人的时代重任。"[①] 实现中华民族伟大复兴，办好中国特色社会主义教育，"需要我们大力培养造就一支师德高尚、业务精湛、结构合理、充满活力的高素质专业化教师队伍"[②]。辅导员是高校教师队伍的重要组成部分，是开展大学生思想政治教育的骨干力量，是解决好"培养什么人、怎样培养人、为谁培养人"根本问题的关键主体。在党中央的亲切关怀下，自1952年"双肩挑"辅导员制度设立以来，我国高校辅导员队伍工作能力不断增强，职业素养显著提升，在"职业化"与"专业化"道路上迈出了坚定的步伐，为培养一批又一批社会主义合格建设者和可靠接班人作出了巨大的贡献。与教师专业化发展历程一样，高校辅导员专业化不是一蹴而就的，它不

[①] 教育部课题组：《深入学习习近平关于教育的重要论述》，人民出版社2019年版，序言第5页。

[②] 习近平：《做党和人民满意的好老师：同北京师范大学师生代表座谈时的讲话》，人民出版社2014年版，第4页。

仅是一种状态与结果，更是一个循序渐进、持续发展的动态过程。"当前，我国处于近代以来最好的发展时期，世界处于百年未有之大变局，两者同步交织、相互激荡"①，世情、国情、社情、党情不断发展变化，为高校辅导员专业化提供了发展机遇的同时也带来了诸多现实挑战。高校辅导员要克服"本领恐慌"，完成铸魂育人、立德树人的时代重任，需要政府、社会、高校及辅导员自身协同发力，整体推进，从而"保证这支队伍后继有人、源源不断"②。

第一节 研究缘起与研究价值

一 研究缘起

教师职业伴随着人类社会的产生而产生。在刀耕火种的原始社会，尽管处于蒙昧时代的低级阶段，为了自身的生存和发展，人类不断学习，开始总结防御技能和社会生产生活经验，并通过言传身教传授给年轻一代。这一过程中就诞生了最初的教育活动。这种教育形式依赖于现实生活化的模仿与实践，无须借助外在附加的力量，尚处于自在状态，因而不需要专业的教育者，专业化的训练也显得可有可无。随着社会生产力的发展，社会分工不断细化，脑力劳动与体力劳动逐渐分离，一部分人靠出卖知识和脑力来谋生，教师独立为一种专门的职业成为可能。私学教师的出现，标志着"中国和世界上首次正式出现了以教学为主要谋生手段的教师和教师职业"③。同样，在早期的欧洲，教师的门槛很低，"退伍军人、家庭主妇甚至有了一点儿文字知识的社

---

① 《习近平谈治国理政》第三卷，外文出版社2020年版，第428页。
② 《习近平谈治国理政》第二卷，外文出版社2017年版，第380页。
③ 臧乐源：《教师学》，天津人民出版社1997年版，第22页。

会闲杂人员都可以充任教师"①。西方职业教师的出现以古希腊普罗塔哥拉、伊索克拉底等"智者派教师"的诞生为标志。直到中世纪，欧洲的学校还一直受教会掌控，神父、牧师和僧侣等扮演着教师的角色。可以看出，不论是东方还是西方，受农耕文明的制约，尽管教育活动已经开始活跃，但尚未从生产劳动中完全分离出来，专门培养教师的教育机构和专业化的教师职业还没有产生"长者为师""官师合一""僧师制""艺徒式"等培养模式，因而仍然沿用了相当长的时间。

马克思曾在《资本论》中对教师的劳动性质提出了论断，"在学校中，教师对于学校老板，可以是纯粹的雇佣劳动者……老板用他的资本交换教师的劳动能力，通过这个过程使自己发财"②。在马克思看来，资本主义社会中教师也是一种职业，为资本家间接地生产价值和剩余价值。第一次工业革命后，西方对劳动者素质的要求提高，夸美纽斯提出班级授课制后，社会对教育的关注度不断上升，人们开始意识到师资水平是制约教育发展的关键性因素。设置师范教育机构以培养专职教师的呼声不断高涨，1681 年，法国"基督教兄弟会"神父拉萨尔（La Salle）在兰斯（Rheims）创立了世界上第一所师资培训学校，随后，"教员养成所""教师进修班""师范学校"等非独立性机构在德国、奥地利等国兴起，由此产生了师范教育的雏形。欧美各国开始对教师进行专门的教育训练，师范教育逐步趋于制度化、系统化、专门化。我国的师范教育起步较晚，直到 1897 年，上海南洋公学师范院的诞生，标志着中国师范教育的开始。这一时期，受工业文明的驱动，各国师范教育不断变革，教师职业开始摆脱经验化，转而向制度化和专业化迈进。从 20 世纪初期到 60 年代，以"能力本位"为理念的师

---

① 滕大春：《美国教育史》，人民教育出版社 2001 年版，第 1 页。
② 《马克思恩格斯全集》第 26 卷，人民出版社 1972 年版，第 443 页。

范教育在世界各国兴起。然而，这种技术原理模式下的教育培养模式因为"不可能造就真正有效从事教学工作的教育者"①而饱受诟病。1966年，联合国教科文组织（UNESCO）和国际劳工组织（ILO）在 *Recommendation on the Status of Teachers* 中指出，教师职业应当成为专门的职业。20世纪80年代以来，强调"教师必须以提高教学水平及扩张个人知识及技能为发展方向"的"专业发展论"②成为教育发展的重要主题。随着美国 *Tomorrow's Teachers* 和 *A Nation Prepared：Teachers for the 21ˢᵗ Century* 等两份报告的公布，"强调未来教师和在职教师专业能力的自我提升"③成为主流。进入21世纪，教师专业发展成为我国教师队伍建设的指导性思想，教师的专业性地位进一步确立，专业化发展不断推进。

我国党和政府历来高度重视教育事业发展。党的十八大以来，以习近平同志为核心的党中央坚持教育优先发展，加快建设教育强国，将教师队伍建设摆在突出位置，落实立德树人根本任务，围绕培养德智体美劳全面发展的社会主义建设者和接班人这一目标，做出了一系列重大部署。在全国思想政治工作、全国教育大会等不同场合，习近平总书记指出新时代"对教师队伍建设提出了新的更高要求"，强调要以"三个塑造"、"四有"好老师、"四个引路人"为目标，强化"四个服务"意识，坚持"四个相统一"，促使其"努力做中华民族'梦之队'的筑梦人"，着力"培养造就一支师德高尚、业务精湛、结构合理、充满活力的高素质专业化教师队伍"。这一系列重要讲话和精辟论述，赋予了教师教育新的时代内涵，为我国新时代教育事业发展指明

---

① 教育部师范教育司：《教师专业化的理论与实践》（修订版），人民教育出版社2003年版，第22页。

② Megarry, J. Preface, in Eric Hoyle & Jacquetta Megarry（eds.）, *World Yearbook of Education 1980：Professional Development of Teachers*, London：Kogan Page, 1980, pp. 9 – 16.

③ 郑开玲、汤智：《教师专业发展：历程、内涵与趋向》，《教育探索》2005年第10期。

了方向，为培养造就一支党和人民满意的高素质专业化高校辅导员队伍提供了指引。

辅导员是高等学校教师队伍的重要组成部分，肩负着为党育人、为国育才的重大职责和历史使命。经过七十余年的沉浮起伏，高校辅导员始终按照"政治强、业务精、纪律严、作风正"的要求，为国家社会稳定和教育事业健康持续发展贡献应有的力量。党和政府高度关注辅导员队伍建设，先后出台了一系列文件，进一步确立了高校辅导员的重要地位，明确了高校辅导员的"双重身份"，提出构建"双线晋升"机制，指出高校辅导员要"向职业化、专家化方向发展"，"整体推进辅导员队伍建设"，"着力建设一支高水平的辅导员队伍"，为高校辅导员专业化发展打开了新的机遇之窗。思想政治工作具有鲜明的时代特征，不同时期的思想政治工作都被打上了时代的烙印。进入新时代以来，高校思想政治工作被提升到全局性、整体性、战略性的高度，在治党治国中的地位和作用进一步凸显。辅导员作为高校立德、树人、育人体系中不可替代的重要力量，加强高校辅导员队伍建设、提升辅导员专业化水平显得更加必要。

"无论是个人生活还是社会历史，不同时了解这二者，就无法了解其中之一。"① 研究高校辅导员的专业化发展，不能简单地只从辅导员自身的微观视角审视如何通过激发内在自觉性提升其专业化发展水平，而要把辅导员发展置于当前国际国内复杂的宏观发展形势之下，认真审视新时代高等教育面临的新机遇与新挑战，深刻把握新时代高校辅导员面临的新作为与新使命，这是新时代高等教育实现内涵式发展的必然要求，也是促进高校辅导员专业化发展的客观需要。不可否认，当前我国高校普遍存在着"重教学研究、轻学生事务"的现象，

---

① ［美］赖特·米尔斯、塔尔考特·帕森斯：《社会学与社会组织》，何维凌、黄晓京译，浙江人民出版社1986年版，第4页。

对于辅导员存在"万金油式"的职业偏见；辅导员专业化建设尚缺乏完备的知识体系和社会公认的评价标准，专业化身份始终没有获得社会的广泛认同，加之其教师身份也只是在"规定下"获得的，客观上导致辅导员队伍专业化发展一直处于边缘化的尴尬状态。这些问题在严重制约辅导员队伍建设的同时，也难以适应新时代高水平人才培养的需要，消解了立德树人的效果。因此，新时代为高校思想政治工作发展提供了新的发展机遇，推进辅导员专业化发展，是落实高校立德树人根本任务的必然要求，也是解决辅导员队伍自身发展的内在诉求。

二 研究价值

学生事务管理是高校教育功能的重要组成部分，已经被纳入学术研究的范畴。境外高校没有设置辅导员岗位，但业已形成了一整套较为完备的学生事务管理专业化理论体系。站在新时代的关键历史节点，从专业化视角研究辅导员队伍建设，对于落实立德树人根本任务、进一步加强和改进高校思想政治工作具有重要的理论价值和现实意义。

（一）理论价值

本书以马克思主义关于职业分类、社会分工、人的全面发展等理论为指导，广泛借鉴教师专业化、人力资源管理、职业生涯规划、内驱力等相关理论，致力于从多学科发展视野夯实高校辅导员专业化的理论基础，理论意义如下。

1. 有助于拓展辅导员专业化发展的研究视角

佩里（P. Perry）认为："教师的专业发展……意味着教师已经成长为一个超出技能的范围而有艺术化的表现；成为一个把工作提升为

专业的人；把专业智能转化为权威的人。"① 专业化发展是一个长期而又复杂的历史过程，研究视野十分广阔。西方学生事务工作者的专业化发展吸纳了人本主义、职业生涯规划、人力资源管理、内驱力理论等众多理论之长。从我国高校辅导员队伍建设研究规律来看，关于辅导员专业化的研究不仅是思想政治教育领域关注的焦点，教育学、社会学、管理学等不同学科同样对此进行了积极的探讨和深入的研究。但通过梳理文献发现，当前关于辅导员队伍建设的研究更多主要侧重思想政治教育视角，从政策、口号和文件出发，或基于一些具体问题的讨论，或纠缠于一些碎片化的事实，缺少学理性探究，较少对专业化问题本质进行反思与追问，未能从理论高度为辅导员专业化发展提供切实可行的指导。本书认为，作为高校教师队伍的重要组成部分，研究辅导员专业化不能局限于思想政治教育的视角，而应该把辅导员专业化置身于教师专业化的范畴之内，从哲学、教育学、心理学、管理学、社会学等多学科视角对此开展研究。这种学科交叉研究的思路有助于进一步拓展辅导员专业化研究的深度和广度。

2. 有助于丰富高校辅导员队伍专业化建设理论

从现有文献研究来看，西方和国内的不少学者对专业、专业化、专业发展、专业化发展、教师专业发展、教师专业化发展等概念理解各异，尚未达成一致意见，对于这些概念的特征、相互关系、历史发展过程的梳理也仅限于各自学科理论视野内。从辅导员专业化理论研究来看，腾云等学者认为，辅导员尚不符合成熟专业的判定标准，还不能作为一个独立的专业，但从高校辅导员的价值来说，"最终走向专

---

① Hoyle, E., "Professionalization and De Professionalization in Education", in Eric Hoyle & Jacquetta Megarry (eds.), *World Yearbook of Education 1980: Professional Development of Teacher*, London: Kogan Page, 1980, p. 143.

业是一种发展趋势"①。还有部分学者认为，高校辅导员的专业化应该侧重于学生事务管理的专业化，如思想教育、心理咨询、就业指导、职业规划等。事实上，与教师专业化发展类似，高校辅导员专业化发展还可以区分为个体与群体、内在与外在等不同维度。本书基于该视角，从马克思主义关于分工和职业、专业的理论出发，对新时代高校辅导员专业化发展的内涵、特征、内容进行深入研究，对高校辅导员专业化发展存在的理念滞后、意识不强、知识有限、素养不够、技能不足、体制不健全等诸多基础理论问题进行深入探讨，不仅有助于进一步厘清高校辅导员专业化发展内涵，还能为高校辅导员的职业与专业身份提供理论支撑，从而丰富和完善新时代高校辅导员队伍专业化发展理论。

3. 有助于推进新时代高校思想政治教育的理论创新

恩格斯指出，"我们的理论是发展着的理论，而不是必须背得烂熟并机械地加以重复的教条。"② 思想政治教育具有与时俱进的优良品质。面对世界的大发展、大变革与大调整，思想政治教育理论必须适应新的形势发展需要，不断丰富和完善，以此指导新的实践活动。面对世界百年变局和世纪疫情相互叠加的复杂局面，高校学生工作的职能与对象已经发生了广泛而又深刻的变革，思想政治工作的目标与内容、主体与客体、方法与途径、载体与环境等随之也发生了变化；而作为网络时代的原住民，青年大学生的思想更加活跃，更容易对个人理想与社会现实的矛盾产生困惑，是因循守旧还是革故鼎新，已经成为思想政治教育理论发展的重要前提。与此同时，尽管高校辅导员已经被确立了"教师"的身份，辅导员队伍职业化、专业化和专家

---

① 史仁民：《高校辅导员专业发展论》，中央编译出版社2018年版，第9页。
② 《马克思恩格斯选集》第4卷，人民出版社2012年版，第588页。

化的呼声日趋高涨，但高校辅导员队伍建设还面临着实践强于理论的尴尬境遇，其专业化发展明显落后于党和国家政策的要求，不能满足人民对于美好教育的向往，也难以适应新时代高校思想政治工作发展的需要。本书把高校思想政治工作队伍中的重要主体——辅导员作为研究对象，关注思想政治工作环境与对象变化引发辅导员工作内容的变化，通过厘清高校辅导员专业化的概念、内容、目标、方法、途径等理论内涵，旨在进一步明确高校辅导员的工作职责与历史使命，增强思想政治教育的时代感，推进新时代高校思想政治工作的理论创新。

(二) 现实意义

随着社会分工的精细化发展，推进高校辅导员专业化发展，不仅具有理论研究价值，而且具有破解辅导员职业面临的现实困境、推动辅导员职业可持续发展、培养适应新时代发展需要的高水平人才的现实意义。

1. 有助于确立身份认同、解决队伍稳定性不足的现实问题

社会学家涂尔干（E. Durkheim）提出："在高等社会里，我们的职责不在于扩大我们的活动范围，而在于使它们不断集中，使它们朝着专业化的方向发展。我们必须划定我们的范围，选择一项确定的工作，全心全力地投入进去。"[①] 长期以来，我国高校辅导员更多倾向于"政治性"，选拔门槛偏低，选聘标准更多侧重于思想素质、政治觉悟和道德品质，对应聘者的学科背景、专业伦理、职业精神、专业素养等关注不够。辅导员职前与岗位培训更多侧重于心理健康、应急处理等事

---

① ［法］涂尔干：《社会分工论》，渠敬东译，生活·读书·新知三联书店2000年版，第359页。

务性管理，忽视了辅导员职业发展理念、知识体系、教育智慧等专业化核心素养的培养，加上更多沉浸于社团活动、日常教育管理等常规性工作，因而其被视为学生的"全能保姆"，成为职场的"万金油"。霍伊尔（E. Hoyle）认为"教师专业发展是指在教学职业生涯的每一阶段，教师掌握良好专业实践所必备的知识与技能的过程"[①]。本书通过问卷与访谈，归纳出新时代高校辅导员专业化存在的问题，并对导致专业化不足的原因进行探讨，有利于激发辅导员个体专业化发展的内驱力，坚定其职业信念，增强其职业认同感与归属感，为辅导员长远发展规划切实可行的指导借鉴，客观上解决高校辅导员发展出路不畅、职场稳定性不足的现实困惑。

2. 有助于适应新时代更高水平人才培养的新需要

实践证明，高校辅导员专业化发展不是一成不变的，而是随着社会的进步不断走向科学化、制度化、规范化和专门化的过程。这一过程既有专业知识体系的积累、专业技能素养的增强，也包括职业伦理的提升、专业精神的发展和专业智慧的拓展。习近平总书记指出："我们对高等教育的需要比以往任何时候都更加迫切，对科学知识和卓越人才的渴求比以往任何时候都更加强烈。"[②] 进入新时代以来，中国高等教育面临着巨大的机遇，也承担着新的使命。一方面，高等教育被提高到了前所未有的新高度。教育被确立为中华民族伟大复兴的基础性工程，高等教育不仅为科教兴国等国家战略提供着人才支撑，还对社会发展起着重要的引领作用。另一方面，社会发展也对高等教育提出了更高的要求。党的十九大报告中关于高等教育的论述已经从十八

---

① Hoyle, E., "Professionalization and De Professionalization in Education", In Eric Hoyle & Jacquetta Megarry (eds.), *World Yearbook of Education 1980: Professional Development of Teacher*, London: Kogan Page, 1980, p. 42.

② 《习近平谈治国理政》第二卷，外文出版社2017年版，第376页。

大中"推进高等教育内涵式发展"上升为"要实现高等教育内涵式发展",强调"培养担当民族复兴大任的时代新人"[①]。党的二十大继续指出,要加快建设高质量教育体系,"加快建设教育强国、科技强国、人才强国,坚持为党育人、为国育才,全面提高人才自主培养质量"[②]。这些重要论述对新时代落实立德树人根本任务提出了更高的要求。高校辅导员队伍是落实立德树人根本任务的重要力量,其工作能力的高低直接关系到高校人才培养的质量。当前辅导员专业化发展水平偏低,推动辅导员根据时代变化加强自我的专业化发展,是高校辅导员队伍建设的内在诉求,也有助于适应新时代更高水平人才培养的需要。

3. 有助于促进高校立德树人根本任务的完成

"高校思想政治工作关系高校培养什么样的人、如何培养人以及为谁培养人这个根本问题。"[③] 长期以来,高校辅导员坚持正确的政治方向,以服务国家和社会中心任务和工作大局为己任,以立德树人为根本任务,围绕学生、关照学生、服务学生,努力推进"三全育人",为培养德才兼备、全面发展的社会主义合格建设者和可靠接班人做出了巨大的贡献。随着改革开放的不断深入,我国社会转型加快,全球化、信息化浪潮的影响不断扩大,受历史虚无主义等西方社会思潮的侵蚀,人们的思想观念呈现多元、多样、多变的时代特征,少数青年在一定程度上也出现了道德滑坡、诚信缺失、价值迷茫、信仰虚无,加之抖音、快手、微信、微博等全媒体的迅猛发展,思想政治教育的吸引力和感染力受到削弱,工作质量亟待提升。高校辅导员队伍具有教师和

---

① 习近平:《决胜全面建成小康社会 夺取新时代中国特色社会主义伟大胜利——在中国共产党第十九次全国代表大会上的报告》,人民出版社2017年版,第42页。
② 习近平:《高举中国特色社会主义伟大旗帜 为全面建设社会主义现代化国家而团结奋斗——在中国共产党第二十次全国代表大会上的报告》,人民出版社2022年版,第33—34页。
③ 《习近平谈治国理政》第二卷,外文出版社2017年版,第376页。

管理人员双重身份，是课程育人、文化育人、实践育人等"十大育人"体系直接的承担者和实施者，是促进思想政治工作质量提升的关键力量。加强高校辅导员队伍专业化建设，有利于高校整合育人力量，统筹育人资源，解决高校思想政治工作不平衡、不充分问题，更好地适应和满足新时代青年大学生的成长成才诉求，提升高校思想政治工作质量，为党育人、为国育才。

第二节　国内外研究现状综述

在国内，随着学生事务工作向专门化、专业化发展，高校辅导员早已不再是"什么都干，谁都能干"的岗位，把辅导员职业发展纳入学术研究的范围已经形成了广泛的共识，辅导员队伍建设的理论与实践研究也引起了不少学者的关注。围绕高校辅导员的身份认同、职业能力提升、专业化发展、制度化建设等诸多主题，国内学者开展了一系列研究，取得了较为丰硕的成果。就国外来说，尽管社会制度与国情有差异，但西方国家同样高度重视学生的思想教育与道德建设，英国、美国等西方国家高校均设有"Counselor"（学生事务管理人员），负责为学生提供学业咨询、心理辅导、职业规划等工作。事实上，不论是西方的学生事务管理人员还是国内的辅导员，两者都兼具高校教师的共同属性，但因体制不同，其角色定位、工作职责存在明显的差异。因此，我国高校辅导员专业化发展研究既要从教师的共性着手，还要考虑到他们与普通教师的不同之处，从他们的职业特殊性入手。就这一主题，国内外学者已经从不同视角进行了较为细致的研究。

一　国内研究现状及述评

自20世纪50年代我国高校辅导员制度设立以来，辅导员这一群体的职业发展一直受到党和政府的高度重视。学者们基于历史、理论、问题、实践、比较等不同视角开展了深入研究,归纳起来,主要分为以下几个方面。

(一) 基于历史视角,追溯辅导员制度及队伍建设

比较有代表性的包括杨振斌和冯刚的《高等学校辅导员培训教程》①、杜向民和黎开谊的《嬗变与开新:高校辅导员制度发展研究》②、胡金波的《高校辅导员职业化发展研究》③、冯刚的《辅导员队伍专业化建设理论与实务》④、朱正昌的《高校辅导员队伍建设研究》⑤、王小红的《高校辅导员工作的理论与实践》⑥、张再兴的《高校辅导员队伍建设理论与实践》⑦、李莉的《高校辅导员专业化发展研究》⑧、唐德斌的《职业化背景下高校辅导员的专业化发展》⑨、柏杨的《改革开放以来高校辅导员队伍建设研究》⑩、何登溢的《高校辅导员职业发展研究》⑪ 以及史仁民的《高校辅导员专业发展论》⑫。这些研究无一例外都对中华人民共和国成立以后高校辅导员制度建设发展历

---

① 杨振斌、冯刚:《高等学校辅导员培训教程》,高等教育出版社 2006 年版,第 2—3 页。
② 杜向民、黎开谊:《嬗变与开新:高校辅导员制度发展研究》,中国社会科学出版社 2009 年版,第 12—36 页。
③ 胡金波:《高校辅导员职业化发展研究》,苏州大学出版社 2010 年版,第 2—15 页。
④ 冯刚:《辅导员队伍专业化建设理论与实务》,中国人民大学出版社 2010 年版,第 3—20 页。
⑤ 朱正昌:《高校辅导员队伍建设研究》,人民出版社 2010 年版,第 15—26 页。
⑥ 王小红:《高校辅导员工作的理论与实践》,北京大学出版社 2010 年版,第 5—14 页。
⑦ 张再兴:《高校辅导员队伍建设理论与实践》,人民出版社 2010 年版,第 46—80 页。
⑧ 李莉:《高校辅导员专业化发展研究》,东南大学出版社 2010 年版,第 52—65 页。
⑨ 唐德斌:《职业化背景下高校辅导员的专业化发展》,四川人民出版社 2013 年版,第 130—182 页。
⑩ 柏杨:《改革开放以来高校辅导员队伍建设研究》,西南交通大学出版社 2018 年版,第 46—68 页。
⑪ 何登溢:《高校辅导员职业发展研究》,高等教育出版社 2018 年版,第 47—54 页。
⑫ 史仁民:《高校辅导员专业发展论》,中央编译出版社 2018 年版,第 64—71 页。

程做了回顾,研究呈现以下三个特点。一是从研究节点来看,主要集中于两个阶段,其一是中央16号文件颁布以后,其二是党的十八大以后,尤其是全国高校思想政治工作会议以后。这也从侧面印证了高校辅导员队伍建设与国家和时代发展的中心任务紧密结合。二是从研究内容来看,以上著作均从高校辅导员制度萌芽开始追溯其发展历史,最远的认为我国辅导员制度源于黄埔军校办学时期[①]。学者们参考不同的对象与标准,对高校辅导员制度的发展阶段进行了不同层面的划分,有三阶段、四阶段、五阶段或者六阶段等。三是从研究结果来看,这些研究坚持以史为鉴,通过梳理高校辅导员队伍建设的发展历程,较为客观公正地提出了不少宝贵的建议与启示,如柏杨提出,高校辅导员队伍建设必须坚持党的领导,适应大学生全面发展的需要,坚持理论探索与实践创新等[②]。

(二) 基于理论视角,关注辅导员专业化发展的基础理论

杨晓慧从主体视角对高校辅导员的角色定位、形象、价值归属、本质等诸多问题进行了深入的研究[③][④]。朱正昌从辅导员队伍建设的方向与目标出发,研究了高校辅导员的工作内容、业内发展机制、支撑与评价体系、一般和特殊规律,为增强高校辅导员队伍建设的科学性提供了理论支撑。李忠军[⑤]引入"职业信念"的概念,并分析了高校辅导员职业发展存在的五种不同趋势。李莉对高校辅导员专业化理论

---

① 史仁民:《高校辅导员专业发展论》,中央编译出版社2018年版,第65页。
② 柏杨:《改革开放以来高校辅导员队伍建设研究》,西南交通大学出版社2018年版,第85—89页。
③ 杨晓慧:《培训培养与高校辅导员队伍专业化研究》,《思想理论教育》2008年第7期。
④ 杨晓慧:《高校辅导员主体论探析》,《东北师大学报》(哲学社会科学版)2010年第11期。
⑤ 李忠军:《高校辅导员职业特性分析》,《高校辅导员》2010年第10期。

进行了疏解，指出"高校辅导员是一个发展中的专业"[1]。袁尚会从静态和动态的视角指出了高校辅导员专业化的内涵[2]，何登溢探究了高校辅导员职业发展涉及的学理性理论，包括马克思主义人学理论、社会分工理论、人力资源、职业发展等[3]。史仁民从教师专业化发展的视角提出高校辅导员专业发展的角色定位、工作内容和核心素质等[4]。范赟、王俊认为要以思想理论教育和价值引领为中心对高校辅导员专业化建设内涵再审视[5]。以上研究涉及了高校辅导员专业化发展相关的能力素养、素质技能、内容体系、培训体系等诸多基本理论，一些研究还借鉴了其他学科理论，为新时代高校辅导员队伍建设提供了理论基础和价值依据。但这些研究也存在研究内容重复性高、理论创新度不够、深度和广度都还有待于进一步拓展等问题。

（三）基于问题视角，研究辅导员专业化发展的现状

杜向民、黎开谊等认为，辅导员队伍建设存在"理念滞后、制度不科学、结构不合理、素质不完善"[6]等诸多问题。翁铁慧提出，辅导员专业化发展存在整体结构水平较低、职业缺乏吸引力、角色定位模糊、行业组织发展滞后、准入制有待完善、专业化的训练不足等发展"瓶颈"[7]。王全安、张在金、贾常遥认为，高校辅导员专业化发展困

---

[1] 李莉：《高校辅导员专业化发展研究》，东南大学出版社2010年版，第40页。
[2] 袁尚会：《辅导员专业化的基本内涵及实现途径》，《学校党建与思想教育》2017年第2期。
[3] 何登溢：《高校辅导员职业发展研究》，高等教育出版社2018年版，第22—33页。
[4] 史仁民：《高校辅导员专业发展论》，中央编译出版社2018年版，第137—207页。
[5] 范赟、王俊：《新时代我国高校辅导员队伍专业化建设内涵再审视——以思想理论教育和价值引领为中心》，《思想理论教育》2021年第6期。
[6] 杜向民、黎开谊等：《嬗变与开新：高校辅导员制度发展研究》，中国社会科学出版社2009年版，第209—216页。
[7] 翁铁慧：《高校辅导员队伍建设论纲》，人民出版社2014年版，第75—79页。

境包括"选聘机制不科学、归属感与职业认同偏低、功能定位不清晰"①等。王映、赵盈认为，辅导员专业化发展存在"理论知识困境和实践性知识困境两个困境"②。邬小撑进一步分析了其中的原因，认为专业化发展存在偏离是"辅导员对培养时代新人与回应学生需求之间的高度辩证统一关系理解不深刻、把握不精准、实践不均衡导致的"③。以上研究涉及了当前辅导员队伍发展中存在的各种突出问题，如角色定位不足、职业认同感较低、专业化程度不高等诸多方面内容，基本一针见血、直击痛处，对于本书具有直接的借鉴意义。尤其值得一提的是，相对传统的定性研究，学者如柏杨④、何登溢⑤、史仁民⑥、谈传生、胡景谱、刘文成视野更加开阔，分别把研究假说、研究模型、问卷调查、深度访谈等研究方法引入辅导员专业发展研究，突出定量与定性相结合，用数据说话，为我们进一步发现辅导员队伍建设中存在的困难和问题开辟了新的路径⑦。不过，以上研究不少基于辅导员自身的微观层面及高校发展环境等中观层面，忽视了思想政治教育时代性的宏观视野，较少有学者把时代发展变化作为辅导员专业化发展的直接影响因素进行探讨，这也是本书的重点和难点。

---

① 王全安、张在金、贾常遥：《高校辅导员职业化专业化的困境与破局》，《学校党建与思想教育》2017年第24期。
② 王映、赵盈：《高校辅导员专业化知识困境及其对策》，《思想理论教育》2017年第3期。
③ 邬小撑：《新时代高校辅导员专业化发展指向论析》，《思想理论教育》2021年第5期。
④ 柏杨：《改革开放以来高校辅导员队伍建设研究》，西南交通大学出版社2018年版，第90—113页。
⑤ 何登溢：《高校辅导员职业发展研究》，高等教育出版社2018年版，第67—95页。
⑥ 史仁民：《高校辅导员专业发展论》，中央编译出版社2018年版，第74—109页。
⑦ 谈传生、胡景谱、刘文成：《高校辅导员专业化职业化发展的现实困境及破解路径——基于中部某省51所高校3176名辅导员的实证调查》，《思想教育研究》2022年第1期。

（四）基于实践视角，探讨辅导员专业化发展的路径

实践发展路径是学者们关注的焦点之一，特别是16号文件发布后，不少学者进行了卓有成效的研究。王小红提出，辅导员专业化"要坚持以人为本，把专业化培养过程内化为辅导员的自我需要；关注辅导员的生命价值和意义；遵循内在发展规律；强调辅导员主体价值的实现"[①]。张莉、鲁萍、杜涛认为，"应通过科学定义角色等，完善专业化发展制度和行业体制，提高辅导员队伍自身职业能力和专业化发展"[②]。邬小撑、楼艳、陈泽星对学生发展与辅导员队伍建设的题中之义、逻辑关系进行探讨，提出要基于学生发展需求的视角，为辅导员队伍建设发展提供支撑[③]。孙立、李凡分别从政策层面、高校层面、操作层面提出辅导员专业化要加强顶层设计、完善体制保障、激发内在动力等[④]。刘宏达认为，"提升话语权是辅导员专业化发展的核心要求"，因此提出要关注、提升思想政治教育话语权[⑤]。王琦提出，要从"提高职业认同度、增强专业化发展的主观意愿、提高队伍科研水平、做好职业发展规划"[⑥]等方面加强辅导员队伍专业化建设。王焕红提出，要实现高校辅导员理念素养、业务能力和管理模式的专业化。上述研究基本都建立在辅导员专业化存在的困境基础上，对专业化发展

[①] 王小红：《高校辅导员工作的理论与实践》，北京大学出版社2010年版，第140页。
[②] 张莉、鲁萍、杜涛：《高校辅导员职业能力提升与专业化发展研究》，《思想理论教育导刊》2015年第8期。
[③] 邬小撑、楼艳、陈泽星：《基于学生发展需求的辅导员队伍专业化建设》，《思想理论教育》2017年第5期。
[④] 孙立、李凡：《高校辅导员专业化发展的基本内涵与策略探析》，《思想政治教育研究》2017年第1期。
[⑤] 刘宏达：《高校辅导员提升思想政治教育话语权的内在逻辑与现实路径》，《思想理论教育》2017年第5期。
[⑥] 王琦：《辅导员专业化职业化发展现状与路径探析——以北京地区6所艺术院校为例》，《北京教育》（德育）2017年合刊第1期。

路径的分析全面具体，对推进高校辅导员专业化发展具有一定的借鉴意义。①

（五）基于比较视角，对中外学生事务管理队伍建设进行对比研究

比较的目的是搞清楚事物的异同，揭示事物的本质。赵平②、张端鸿③、黄军伟④、马超、单中慧⑤、张晓京、张作宾等学者从不同视角对美国的学生事务工作和学生管理工作者专业化问题进行了研究，较为系统地介绍了美国学生事务管理人员职业发展历程、理念、专业化发展要求等方面内容，并对其保障机制和行业协会建设等内容进行了介绍⑥。储祖旺、胡志红翻译了温斯顿、克里杰、米勒著的《学生事务管理者专业论》，从不同侧面介绍了国外关于学生事务管理人员专业化的理论、内容、要求等⑦。李莉介绍了英国和美国等发达国家学生事务模式的历史演进，对学生事务人员的专业化进行了研究，探讨了其中专业化理念、机制和手段以及未来的发展趋势，并指出，"学生事务专业化是大学演进的自然选择"，我国与西方国家学生事务管理队伍建设的"价值取向不同、工作内涵不同"⑧。弥志伟、袁伟、贾安东从制定理念、制定策略和具体内容等维度对比了中美两国高校辅导员的职

---

① 王焕红：《高校辅导员的工作与专业化发展》，中国财富出版社2021年版，第33—34页。
② 赵平：《美国高校学生工作的哲学指导思想及其影响》，《思想教育研究》1995年第6期。
③ 张端鸿：《中美高校辅导员制度比较》，《思想理论教育》2005年第3期。
④ 黄军伟：《中美高校辅导员的角色定位比较及启示》，《理论月刊》2008年第11期。
⑤ 马超、单中慧：《20世纪美国大学学生事务研究》，《高等教育研究》2009年第5期。
⑥ 张晓京、张作宾：《斯坦福大学住宿教育模式对我国高校学生宿舍管理的启示》，《北京教育》（德育）2010年第11期。
⑦ ［美］温斯顿、克里杰、米勒：《学生事务管理者专业化论》，储祖旺、胡志红译，科学出版社2010年版。
⑧ 李莉：《高校辅导员专业化发展研究》，东南大学出版社2011年版，第124—126页。

业标准，提出从"体制改革、理论学习、内涵发展和评估评价"[①]等视角促进我国辅导员队伍建设和能力提升。李晓楠、蒋婷燕着重对美国高校学生事务工作从业者的专业伦理原则和标准进行了研究[②]，认为"其伦理标准是美国社会核心价值观的具体运用与拓展延伸"[③]。这些研究拓展了研究的时空，为我国辅导员专业化发展提供了成熟的经验与做法。尽管发达国家学生事务理念先进，发展历史悠久，但受民族和价值观的差异性制约，"共同适用的统一发展模式是不存在的。近几十年的经验充分表明，任何发展模式都不是普遍适用的，无论从地域还是从时间上都不能推广"[④]。研究我国高校辅导员专业化发展，不可能完全复制或者照搬发达国家经验。

此外，还有学者运用马克思主义人学、现代教育学、管理学、心理学、统计学等相关理论对辅导员专业化发展进行了研究。于海提出要以保障、培训和质量3个子系统构建结构模型，从系统科学视角探索了高校辅导员专业化培养[⑤]。倪佳琪、魏飞基于胜任力卓越模型提出了破解专业化发展矛盾的切入口[⑥]。冯刚从治理视域探寻了思政队伍专业化建设，提出要"明晰新理念新要求、系统构建平台机制、着眼人的现代化、建立以质量为核心的整体效能动态性评价体系等"[⑦]。

---

① 弥志伟、袁伟、贾安东：《中美高校辅导员职业能力标准对比及启示》，《黑龙江高教研究》2015年第5期。

② 李晓楠：《美国高校学生事务从业者专业标准研究》，中国地质大学（武汉），博士学位论文，2019年。

③ 蒋婷燕：《美国高校辅导员职业化与专业化发展启示》，《思想政治教育研究》2019年第8期。

④ 联合国教科文组织：《内源发展战略》，社会科学文献出版社1988年版，第2页。

⑤ 于海：《以系统科学视角探索高校辅导员专业化培养》，《思想教育研究》2013年第11期。

⑥ 倪佳琪、魏飞：《基于胜任力卓越模型的高校辅导员队伍专业化建设研究》，《学校党建与思想教育》2020年第4期。

⑦ 冯刚：《治理视域下高校思政队伍专业化建设的理论与实践》，《学校党建与思想教育》2020年第5期。

何凯、陶建刚、徐静英借助职业倦怠问卷分析了高校辅导员职业倦怠出现的"风险性因素：工作—家庭冲突，和保护因素：职业认同和组织支持"①，把高校辅导员队伍专业化建设与发展推向了新领域。

二 国外研究现状及评述

习近平总书记指出，"中国要永远做一个学习大国……加强同世界各国的互容、互鉴、互通，不断把对外开放提高到新的水平。"② 西方对教师专业化的研究起步较早，已经形成了一系列成果，为我们开展高校辅导员专业化发展研究提供了一定的借鉴。

（一）主要发达国家学生事务管理队伍专业化发展历程

过去的60多年来，西方关于学生事务是否被视为一门专业以及学生事务管理者是否拥有专业化地位一直争论不休。但随着时代的发展变化，西方的学生事务工作人员已经在不断趋向于专业化。美国的学生事务早就成为一门职业。学生事务工作者职业发展在其历史进程中经历了学生人事模式、学生服务模式、学生发展模式和以学生学习为中心四种模式的演变，形成了以学生的学习和发展为中心的管理理念，提出要帮助学生实现身体、学习、情感等的全面发展，实现了研究学术化和管理者专业化的发展趋向。英国高校学生事务发展经历了单纯导师制时期、宗教与世俗教育交替控制学生事务时期、导师制与专职学生事务工作队伍发展时期三个阶段。在"以学生为本"的服务理念下，其工作队伍在确保学校和政府支持、培训体系务实、专业组织健

---

① 何凯、陶建刚、徐静英：《高校辅导员工作倦怠及相关因素》，《中国健康心理学杂志》2022年第2期。
② 中共中央文献研究室：《习近平关于社会主义经济建设论述摘编》，中央文献出版社2017年版，第289页。

全和评估体系完备的同时，建立了完善的管理体制、工作体制和培训制度相结合的运行机制。法国是最早实施师范生教育的国家，其学生事务工作者的社会化程度较高。德国的高校学生事务工作实行国家与地方分级管理，带有官方色彩，体现出队伍建设的高度专业化。日本的学生事务管理队伍起源于20世纪50年代。随着日本高等教育向终身教育的发展，其工作队伍的管理机制更加灵活，准入任职制度日趋严格，考评机制也越来越规范。

（二）关于学生事务管理队伍专业化的研究情况

国外不少高校把学生事务管理视为整个教育体系的重要组成部分。Miller等撰写的经典著作《学生事务的未来》(The Future of Students Affairs) 就提出了高校学生事务管理人员职业发展经历形成期、应用期、累积期和生成期四个阶段。他从不同阶段参与不同管理工作所需要的专业技能出发，为学生事务管理人员规划了职业化和专业化成长历程。他指出，到达生成期后，丰富的知识结构、高超的工作技能使得他们的专业性不断提升，已经赢得其他专业人士的尊重。[1] Roper提出，学生事务管理者还承担着教育学专家的职能[2]。Brown认为[3]，学生事务管理者能从学习型组织的规则中受益，并据此提出了五大规则，要求专职学生事务管理人员学会运用。[4] 1997年，日本明治学院大学（Meiji

---

[1] Miller, T. K., Carpenter, D. S., *Professional Preparation for Today and Tomorrow*, in D. G. Creamer（ed.）, *Student Development in Higher Education: Theories, Practices, and Future Directions*, Washington DC: ACPA, 1980, p. 187.

[2] Roper, L. D., "Teaching and Training", in Komives, S. R., Woodard, D. B., Jr. *Student Services: A Handbook for the Profession*, San Francisco: Jossey – Bass, 1996, pp. 26 – 31.

[3] Brown, J. S., *On Becoming a Learning Organization*, About Campus, 1997, pp. 5 – 10.

[4] ［美］温斯顿、克里杰、米勒：《学生事务管理者专业化论》，储祖旺、胡志红译，科学出版社2010年版，第10页。

Gakuin University）的学者 M. Agnes 对日本高校学生事务管理人员应具备的素质、专业化水准、整体发展情况进行了研究，提出要加强学生事务管理人员的专业化培养。① 2006 年，美国高等教育标准促进委员会公布的第六版高等教育专业标准中，提出了学生事务管理等专业实践杰出人士要将个人的专业生活看做个人身份的重要方面，应该具备一般知识与技能、相互影响的能力和自我管理等三部分内容。②

综上，国外关于教师专业化的理论研究起步早、研究深入、成果较多，其高度规范、相对成熟的队伍建设理念和模式值得我们学习，为本书开展理论研究提供了很好的资源借鉴。同时，从发达国家学生事务管理工作专业化发展历程和专业化研究现状可以看出，尽管没有"辅导员"一词，但绝不代表资本主义国家不重视学生的思想政治素质，不注重学生的道德品质培养和核心价值理念的灌输。相反，发达国家学生事务工作较早进入学者学术研究的视野，体现出国外对学生事务管理工作及其队伍的高度重视。特别是进入 21 世纪以来，随着高等教育的蓬勃发展，国外学生事务管理人员的专业性不断提升，运行管理机制更加健全，已经朝向专业化、专家化的方向深入发展。但是，受制度的制约，发达国家学生事务管理队伍建设理念与资本主义意识形态和价值观紧密契合，是国家意志的反映。学习发达国家学生事务管理人员专业化经验，要立足新时代中国特色社会主义时代特征，从我国高校辅导员队伍肩负的重大历史使命出发，以辩证的眼光看待其合理的一面并批判性地予以借鉴。

总之，近年来，国内外对高校辅导员专业化发展的研究不断深入，研究数量和质量上较以往均有很大的提升，为本书开展深入研究奠定

---

① Delworth, U. Hanson, G. R., *Student Services: A Handbook for the Profession* (2nd Edition), The Jossey-Bass Higher and Adult Education Series, 1990, pp. 37–38.
② 朱正昌：《高校辅导员队伍建设研究》，人民出版社 2010 年版，第 85 页。

了坚实的基础。然而，由于关注此话题更多局限于辅导员等学生事务工作者本身，研究还存在着一定的滞后性。一是研究内容重复性高，质量参差不齐。不少研究就事论事，站位不高，时代特征体现不鲜明，高质量研究成果较少。二是研究学理性不够，理论性不足。一些研究冠以专业化之名，却少有专业化之实；研究主要从思想政治教育相关理论出发，少有涉猎教育学、社会学、管理学，因而显得理论深度不够。三是经验性总结居多，实证性研究较少。不少研究源于工作实践总结，更多采用叙述性模式，引入模型、问卷、访谈等实证性研究尚不多见。四是关注现象较多，对实质探讨不够深入。不少学者关注到了高校辅导员队伍建设中存在的问题，但研究不够全面，难以揭示到规律性等层面，因而实际指导作用有限，且对其中一些困境不分青红皂白，统统归类于"专业化不足"导致的后果，显得过于草率。这些局限与不足的存在，一方面表明高校辅导员专业化发展研究已经进入学术研究的视野，另一方面表明高校辅导员专业化研究还有进一步深化研究的空间。

本书正是在已掌握相关文献、把握研究发展趋势基础上，聚焦高校辅导员这一群体，运用定量和定性相结合的研究方法，了解高校辅导员专业化发展的现实图景和影响因素，从理论层面提出专业化发展主要任务，探究推进高校辅导员专业化发展的可行性路径与具体策略，力求进一步推进该问题的研究。

第三节 研究思路与研究内容

一 研究的基本思路

本书以习近平新时代中国特色社会主义思想为指导，坚持问题意识和问题导向，遵循"是什么—为什么—怎么做"的逻辑思路，围绕新时代这一关键历史节点，通过梳理中华人民共和国70多年来高校辅导员建设与发展的历史进程，聚焦新时代高校辅导员专业化发展取得的成绩与困境，研究新时代社会矛盾深刻变化给辅导员专业化发展带来的机遇和挑战，探讨影响高校辅导员专业化发展的主要因素，提出高校辅导员专业化发展的主要任务与实践路径，以实现辅导员成为不可替代性专业人员和人才培养水平提升的双重目标。

在学理上，本书将借鉴教育学和社会学中关于教师专业化等理论，寻求辅导员专业化发展与教师专业化发展的契合点，从经验总结层面上升到理论研究层面，从静态和动态、内在和外在等不同视角厘清辅导员专业发展、专业化发展等相关概念，力求在理论上回答辅导员专业化身份认同、辅导员个体专业化发展与辅导员群体队伍建设的内涵与关系等问题。

在操作层面，本书运用问卷调查、访谈等实证方法，研究高校辅导员专业化发展状况，聚焦新时代高校辅导员专业化建设中存在的问题，探寻影响辅导员专业化发展的关键性因素，对照《普通高等学校辅导员队伍建设规定》和《高等学校辅导员职业能力标准（暂行）》等纲领性文件要求，明晰高校辅导员专业化发展的目标和内容，探讨高校辅导员专业化发展的可行性路径和常效化机制，以此推进新时代高校辅导员队伍的专业化发展[①]。

二 研究的主要内容

本书共分为绪论、正文和结语三大部分，正文部分主要研究内容如图0-1所示。

---

① 《普通高等学校辅导员队伍建设规定》（教育部令第43号），中华人民共和国教育部政府门户网站，http://www.moe.gov.cn/srcsite/A02/s5911/moe_621/201709/t20170929_315781.html，最后访问日期：2023年6月10日。

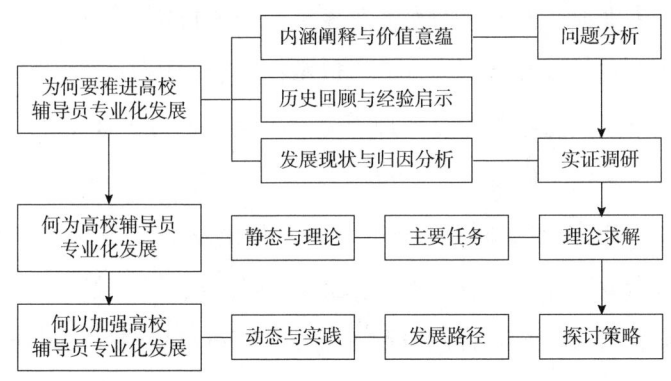

图 0-1　高校辅导员专业化发展研究思路

第一，研究为何要推进高校辅导员专业化发展，主要是本书的第一章、第二章和第三章。其中，第一章通过梳理相关概念，界定了高校辅导员专业化发展的内涵，研判了高校辅导员专业化发展面临的时代际遇，分析了辅导员专业化发展的一般特征，提出要把高校辅导员的发展置于社会变化发展大势中，指出辅导员专业化发展事关新时代立德树人根本任务的落实、事关教师队伍建设改革的成效、事关高水平人才培养体系的形成。第二章为历史回顾。从历史发展的视角梳理了中华人民共和国成立以来高校辅导员队伍建设的发展历程，总结了70多年来我国高校辅导员队伍建设的经验启示，以期为高校辅导员专业化发展提供可行性借鉴。第三章通过问卷调研、个别访谈、深度访谈等实证调研，审视高校辅导员专业化发展的现状，分析高校辅导员队伍建设取得的巨大成就及面临的困境，勾勒出辅导员专业化发展的现实图景，并初步探讨了影响新时代高校辅导员专业化发展的主要因素。

第二，研究何为高校辅导员专业化发展，主要是本书的第四章。该部分以习近平总书记关于教育的重要论述为立足点，以中共中央、国务院和教育部颁发的关于辅导员队伍建设的文件及高校辅导员职业能力标准为准绳,借鉴教师专业化发展的相关理论,提出辅导员专业化发展要以坚定教育信念为核心、以掌握专业知识为基础、以培养专业能力为重点及以涵养专业伦理为关键,由此建构新时代高校辅导员专业化发展的主要任务。

第三,研究何以加强高校辅导员专业化发展,主要是本书第五章。该部分立足于新时代立德树人的根本任务,从培养专业化自觉、提升专业化素养、构建保障机制等视角,探讨高校辅导员专业化的实践路径与长效机制,以期为加强高校辅导员专业化发展提供可行性策略。

第四节 研究方法与创新之处

一 研究方法

黑格尔提出,"方法并不是外在的形式,而是内容的灵魂和概念。"[①] 本书以辩证唯物主义和历史唯物主义为指导,综合运用以下多种具体研究方法。

文献研究法。本书按照文献分类,分别对已有涉及高校辅导员队伍建设与发展的著作、中央文件、报纸、期刊等资料进行搜集和整理。利用中国期刊全文数据库(CNKI)、国家哲学社会科学文献中心和中国读秀学术等平台对已公开发表的相关期刊论文、学位论文、著作等文献资料进行检索,形成了本书的文献资料库,确定了本书的理论框架和研究内容,并形成了基本的研究假设。

多学科研究法。高校辅导员专业化发展属于应用研究。本书将坚

---

① [德] 黑格尔:《小逻辑》,贺麟译,商务印书馆2016年版,第429页。

持以马克思主义理论和马克思主义中国化理论为指导，综合运用哲学、教育学、心理学、管理学以及思想政治教育学等学科的理论、方法和成果，从不同学科视野探究高校辅导员专业化发展的内涵等，力求使研究成果具有跨学科、综合性的特点。

调查研究法。没有调查就没有发言权。本书以新时代高校辅导员为调查对象，通过观察、问卷调研、个别访谈、深入访谈等形式，关注当前高校辅导员专业化发展存在的职业认同感不足、专业性较低、专业培养目标不明确等普遍性问题，客观、全面地分析导致这些问题的原因，力求弥补问卷调查的不足，使本书建立在坚实的实践基础之上。

案例研究法。本书结合国内代表性高校在推进高校辅导员专业化发展中的典型案例，如年度辅导员人物（最美高校辅导员）、省级优秀辅导员、新入职3年内辅导员及刚转岗2年内（指从辅导员岗位转入教师或其他管理岗位）辅导员等代表性个例，通过具体分析、解剖，从中引出反映本质和规律、符合事物发展趋势的成功经验，并使之系统化、理论化，从而为新时代高校辅导员专业化发展提供现实参考。

比较研究法。西方高校学生事务管理人员与我国高校辅导员从职业角色、工作范围、服务内容等来说都具有一致性，其高度规范、相对成熟的理念和模式值得关注。本书将通过综述国外高校学生事务管理人员职业发展历程、发展要求、保障机制和行业协会建设等相关经验，力求为新时代高校辅导员专业化发展内容、任务和可行性路径提供借鉴。

系统思维法。专业化本身是一种系统性的运动，是一系列因素经过系统化互动和整合而形成的。高校辅导员专业化发展是一项复杂的系统性工作，本书坚持整体性、层次性、动态性等系统性思维原则，立足于立德树人根本任务的实际开展顶层设计，统筹兼顾，全面推进。

二 创新之处

本书的创新之处体现在以下几个方面。

一是紧扣新时代背景。本书认为,教师发展不能仅仅关注教师个体内部要素的变化,更要把教师专业化发展置于时代发展背景之下。同样,研究高校辅导员专业化发展不能脱离时代发展诉求与服务对象特点,不能简单地只从高校辅导员自身的微观视角审视如何提升专业化发展水平,而要把高校辅导员发展置于国际国内复杂的宏观发展大局之中进行认真研究和深入探索。实践证明,高校辅导员专业化发展不是一成不变的,而是随着社会的进步不断走向科学化、制度化、规范化和专门化的过程。本书关于高校辅导员专业化发展的研究,无论是理论阐释,还是现状审视,抑或主要任务和路径建构,都始终紧扣"新时代"这一时代主题,始终把研究视角聚焦于"新时代"的发展潮流,希冀通过提升高校辅导员队伍的专业化水平,满足新时代人民对于美好教育的向往。

二是对"高校辅导员专业化发展"这一核心概念的界定。综合目前情况来看,国内学者对高校辅导员专业化发展的理论研究明显滞后于辅导员队伍建设的实践探索,而制约该理论研究的核心之处在于对概念的认识不够深刻,存在把"辅导员专业化"与"辅导员专业发展"混为一谈,没有区分辅导员专业化发展是"辅导员的专业化发展"还是"辅导员专业化的发展"等问题,因而难以从本质上去认知辅导员专业化发展的问题并揭示其发展的客观规律。本书通过辨析"专业与职业""专业化与职业化""专业化建设与专业化发展"等几组相近概念,对高校辅导员专业化的内在结构进行剖析后,界定"高校辅导员专业化发展"这一核心概念。本书认为,高校辅导员专业化发展既可以指代辅导员个体的专业化发展,也可以表示整个辅导员职业的专业化发展；既是辅导员个体专业技能与素养不断提升的动态过程，又是辅导员这一职业群体满足时代发展需要、实现专业化发展的静态结果。前者均侧重于个体和内部的发展，用"专业化发展"来表述；后者更注重群体和外部的作用，以"专业化建设"来定义。两者的相互融合构成了高校辅导员专业化发展。

三是从多学科视角解读高校辅导员专业化发展。我国传统关于辅导员队伍建设的研究侧重从思想政治教育视角，以及政策、口号和文件出发，更多基于一些具体问题的讨论，纠缠于一些碎片化的事实，缺少对辅导员队伍建设的理论探究，对问题本质的反思与追问不够，未能从理论高度为辅导员专业化发展提供切实可行的指导，因而借鉴价值有限。本书认为，探讨高校辅导员专业化发展不能局限于思想政治教育的视角，而应该把辅导员专业化发展置于教师专业化的范畴之内，从哲学、教育学、心理学、管理学、社会学等多学科视角对此开展研究。这种学科交叉研究的思路有利于进一步拓展辅导员专业化研究的深度和广度。

四是坚持理论研究与实证研究、定量研究与定性研究的统一。目前关于辅导员专业化的研究文献不断增加，但更多局限于工作经验的总结和应然理论的分析，理论假设多于实际调研，缺乏数据分析，因而经验思辨多、科学调查少，高质量成果有限。本书采用问卷调查（定量研究）和深入访谈（定性研究）等实证方法对当前高校辅导员专业化存在的问题进行研究，通过科学设计、抽样、统计、分析，精准获悉湖北省范围内高校辅导员专业化发展的问题、方法、实效等情况，力求形成具有实用价值的结论，推进高校辅导员专业化发展理论创新的同时，为辅导员专业化发展实践路径提供科学的参考。

第一章

高校辅导员专业化发展的理论阐释

习近平总书记指出,"培养什么人,是教育的首要问题。"① 进入新时代,中华民族实现了从站起来、富起来到强起来的伟大飞跃,人民群众对美好教育生活的向往更为迫切,对教师队伍能力和水平提出了新的更高的要求。教师是立教之本、兴教之源,培养一支"政治素质过硬、业务能力精湛、育人水平高超的高素质教师队伍是大学建设的基础性工作"②,直接决定着大学办学水平的高低和人才培养的高度。辅导员具有教师和管理人员双重身份,是新时代高校教师队伍中的特殊群体,肩负着为党育人、为国育才的重大历史使命。在"胜任力为核心""能力至上"等竞争型社会理念的主导下,辅导员专业化发展问题受到了广泛的关注,也日益引起了学界的热议。实践证明,辅导员专业化能力与水平的高低事关新时代高校立德树人根本任务的落实,事关新时代教师队伍建设改革的成效,事关新时代更高水平人才培养体系的形成。然而,对于高校辅导员专业化是什么,能否等同于教师

---

① 中共中央党史和文献研究院:《十九大以来重要文献选编》上,中央文献出版社2019年版,第647页。

② 习近平:《在北京大学师生座谈会上的讲话》,人民出版社2018年版,第8页。

专业化，其专业化发展有什么特征？新时代高校辅导员专业化发展包括哪些具体的内容等基础性概念与问题，理论界的回答莫衷一是。这既不利于高校思想政治工作的理论创新，也客观上制约了高校辅导员队伍的建设与发展。因此，从学理上厘清高校辅导员专业化发展的概念，揭示其时代特征，明晰新时代高校辅导员专业化发展的科学内涵，是深化研究该问题的基础。

第一节 高校辅导员专业化发展的基本内涵

我国教育名家、华东师范大学终身教授叶澜指出，"教师专业发展的方向，可以有相对固定的轨迹，但内容一定要与社会的、时代的要求结合起来。"[①] 高校辅导员专业化是基于教师专业化的相关理论对自身成长与发展规律的认识，是一项理论研究。同时，研究高校辅导员专业化不能脱离时代发展诉求与服务对象特点，因而更是新时代立德树人的一项实践活动。事实上，研究高校辅导员的专业化发展，不能简单地只从辅导员自身的微观视角审视如何通过激发内在自觉性提升专业化发展水平，而要把高校辅导员发展置于当前国际国内复杂的宏观发展形势之下，认真审视、审慎考量新时代高等教育面临的新机遇与新挑战，科学研判、正确把握新时代高校辅导员面临的新作为与新使命。这是新时代高等教育实现内涵式发展的必然要求，也是促进高校辅导员专业化发展的客观需要。

一 职业与专业、职业化与专业化

要了解专业化，首先就要了解什么是职业。职业（Occupation）是

[①] 叶澜：《新基础教育研究和新型教师的培养》，《教书育人》2011年第16期。

性质相近的工作的总称。一般认为，职业是"随着社会分工而出现的，并随着社会分工的稳定发展而构成人们赖以生存的不同的工作方式"①。职业具有目的性、社会性、稳定性、规范性和群体性等特征。所谓专业（Profession），是"一群人在从事一种需要专门技术的职业，是一种需要特殊智力来培养和完成的职业，其目的在于提供专门性的服务"②。专业必须经过专门的教育或训练，具有特殊的知识或技术，要按照一定的行规来服务社会。对于专业的标准，赵康从社会学视角出发，概括提炼了成熟专业的六条标准，分别是"一个正式的全日制职业""专业组织和伦理法规""知识和教育""服务和社会利益定向""社区的支持和认可"和"自治"③，归纳起来讲，某一职业只有具备至少以下三个条件，才可以被视为"专业"，即具有不可或缺的社会功能、较为完善的专业理论和技能素养以及高度自治性的专业组织。

职业与专业具有明显的共性，主要表现为两者都是社会分工的产物，职业是专业的基础，职业实现了专门化，才具备专业的特征。两者又有显著的差别，表现如下。一般职业无需高深理论，其从业者无需长期的专业训练，仅通过提供重复性的服务以获得谋生手段，因此社会地位较低。专业则不同。专业是社会分工的进一步细化，是职业发展高度化阶段的产物。受过专业的培训，具备一定的伦理、知识、技能和修养，有专门的组织，对于社会发展进步作出了较大的贡献，才能发展成为"专业"。不仅如此，专业的从业者需要高深、严格的理论，接受长期的专业训练，提供的服务具有不可或缺性，因而具有较高的社会声望或地位。由此说来，一门职业的从业人员只有经过了严格

---

① 国家职业分类大典和职业资格工作委员会：《中华人民共和国职业分类大典》，中国劳动社会保障出版社1999年版，第9页。
② 台湾师范教育学会：《教育专业》，台北师大书苑有限公司1992年版，第9页。
③ 赵康：《专业、专业属性及判断成熟专业的六条标准——一个社会学角度的分析》，《社会学研究》2000年第5期。

的专业训练与实践，掌握了专门的、深奥的知识与技能，形成了专门性的自治性组织，才能获得社会认可的专业地位，成为专业性的职业。

专业化与职业和专业密切相关，简言之，专业化就是职业的专业化。"专业化"的概念源自社会学，一般包含两个层面的意义。首先，就"化"来说，"表示转变成某种状态或者性质"，包括"转变"的动态过程和"成为"静态结果的状态两个方面含义。其次，"专业化"也有不同意义，第一个层面的专业化用"professionalism"来表述，特指某一职业处于什么样的专业状况与发展水平，侧重于强调一个静态发展的程度或结果。在专业化过程中，一个具有潜在价值、确定的人类活动发展成长，经由"次级专长"—"准职业"—"形成的职业"—"出现的专业"阶段，最终达成"成熟专业"的身份。第二个层面的专业化可以用"professionalization"来表述，是指某一个普通的职业群体经过发展后符合作为专业的标准，成为一种专门的职业且获得社会认可相应地位的过程，侧重于一个动态化的发展过程。不论是静态的还是动态的专业化，其标准至少包括以下层面内容。一是形成一套专门性、系统化的知识和技能体系，二是进行了长期的训练与实践锻炼，三是实施了专业教育和资格认证制度，四是具有成熟规范的职业伦理，五是形成了具有自治性的行业组织等。职业化是职业的专门化，是社会分工越来越细致对行业的知识和技能要求更加明确的结果，是一般职业的升华。职业化具有较为完善的制度与物资保障机制，是知识技能的特殊化、职业要求的规划化，是某一职业的标准化、规范化和制度化。职业化的从业人员以满足社会服务为目的，始终保持学习的状态，遵守特定的职业伦理，具有一定专业自主权，其内容包括职业化素养、职业化行为规范和职业化技能等。

就专业化和职业化的关系而言，一方面，两者密切相关，职业化建立在专业化的基础之上，是专业化与职业精神的综合，职业化的人才首先是专业化的人才;专业化是职业化的基本要求,专业化的建设目标从根本上说是要实现职业化。另一方面,两者又具有实质性的差异。专业化是某一职业走向专业标准的社会化过程,更注重行业所需的特殊技能与素养,更强调经验的积累和能力的提升。职业化是某一职业自身的专业性及该职业的发展状态与水平,更注重社会的职业认同感,更强调职业精神与职业态度。就高校辅导员来说,专业化是通过专门的培养训练,使从业者获得专业知识、专业技能与专业素养,具备良好的职业道德,能独立开展思想政治教育工作,完成立德树人的根本任务;辅导员职业化则以专业化为基础,更加注重职业价值观、职业道德、职业精神等内容,是规范化与制度化的专业化,是专业化建设与发展的重要方向。

二 教师专业发展与教师专业化发展

教师以教书育人为谋生手段,不仅掌握了一定的专业知识与教学技能,还具有教育行业要求的专业伦理,其服务对象是整个社会成员,并将社会的需求和利益放在首位,获得经济回报不是衡量其职业成功与否的主要标准。从这一概念出发,教师职业无疑具有专业特征。但对于教师专业发展与专业化发展,国外学者一直理解各异。以霍伊尔(Hoyle, E.)、佩里(Perry, P.)、戴(Day, C.)和哈格里夫斯(Hargreavest, A.)为代表的"过程论"者认为,专业发展是"态度和功能上的发展"[1],是"教师在教学生涯的每个阶段掌握良好的专业实践必备的知识与技能的过程"[2]。在这一过程中,教师的学习和发展具有一

---

[1] Linda Evans, "What is Teacher Development?", Oxford Review of Education, 2002, p. 28.

[2] Hoyle, E., *Professionalization and De Professionalization in Education*, in Eric Hoyle & Jacquetta Megarry (eds.), World Yearbook of Education 1980: Professional Development of Teacher, London: Kogan Page, 1980, p. 42.

定的批判性,其专业事项、技能不断提升,教学的道德行为也不断发展。[1] 以利特尔(Little)为主要代表人物的"动作论"学者们认为,教师的专业发展是借助外界的力量,促使教师实现专业成长的过程。在他们看来,教师专业发展不仅包括教师掌握教学技能的过程,教师通过获得专业知识学会教学的过程;还包括促使教师形成专业发展动机的条件。在此基础上,威迪恩(Wideen)等人创造了"结合论",认为教师专业发展不仅是教师内在自我的提升,还需要借助外界的培训与训练,是动态和动作的结合,并据此提出了教师专业发展的五层含义。[2] 对于教师专业发展与专业化发展的区别,霍伊尔将其分为"professionality"和"professionalism"两个层面。他用前者表示"专业性",强调教师工作内在的知识、技能、程序等,对应"教师专业发展"的相关理论;用后者表示"专业化",意指教师工作外在相关的因素,对应"教师专业化发展"的相关理论。[3]

叶澜是国内较早关注教师专业化发展与教师专业发展这一话题并进行了详细论述的学者。她指出,"教师专业发展是教师在专业生活过程中其内在专业结构不断丰富和完善的过程"[4],"注重教师内在素质提高、尊重教师专业发展规律性"[5] 是未来教师专业发展的一大趋势。在她看来,教师专业化发展与教师专业发展内涵一致,"概念相通,都

---

[1] Day, C., *Developing Teachers: The Challenges of Lifelong Learning*, London, UK: Falmer, 1999, p.4.
[2] 叶澜、白益民、王枬:《教师角色与教师发展新探》,教育科学出版社2001年版,第207页。
[3] Hoyle, E., *Teachers as Professionals*, in L. W. Anderson (Ed.), International Encyclopedia of Teaching and Teacher Education, Oxford: Pergamon, 1995, pp.11-15.
[4] 叶澜、白益民、王枬:《教师角色与教师发展新探》,教育科学出版社2001年版,第208页。
[5] 叶澜、白益民、王枬:《教师角色与教师发展新探》,教育科学出版社2001年版,第207页。

是指加强教师专业性的过程"①，教师专业发展是教师专业化不断深入发展的客观要求，教师专业化是教师专业发展的一种成熟状态。不同点在于，教师专业化更多侧重"群体性、外在性的专业性提升"，而教师专业发展则强调"教师个体的、内在的专业性提升"。这一观点准确辨析了两者的联系与区别，在国内该领域已经形成了广泛共识。余文森、连榕等学者进一步发展了叶澜的观点，认为教师专业发展包括专业角色、专业知识、专业精神、专业人格、专业智慧等方面，是一个有意识的持续发展的过程。②赵昌木认为，教师专业发展取向包括技术理性、情意信念、实践智慧等方面内容。③陈文心、彭征文指出，教师专业发展包括专业品德建设、专业理念构建、专业知识积累、专业能力提升、专业心理成长、专业发展规划等诸多内容④。

由此看来，教师的专业化发展或者专业发展都是教师专业能力不断发展的历程，是教师为实现专业人员目标不断深化的过程。当群体的教师专业化不能完成促进教师队伍专业化水平的目标时，教师个体的专业化就开始进入研究者的视野，从最初的关注个体职业发展过程中取得各种荣誉的初级专业化，到把重心转移至教师内在专业化素质提升的终极目标，这一过程就是教师专业发展。教师专业化发展由个体专业化发展和群体专业化发展两部分构成，前者是后者的基础和前提，后者是前者的条件和保障。个体专业化发展是教师专业化的核心内容，指的是教师经过自我习得和外部培训，专业知识、专业能力、专业情意、专业素养等不断提升，从普通人成长为专门的教育者的发展过程。群体专业化发展代表着教师职业的专业化，是指教师个体不

---

① 叶澜、白益民、王枬：《教师角色与教师发展新探》，教育科学出版社2001年版，第208页。
② 余文森、连榕：《教师专业发展》，福建教育出版社2007年版，第7—58页。
③ 赵昌木：《教师专业发展》，山东人民出版社2011年版，第8—33页。
④ 陈文心、彭征文：《教师专业发展》，北京师范大学出版社2016年版，第33—266页。

断发展成熟，其职业达到专业标准并获得认可的专业地位的发展过程。教师的专业化发展不仅包括教师职业处于何种专业状况与发展水平（静态），更强调教师职业为争取达到专业标准而不断努力发展的过程（动态）。

三 高校辅导员专业化发展

作为教师群体的一个分支，高校辅导员，或者说西方高校定义的"学生事务工作者"是否具有专业性呢？苏珊·R. 考米斯、达德利·B. 伍达特在《学生服务：高校学生事务工作手册》（第四版）中分析了美国学生事务工作者分别作为一名学业指导者、学生干部培训师、宿管部主任以及学院行政工作人员等不同身份时遇到的工作困惑后指出，"对学生事务这样一个已经发展了一个世纪的职业而言，知识、技能、实践都需要理论基础"，"运用理论将帮助学生事务工作者转变为学生事务专家"[①]。她还对学生事务工作的指导哲学、价值观、道德规范与标准、职业理论基础以及需要具备的基本能力和技能等展开了详细的论述。就苏珊·R. 考米斯等看来，学生事务工作需要较强的理论性，学生事务工作者也可以成长为"学生事务专家"，这与我国关于高校辅导员队伍建设的"职业化、专业化、专家化"不谋而合，也从侧面证明了学生工作事务者，即高校辅导员，成为专业化人才的可能。

长期以来，我国高校辅导员更多地倾向于"政治性"，准入门槛较低，选聘标准侧重于思想素质、政治觉悟和道德品质，对从业者的学科背景、专业伦理、职业精神、专业素养等关注不够。高校辅导员职前与岗位培训更多侧重于心理健康、就业指导、应急处理等事务性管理，更多沉浸于奖（助）学金评定、社团活动、日常教育管理等常规

---

① [美]苏珊·R. 考米斯、达德利·B. 伍达特：《学生服务：高校学生事务工作手册》，本书译委会译，中国青年出版社2008年版，第124页。

性工作，忽视了发展理念、知识体系、教育智慧等专业化核心素养，因而被视为大学生的"全能保姆"，成为职场的"万金油"。然而事实上，高校辅导员早已不再是"什么都干，谁都能干"的岗位，作为一门职业，高校辅导员岗位设有准入门槛，需要掌握马克思主义理论、教育学、心理学等专业知识，要求具备一定的专业技能与专业素养，具有教师职业要求的师德修养等专业伦理，工作对象是青年大学生，工作内容得到了党和国家政策的支持，满足了培养时代新人的社会需求，已经向职业化、专业化发展，且被纳入了学术研究的范围。从这个意义上讲，在以"专业化"为目标的导向下，不论是西方的学生事务管理人员还是国内的辅导员，两者都从属于教师这一职业范畴，都具有教师的共同属性，都满足了专业性的标准，都具有专业性特征。

专业化是一部社会分工的历史，教师专业化"在本质上强调的是成长和发展的历程"①，是教师职业在顺应现代社会发展过程中不断实现精细化分工的结果。从高校辅导员发展历程来看，专业化发展不仅是社会发展的外在要求，也是高校辅导员自我成长的内在需要。但是，教师专业化不仅是社会学意义上的专业化，也是教育学立场的专业化。教师专业化不是简单的知识性传授的技术性活动，高校辅导员专业化要解决的根本性问题也不只是寻找应对日常教育管理工作而掌握的某一工具性的技术或方法，而是培养能完成特定历史使命的、具有一定教育智慧的"不可替代性"的专业性人员。从目前肩负的职责来讲，日常的教育管理、就业指导、社团活动等只是高校辅导员工作内容的一部分，是进行思想教育与政治教育的具体手段与方式。苏珊·R.考米斯等把高校辅导员的专业化等同于事务性工作内容的理论化，忽视了辅导员作为专业性人员自身的发展需求，遮蔽了辅导员专业化的本真意义。更为重要的是，

---

① 刘捷：《专业化：挑战21世纪的教师》，教育科学出版社2002年版，第81页。

这种舍本求末的行为把实现思想理论教育和价值引领的重要职责引向了专业化发展的细枝末节，掩盖了高校辅导员专业化的问题本身，也难以实现"专业性"与"不可替代性"。不仅如此，高校辅导员的专业化，也不能都指向其所服务的对象——大学生，而首先要坚持"以人为本"的价值理念，指向高校辅导员本身，即为了辅导员自我的全面发展，这是高校辅导员专业化得以持续进行的恒久动力。

随着"我国社会主要矛盾已经转化为人民日益增长的美好生活需要和不平衡不充分的发展之间的矛盾"[①]，中国特色社会主义进入新时代，我国发展进入了新的历史方位。站在新的历史起点上，以习近平新时代中国特色社会主义思想为指导，扎根中国大地办大学，提供更加公平优质的教育环境，为中华民族伟大复兴提供强大的智力支持和可靠的人才保障是新时代高等教育面临的新使命。要适应新时代社会主要矛盾转化和发展带来的新变化，满足人民对美好教育生活的向往，必须解决优质教育资源不均衡尤其是师资发展不平衡、不充分的矛盾。而解决这一问题的关键是全面贯彻党的教育方针，以"有理想信念、有道德情操、有扎实学识、有仁爱之心"等"四有"好老师为指导，全面加强教师队伍建设，培养和造就一支党和人民满意的高素质专业化创新型教师队伍。

作为教师队伍的重要组成部分，高校辅导员有强烈的教育信念，接受了专业的教育与培训，有思想政治教育、教育学、心理学、社会学等专业知识为支撑，具有思想教育与价值引领的专业性技能，是解决"培养什么样的人、如何培养人以及为谁培养人"教育根本问题不可或缺的重要依靠力量。在厘清新时代高校辅导员专业化发展的基本内涵之前，有以下内容需明确。首先，高校辅导员隶属于教师之列，

---

① 中共中央党史和文献研究院：《十九大以来重要文献选编》上，中央文献出版社2019年版，第8页。

具备教师的身份，是教师的下位概念，当前关于教师专业化发展的一系列理论是新时代高校辅导员专业化发展的直接理论基础。其次，关于个体与群体、辅导员专业化建设与专业化发展的关系。与教师专业化一样，新时代高校辅导员的专业化既指向辅导员个体的专业化认知、专业化知识、专业化技能、专业化素养、专业化精神、专业化伦理等不断提升与完善的过程，也指向辅导员职业群体经过发展后，准入门槛提升、培养机制健全、学科支撑机制完善、考核评价机制合理，符合作为专业的标准，成为一种专门的职业且获得社会认可相应地位的过程；既包括静态的发展结果，也包括动态的发展过程。为区分辅导员个体与群体的专业化，本书将辅导员个体专业化用"专业化发展"来表述，群体专业化则以"专业化建设"来定义。如无特别说明，本书中所有的"专业化发展"均指代"辅导员个体的专业化"。就两者关系而言，高校辅导员专业化发展与专业化建设相互依存，须臾不可分离。一方面，前者是后者的基础，前者的专业化程度决定后者专业化建设的层次与水平。另一方面，后者是前者的外在保障，反过来促进前者的发展。后者形成的行业道德规范是前者的行动指南，对前者具有约束作用。

　　立德树人乃高校立身之本。在新时代社会主要矛盾转化的新起点上，要将高校辅导员队伍视为实现立德树人根本任务、促进新时代高等教育内涵式发展、推进高校"双一流"建设的重要主体力量。新时代、新使命，当有新作为。要将新时代高校辅导员专业化发展置于"新时代"的特定历史背景之下，把回应高等教育发展变化的新常态、提升人民群众对于高等教育的获得感与幸福感作为新课题，坚持扎根社会主义大地办大学，更加准确地把握社会主义大学的时代特征，更加明确新时代高等教育的历史使命。从这个层面来讲，本书中关于新时代高校辅导员专业化发展的内涵可以表述为，高校辅导员为落实立德树人根本任务,以满足新时代高层次人才培养体系需要为目标,以培养专业化发展自觉为动力,通过专业训练习得专业知识与技能,以积极的情感态度与高尚的伦理道德,逐步提升专业素养,成为"不可替代性"专业性人才的过程。

第二节 高校辅导员专业化发展的一般特征

在迈向中华民族伟大复兴的征途中,如何跟上时代发展需要,通过习得各种素养与技能,满足高水平人才培养体系的需要,为党育人、为国育才,是高校辅导员专业化发展应该呈现的核心命题。正如顾明远所言,"社会职业有一条铁的规律,即只有专业化才有社会地位,才能受到社会的尊重。如果一个职业是人人可以担任的,则在社会上是没有地位的。"[①] 高校辅导员专业化发展不仅是一种趋势、一种选择,更是一种现实。高校辅导员专业化发展所表达的基本内涵即辅导员是专业性人员。伴随着高校辅导员的态度、知识、技能等内在结构的变化,其专业化发展内涵不断更新、演进和丰富,也呈现出以下特征。

一 政治性与价值性的统一

政治性是坚持马克思主义一元指导思想,立足中国大地办教育的必然要求,是高校辅导员专业化发展的首要要求。专业化发展的政治性是高校辅导员坚持习近平新时代中国特色社会主义思想,立足于新时代中国社会经济发展需要,站在国家富强与民族振兴的高度,以坚定正确的政治方向,坚决落实立德树人根本任务,主动肩负起培养社

[①] 顾明远:《教师的职业特点与教师专业化》,《教师教育研究》2004年第6期。

会主义事业合格建设者和可靠接班人的光荣使命。它首先体现在辅导员把"政治要强"摆在首要位置,"让有信仰的人讲信仰,善于从政治上看问题,在大是大非面前保持政治清醒"①,不断提高自身的政治觉悟。只有辅导员具有了敏锐的政治眼光和正确的政治定力,才能在瞬息万变的复杂国内国际形势中保持清醒的政治头脑,引导学生全面客观认识世界和中国发展的大势,理性看待改革开放中的困难和问题,正确认识时代赋予的重大责任和光荣使命,真正成为"拔节孕穗期"大学生的政治引导者。其次是坚持育人目标的政治属性。社会主义大学培养的是拥护党的领导和社会主义制度,并立志为社会主义现代化事业不懈奋斗的有用人才,并强调,"在这个根本问题上必须旗帜鲜明、毫不含糊"②。政治性要求高校辅导员打牢安身立命的思想基础,引导大学生厚植爱国主义情怀,自觉拥护中国共产党的领导,树立坚定的共产主义和社会主义理想,自觉担负起民族复兴大任的历史使命。

实现新时代高校辅导员专业化发展的价值性是辅导员发挥价值引领功能,通过语言说服、知识传授、以身示范等形式,将社会主流意识形态、社会主义核心价值观与日常教育管理相结合,帮助大学生形成正确的价值判断与选择,培养大学生符合社会主义核心价值体系要求的世界观、人生观、价值观与道德观的过程。这一过程中,无论是形成价值引领的自觉意识,还是开展价值引领的途径、方式、机制,都对高校辅导员自身素质有着明确的要求,都离不开辅导员的专业化。面对"互联网+"时代意识形态领域的渗透与反渗透、多元价值选择

---

① 《习近平主持召开学校思想政治理论课教师座谈会强调 用新时代中国特色社会主义思想铸魂育人 贯彻党的教育方针落实立德树人根本任务》,《人民日报》2019年3月19日第1版。

② 《习近平主持召开学校思想政治理论课教师座谈会强调 用新时代中国特色社会主义思想铸魂育人 贯彻党的教育方针落实立德树人根本任务》,《人民日报》2019年3月19日第1版。

的困惑，高校辅导员专业化发展要实现价值性，首先要"推动知识传授、能力培养与理想信念、价值理念、道德观念的教育有机结合"①，以强烈的专业化自觉创新社会主义核心价值观融入机制，将不同层面的价值追求融入培育大学生的思想道德修养，涵养大学生的爱国情怀与民族精神。其次，体现在高校辅导员以深厚的专业素养，深刻理解马克思主义的知识体系、学理意涵与精髓要义，"坚持价值性和知识性相统一，寓价值观引导于知识传授之中"②，讲清讲透世情、国情、党情和民情，教导大学生运用马克思主义的立场、观点与方法，以透彻的学理分析回应大学生成长中的精神困惑，激扬他们坚定马克思主义信仰的强大精神力量。

政治性与价值性的相统一，既表现为高校辅导员在专业化发展过程中坚持以马克思主义为指导，"坚持辩证唯物主义和历史唯物主义世界观和方法论"③，发挥马克思主义真理的强大力量，滋润学生，引导学生，感召学生，把握好世界观、人生观、价值观这个"总开关"，也体现在高校辅导员坚持对大学生开展思想理论教育，用深厚的马克思主义专业素养，抓住事物的根本，用理论的彻底性去说服大学生、掌握大学生，在立德树人实践中把"批判的武器"转化为"武器的批判"，将马克思主义理论转化为大学生改造世界观、人生观与价值观的强大物质力量。

---

① 中共教育部党组：《关于印发〈高校思想政治工作质量提升工程实施纲要〉的通知》（教党〔2017〕62号），中华人民共和国教育部政府门户网站，http://www.moe.gov.cn/srcsite/A12/s7060/201712/t20171206_320698.html，最后访问日期：2023年6月10日。

② 《习近平主持召开学校思想政治理论课教师座谈会强调 用新时代中国特色社会主义思想铸魂育人 贯彻党的教育方针落实立德树人根本任务》，《人民日报》2019年3月19日第1版。

③ 中共中央党史和文献研究院：《十九大以来重要文献选编》上，中央文献出版社2019年版，第736页。

二　理论性与实践性的统一

理论是对事物的本质性与规律性的认识。恩格斯曾指出："一个民族要想站在科学的最高峰，就一刻也不能没有理论思维。"① 理论的作用在于不仅能指导人们正确认识事物发展的规律与趋势，还在于能帮助人们科学、合理地解决实践中存在的问题，以满足自我发展的需要。理论与实践逻辑上高度统一，互相依存、密不可分。一方面，实践是理论创新的现实之源。"一切划时代的体系的真正的内容都是由于产生这些体系的那个时期的需要而形成起来的"②，任何科学理论的产生，都与时代发展紧密相关，都植根于实践，都离不开实践中出现的新情况与新问题。另一方面，理论的生命力在于指导实践。理论要做到与时俱进、与时偕行，"随时随地都要以当时的历史条件为转移"③，以新的理论形式与内容为实践指明前进的方向，为实践中存在的新困难、新问题提供新思路与新方法。

新时代高校辅导员专业化发展的理论性是指专业化发展以习近平新时代中国特色社会主义思想为根基，以深厚的理论功底提升自我专业素养，用科学的理论培养大学生成长成才。辅导员专业化发展的实践性是指专业化发展立足于新时代教育发展实践，以大学生的成长发展规律为遵循，主动回应大学生的思想困惑与现实迷惘，引导青年形成"四个正确认识"，做努力奔跑的追梦人。辅导员专业化发展是理论性和实践性的统一，首先是由马克思主义科学理论的实践本质决定的。马克思主义是一种开放的、系统的、科学的理论，其发展史是一个与时俱进的过程。正如习近平总书记指出的，"马克思主义是实践的理

---

① 《马克思恩格斯选集》第3卷，人民出版社2012年版，第875页。
② 《马克思恩格斯全集》第3卷，人民出版社1960年版，第544页。
③ 《马克思恩格斯选集》第1卷，人民出版社2012年版，第386页。

论,指引着人民改造世界的行动。"① 高校辅导员专业化以马克思主义为指导,马克思主义理论性与实践性相统一的优秀品质必然决定了辅导员专业化发展是理论性与实践性的统一。其次是高校辅导员工作使命的体现。新时代高校辅导员的根本使命是要完成立德树人根本任务,回答"培养什么人、怎样培养人、为谁培养人"的根本问题。立德树人的根本任务与人才培养的根本问题从来都是理论性与实践性相结合的产物。没有理论的指导,辅导员无从回答"怎样培养人",更无法完成"树人"的育人任务。失去中国特色社会主义实践的支撑,专业化发展就成了无源之水、无本之木,也无法完成"聆听时代的声音,回应时代的呼唤"的历史重托。最后是由大学生成长成才规律决定的。"每一代青年都有自己的际遇和机缘,都要在自己所处的时代条件下谋划人生、创造历史。"② 面对"拔节孕穗期"的工作对象,高校辅导员专业化发展固然要注重自我能力与素质的提升,还必须遵循教育发展规律,遵循学生成长规律,以科学的理论武装大学生的头脑,帮助大学生立鸿鹄之志,做脚踏实地的奋斗者。这是新时代高校辅导员专业化发展无法回避的时代课题。

三 自主性与自律性的统一

长期以来,西方教育理论一直将关于教师自主性的研究作为关注的重要领域,并把强化自主性作为推进教师专业化发展的重要策略。以卡茨为代表的西方教育学家提出,专业化的重要特征之一就是专业人员具有极高的自主性,并认为,自主结构与专业化的程度密切相关,社会赋予了专业人员某种使命的同时,也要提供一定的自主权。与此

---

① 中共中央党史和文献研究院:《十九大以来重要文献选编》上,中央文献出版社2019年版,第424页。

② 《习近平谈治国理政》第一卷,外文出版社2018年版,第74页。

同时，他们还提出，作为自主的专业人员也要自我监督，不能以达到工作的最低要求为标准，而要不断提供更为优良的社会服务，而且还要为自己做出的决定承担某种责任。西方学者关于教师专业化发展的自主性理论对于处在专业化发展阶段的辅导员同样适用。所谓辅导员专业化发展的自主性，是新时代高校辅导员具有坚定的教育信念和明确的自主精神，能对立德树人育人实践做出自主的判断与选择，成为真正意义上的教育专业工作者。"作为教师专业化的核心内容，专业自主性必须通过教师角色的定位来实现。"[①] 自主性对应的是教师专业化发展六项标准之一的"自治"，是高校辅导员专业化发展的主要特征，主要体现于对辅导员专业化的自主性反思与行动。在很多高校辅导员看来，他们"教师"的身份是"被规定出来的"，尚未得到社会的广泛认可，并将其视为影响专业化发展的重要因素之一。然而，怨天尤人不能改善高校辅导员职业的"万金油式"的处境。外在的社会地位固然重要，更重要的在于辅导员自身是否有专业化发展的意识，是否追求自我能力与素养的专业化发展。无论外界如何看待高校辅导员职业，是否承认其职业的专业性，对于辅导员自身来讲，只有树立清醒的专业自主性意识，把专业化发展作为一种执着的信念追求，致力于提升自身的职业行为品质，展现出该职业与众不同的专业服务精神，主动增强育人的责任感，才能真正改善辅导员职业地位，最终实现专业化发展。

"就个人而言，专业化的优势在于能够获得更高的操作能力，但缺点是限制了选择的范围。"[②] 自主性本质上是教师在从事教育活

[①] 吴玲、郭孝文：《论教师专业化的拓展与推进策略》，《安徽师范大学学报》（人文社科版）2001年第4期。

[②] [荷]杜玛·塞特斯、斯赖德·海因：《组织经济学》，袁磊、王磊译，华夏出版社2006年版，第3页。

动时具有的一种决策权力与能力。自主性不是独立存在的。要实现专业化发展，不仅要有自主性，还要有专业组织作为依托，遵守一定的专业伦理与法规，并提供社会认可与支持的专门性服务。对于辅导员来说，首先要具备坚定的教育信念、强烈的事业心与责任感，通过专门性的培训与学习，不断提升专业素养，并加入专业性组织，主动遵守行业道德行为规范，才能更好地提供专业性的服务。这些是辅导员行使专业自主权的前提条件。由此看来，辅导员专业化的自主性并不意味着完全按照自身的意愿来，并不能把是否屈从于外部的压力作为区分是否具有自主性的根本依据。事实上，人的本质是一切社会关系的总和。高校辅导员专业化发展的自主性不是绝对的，而是建立在自律性基础上。习近平总书记在学校思想政治理论课教师座谈会上提出的"自律要严""人格要正"，是对思想政治理论课教师的期许，也是高校辅导员应该严格遵守的道德行为准则。高校辅导员工作不仅是说服与交流，更是示范与引导。专业化发展的自律性体现在高校辅导员要明确职业的政治要求，具备较高的政治觉悟，能够与时俱进地学习马克思主义的新理论、新观点、新方法。乌申斯基说过："教师人格对于年轻的心灵来说，是任何东西都不能代替的最有用的阳光，教育者的人格是教育事业的一切，只有从教师人格活的源泉中，才能涌现出教育的力量。"高校辅导员是塑造灵魂的工程师，其工作实效性要靠真理的力量，更要靠人格的力量。两种力量共同作用，借助高校辅导员这一关键主体在思想教育与价值引领中体现出来。这就要求高校辅导员自我标准要严，为人师表，诚信友善。因此，专业化发展自主性与自律性的统一，体现在高校辅导员自觉地把实现专业化作为职业发展目标，通过知识去影响学生，通过人格与道德力量去感召学生，通过言传身教去感染学生，自觉做好大学生成长的"引路人"。

四　过程性与结果性的统一

过程是事物发展所经过的程序或阶段，是运动和变化的。正如恩格斯指出的，"当我们通过思维来考察自然界或人类历史或我们自己的精神活动的时候，首先呈现在我们眼前的，是一幅由种种联系和相互作用无穷无尽地交织起来的画面，其中没有任何东西是不动的和不变的，而是一切都在运动、变化、生成和消逝。"[①] 新时代高校辅导员专业化发展的过程性是指辅导员积小变到大变，由量变到质变，从一个非专业的职场新手到一个相对成熟的专业管理人员的蜕变。这种过程性是高校辅导员能力素养循序渐进的动态变化，是辅导员通过持续不断的学习与实践，坚定职业意志、丰富知识结构、提升能力素养、实现职业价值感的过程。新时代高校辅导员专业化发展的结果性是指辅导员达到实现自我超越式发展和人才培养水平提升的双重预期目标，成为不可替代性专业人员的应然状态。这种状态是高校辅导员为适应新时代发展要求，实现个体全面发展和提升育人效果所追寻的实然目标。过程是时间的累积，事物的发展过程由若干节点组成，每一个节点都是这一阶段的结果，是相对静止的性质与状态。高校辅导员专业化发展也由不同发展阶段组成，贯穿整个职业发展进程。从20世纪30年代初步萌芽期的"政治指导员"到50年代的"双肩挑"，再到新时期的"职业化"、新时代的"专业化"，高校辅导员专业化发展经历了长时间的过程累积，每一个阶段达到的目标构成了专业化发展的过程性节点，直接决定着最终的专业化发展结果。

辩证唯物主义认为，任何事物的发展都是过程与结果的统一。同教师专业化发展一样，高校辅导员专业化发展既是一个动态的、灵活

---
① 《马克思恩格斯选集》第3卷，人民出版社2012年版，第790页。

的发展过程,也是一个静态的、线性的固定状态,是过程性与结果性的辩证统一。一方面,过程性是结果性的前提,由结果性体现出来。高校辅导员专业化的过程决定发展的最终结果。打个比方来说,专业化发展的过程就像是一条不断向前延伸的曲线,其发展结果不过是这条曲线上某些特殊的点而已,如果过程存在偏差,即使到达了轨迹曲线中的点,但由于偏离了初衷,结果就会大打折扣。当然,这些点既有阶段性的,也有终结性的。当通过过程性的转变,辅导员的专业意识、专业信念、专业态度、专业素养不断发展,满足了新时代社会需求,实现了高水平的育人目标,专业化发展的结果自然就得以体现。另一方面,结果性寓于过程性之中,是过程性的延续。有些结果虽然尚未确定,但只要控制好过程,不偏离应有的轨道方向,大部分结果是可以预料的。辅导员专业化发展的最终状态通过有意识的、有目的的、持续化的发展过程升华后实现。没有高校辅导员从自发向自觉、从经验向科学的转变过程,不可替代性的专业性结果自然难以保证。而要实现专业化发展过程性与结果性的统一,就要求高校辅导员在立德树人根本任务的指导下,遵循教育发展规律,遵循思想政治工作规律,遵循教书育人规律,为适应社会发展和个体自身成长需要,借助外部力量加强对发展过程的控制与管理,不断提升自我专业素养,实现从普通学生事务工作者向专业人员的转变。

第三节 高校辅导员专业化发展的价值意蕴

辅导员是高校思想政治工作的主要承担者与实施者,担负着思想教育与价值引导的重要职责。一直以来,我国高校辅导员队伍兢兢业业、勤勤恳恳,为落实不同阶段思想政治工作目标、完成历史赋予的各项使命做出了应有的贡献。进入新时代,社会主要矛盾已经转化为人民日益增长的美好生活需要和不平衡、不充分的发展之间的矛盾，人民对公平而有质量的教育的向往更加迫切，培养担当民族复兴大任的时代新人的历史责任更加重大。"重视各级各类学校辅导员专业发展"①，将辅导员队伍打造成一个爱思想政治工作、懂思想政治工作、会开展思想政治工作的专业化群体，实现其职业的"不可替代性"，对于落实立德树人根本任务，全面推进教师队伍建设改革，促进更高水平人才培养体系的形成具有重要的时代价值。

一 事关高校立德树人根本任务的落实

赫尔巴特指出："道德普遍地被认为是人类的最高目的，因此也是教育的最高目的。"② 所谓"立德树人"，就是要在"树人为本"中坚持"立德为先"，实现"德才兼备"。"立"含有"使竖立""做出，定出"之意。"德"不仅包括个体内在的思想政治素质与德行修养，而且包含一定的社会行为规范。个体的行为要符合国家之大德、社会之公德的要求，才能体现德的基本内容。就"立"与"德"的关系而言，"立"是德的前提和基础，"德"是"立"的出发点和落脚点，要实现"德"，就必须在教书育人中"立"。个人要想通过"立德"达到"树人"，即具备一定德行修养，成为德才兼备、德行高尚之人，就要在实践和行动中实现"正身、克己、达人"。立德树人揭示了教育的本质，是对中国特色社会主义人才培养目标的直接回应。

中国共产党人始终坚持把"德"摆在人才培养的首要位置，把"德才兼备"作为培养人的重要目标。早在中华人民共和国成立初期，

---

① 中共中央、国务院：《关于全面深化新时代教师队伍建设改革的意见》（中发〔2018〕4号），中国政府网，http://www.gov.cn/zhengce/2018-01/31/content_5262659.htm，最后访问日期：2023年6月10日。

② [德]赫尔巴特：《论世界的美的启示为教育的主要工作》，张焕庭译，人民教育出版社1964年版，第249—250页。

毛泽东同志就提出:"我们的教育方针,应该使受教育者在德育、智育、体育等方面都得到发展,成为有社会主义觉悟的有文化的劳动者。"①邓小平把"有理想、有道德、有文化、有纪律"的"四有"新人作为培养党的优秀人才的重要标准与行为指南,至今仍具有很强的现实指导意义。江泽民也多次强调要坚持正确的政治方向,并指出:"只有培养一代又一代有理想、有道德、有文化、有纪律的献身有中国特色社会主义事业的建设者和接班人,才能保证我国长治久安。"②1995年3月,《中华人民共和国教育法》明确规定,"教育必须为社会主义现代化建设服务,必须与生产劳动相结合,培养德、智、体等方面全面发展的社会主义事业的建设者和接班人。"胡锦涛同志在清华大学百年校庆讲话中强调,要"坚持育人为本、德育为先……努力培养德智体美全面发展的社会主义建设者和接班人"③,并要求广大教师要切实肩负起立德树人、教书育人的神圣职责,当好学生健康成长的指导者和引领人。进入新时代以来,以习近平同志为核心的党中央把立德树人放在人才培养的首要位置,进一步继承、丰富和发展了立德树人的教育思想。在全国高校思想政治工作会议、全国教育大会和党的十九大、二十大报告中,围绕"培养什么人、怎样培养人、为谁培养人"的根本问题,习近平总书记先后多次强调要"坚持把立德树人作为中心环节","培养又红又专、德才兼备、全面发展的中国特色社会主义合格建设者和可靠接班人"。这一系列论述是对新时代高等教育发展改革的理论与现实问题的关切与回应,不仅拓展了我们党关于新时代教育工作规律的新认识,也为广大教育工作者提供了根本遵循和行

---

① 《毛泽东文集》第7卷,人民出版社1999年版,第226页。
② 《江泽民文选》第1卷,人民出版社2006年版,第370页。
③ 胡锦涛:《在庆祝清华大学建校100周年大会上的讲话》,人民出版社2011年版,第7页。

动指南。

要落实立德树人根本任务，不仅要关注"培养什么人、怎样培养人、为谁培养人"，还要关注"谁来培养人"。这四者不是孤立存在的，而是相互促进、相互配合、缺一不可的，共同构成了一个有机统一的育人整体。其中，"培养什么人，是教育的首要问题"[①]。要落实新时代高等教育立德树人根本任务，就要培养"坚持中国特色社会主义教育发展道路、德智体美劳全面发展的社会主义建设者和接班人"[②]。这一任务落实到高校育人实践中，就是要为青年大学生指引人生的发展方向，培养具有坚定理想信念、有志于为实现中华民族伟大复兴中国梦不懈努力的奋进者。不仅如此，还要引导广大青年大学生崇德修身，自觉弘扬爱国主义精神，带头践行社会主义核心价值观，树立强烈的社会责任担当，练就过硬的专业知识本领。"怎样培养人"是教育的永恒主题。对于"怎样培养人"，习近平总书记在关于教育的一系列论述中提出了明确的要求，要"围绕学生、关照学生、服务学生""因事而化、因时而进、因势而新"，遵循三个规律，即思想政治工作规律、教书育人规律、学生成长规律，教育引导学生实现"四个正确认识"。还要发挥思想政治理论课主渠道的作用，坚持理论与实践相结合，以新媒体、新技术增强育人的时代感与感召力。"为谁培养人"是教育的落脚点。在阶级社会，阶级性是教育的根本性特征，培养为本阶级服务的人才是一切阶级教育的根本目标。新时代重申"为谁培养人"，是中国特色社会主义高校发展的现实需要，也是应对西方价值观渗透、实现"两个巩固"的必然要求。要正确认识新时代社会矛盾变化对高等教育的深刻影响，培养既坚持党性原则又坚持人民性的时代新人，牢

[①] 中共中央党史和文献研究院：《十九大以来重要文献选编》上，中央文献出版社2019年版，第647页。

[②] 《胡锦涛文选》第3卷，人民出版社2016年版，第418页。

牢把握党对高校意识形态的领导权与话语权。

"谁来培养人"是教育的前提。育人是一项系统工程，学校、家庭、社会是一个协同的整体。高校辅导员是大学生日常教育管理的实施者，是大学生健康成长的指导者和引路人，在立德树人过程中起着至关重要的作用。当前，一方面，网络信息技术的迅猛发展、新媒体的强势来袭和智能手机的快速普及，消解了教育工作者的权威性，弱化了高校思想政治工作的话语权。另一方面，西方不同价值观与多元社会思潮的不断入侵，影响了大学生的价值选择与价值判断，不利于社会主义核心价值观的培育与践行。少数辅导员个体角色意识模糊、职业认同感不足、职业倦怠现象严重，加上马克思主义理论素养不足，自我专业知识储备不足与时代变化要求的矛盾日益凸显，导致其政治立场不明确、理想信念不坚定，一定程度上弱化了思想政治教育工作的效果。这些负面影响不断叠加，对新时代落实立德树人根本任务提出了新的挑战。高校辅导员专业化强调要把专业化视为一个动态的发展过程，要求在教育实践中不断增强高校辅导员的专业化技能，为新时代人才培养服好务。从这个立意出发，专业化是高校辅导员自我全面发展的需要，更是新时代落实立德树人根本任务的关键因素。

二 事关高校教师队伍建设改革的成效

党的十八大以来，以习近平同志为核心的党中央坚持把教育作为优先发展事业，把教师队伍建设作为基础性工作，多次强调要从战略高度认识教师工作的极端重要性，围绕如何建设一支宏大的高素质、专业化教师队伍，做出了一系列重大决策部署，提出了一系列论述。关于教师的重要地位，习近平总书记提出，教师是人类灵魂的工程师，承担着"塑造灵魂、塑造生命、塑造新人的时代重任"，是"立教之本、兴教之源"。他提出教师要认清新时代的重要职责，教师队伍建设要增强"四个意识",坚定"四个自信",做到"两个维护",把培养德智体美劳全面发展的时代新人、为党育人、为国育才作为根本目标。"经师易得,人师难求",他要求从战略高度认识加强教师队伍建设的重大意义,提出要致力于建设一支宏大的高素质专业化教师队伍。对于如何加强教师队伍建设,他把"政治素质过硬、业务能力精湛、育人水平高超"①摆在突出位置,强调教师要把筑牢信仰根基放在首位,牢固树立中国特色社会主义理想信念,增强责任感与使命感,"做学生健康成长的指导者和引路人"②,要"让有信仰的人讲信仰"③;要求"传道者自己首先要明道、信道……教育者先受教育"④,教师要甘当人梯和铺路石,要做"有理想信念、有道德情操、有扎实学识、有仁爱之心"⑤的好老师,做"四个引路人",争做"中华民族'梦之队'的筑梦人";要把师德师风落实到立德树人的实践中,以"政治要求、情怀要深、思维要新、视野要广、自律要严、人格要正"为目标,做到"八个相统一";要爱惜职业、不忘初心、保持定力、淡泊名利,"爱心从教、热心从教"。这些论述内涵丰富、思想深邃、情真意切,体现了习近平总书记对教师队伍建设的殷切期望,是衡量能否当好教师的明确标准,也是新时代高校辅导员专业化发展的理论指导与行动指南。

以此为遵循,中共中央国务院印发《关于加强和改进新形势下高校思想政治工作的意见》(中发〔2016〕31号),该意见把"提升思想

---

① 习近平:《在北京大学师生座谈会上的讲话》,人民出版社2018年版,第8页。

② 中共中央文献研究室:《十八大以来重要文献选编》上,中央文献出版社2014年版,第581页。

③ 《习近平主持召开学校思想政治理论课教师座谈会强调 用新时代中国特色社会主义思想铸魂育人 贯彻党的教育方针落实立德树人根本任务》,《人民日报》2019年3月19日第1版。

④ 《习近平谈治国理政》第二卷,外文出版社2017年版,第379页。

⑤ 习近平:《在北京大学师生座谈会上的讲话》,人民出版社2018年版,第8页。

政治素质、加强师德师风建设、完善评聘和考核机制"等作为新时代教师工作队伍建设的重要内容，提出把高校思想政治工作队伍"纳入高校人才队伍建设总体规划，形成一支专职为主、专兼结合、数量充足、素质优良的工作力量"，为新时代高校辅导员专业化发展提供了政策指引。在此基础上，2018年年初，中共中央、国务院印发了新中国成立以来第一个专门面向教师队伍建设的里程碑式政策文件——《关于全面深化新时代教师队伍建设改革的意见》。该意见从新时代教师队伍专业化建设的发展方向、强化保障、师德建设、改革机制、培养政策等多方面做出了方向性、全局性与战略性的要求，并重点提出要提升教师的专业素质能力。同年3月，教育部等五部门印发《教师教育振兴行动计划（2018—2022年）》，该计划提出要从师德师风、培养培训、能力提升、信息化建设、保障体系构建等方面着手，"努力建设一支高素质专业化创新型教师队伍"。这些论述和文件把新时代教师队伍建设改革作为重要内容，提出坚持兴国必先强师，高度重视教师思想政治素质与师德师风建设，把提升教师专业素质能力作为专业内容，不断深化教师管理改革，把培养一批"学科知识扎实、专业能力突出、教育情怀深厚的高素质复合型教师"作为工作目标，为建设教育强国、培养高素质专业化的教师队伍提供了强大支撑，客观上也为新时代高校辅导员专业化发展营造了良好的发展氛围。

高校辅导员队伍专业化建设与新时代教师队伍建设改革密切相关。首先，辅导员是高校教师队伍的重要组成部分，辅导员专业化是高校教师专业化的重要内容，没有专业化的辅导员队伍，很难建设高素质、专业化的教师队伍。加强辅导员专业化发展，对于提升高校教师整体队伍的专业化水平、激励教师成长具有重要的推动作用。其次，专业化的辅导员引领着教师队伍建设改革正确的政治方向。"我们的高校是党领导下的高校，是中国特色社会主义高校。"这是新时代教师队伍建设改革必须坚持的政治方向。专业化的辅导员始终把筑牢信仰根基放在首位，不断增强立德树人的责任感与使命感，带头践行社会主义核心价值观，是中华民族"梦之队"筑梦人的示范者与引领者，导引着新时代教师队伍建设改革正确的政治方向。最后，高校辅导员专业化建设水平直接影响着新时代教师队伍建设改革质量的高低。高校辅导员专业化发展是遵循教书育人规律与学生成长规律、不断提升自我职业能力素养的过程。新时代教师队伍建设改革的一系列重大决策部署凸显了党和政府对教育、教师的高度重视，显著提升了教师的政治与社会地位，是高校辅导员实现专业化发展的前提与基础，为辅导员专业化发展提供了制度与方向保障。高校辅导员具有教师与管理者双重身份，习近平总书记关于教师的系列论述以及新时代颁发的关于教师发展的政策法规对高校辅导员专业化发展具有普适性与约束性。反过来，高校辅导员专业化水平影响着整个教师队伍的思想素质、政治素质、业务素质和师德水平。不断提升专业化水平，既是高校辅导员专业化发展的内在需要，也是对教师队伍建设改革成果的检阅，关系到新时代教师队伍建设改革的成效。

三 事关更高水平人才培养体系的形成

中国共产党人高度重视"培养什么人"的问题，从新中国成立初期的"德智体美"到新时期的"四有"新人，尽管人才培养的目标随社会发展不断被时代赋予新的内涵，但"以德为先、德才兼备"始终被摆在突出位置。通过对我们党思想政治工作目标的历史考察，不难发现，随着我国政治、经济、意识形态等领域体制机制的变迁，高校人才培养目标经历了多次转变。

革命战争年代，为完成反帝反封建的历史使命，人才培养的目标是培养适应斗争需要的先进革命者。新中国成立初期，政权更迭，社会体制发生了根本转变，一套富有中国特色的制度体系逐步确立起来。面对意识形态与经济建设领域的双重严峻考验，毛泽东同志提出，教育的方针"应该使受教育者在德育、智育、体育等方面都得到发展，成为有社会主义觉悟的有文化的劳动者"①。以此为指导，培养适应阶级斗争需要的"无产阶级革命者"和"又红又专的社会主义事业建设者"这一富有强烈的政治性与阶级性的表述成为该时期人才培养的主要目标。以"又红又专"为遵循，培养造就具有坚定的共产主义信仰和扎实的专业技术人才是这一阶段思想政治工作者的历史使命。进入新时期，邓小平指出，"要教育人民成为'四有'人民，教育干部成为'四有'干部。'四有'就是有理想、有道德、有文化、有纪律"②。"四有"新人成为新的人才培养目标。江泽民时期，《中共中央关于加强和改进思想政治工作的若干意见》进一步明确了"四有"新人的工作任务，提出要"以科学的理论武装人，以正确的舆论引导人，以高尚的精神塑造人，以优秀的作品鼓舞人，培育有理想、有道德、有文化、有纪律的公民"。这一阶段，思想政治工作者的历史使命是通过提高思想道德与科学文化素质，培养社会主义"四有"新人。党的十六大后，面对全面建设小康社会的新形势，高校人才培养目标转变为"努力培育有理想、有道德、有文化、有纪律的，德、智、体、美全面发展的中国特色社会主义事业建设者和接班人"③。

教育不是简单的知识性传授的技术性活动，其最终目的是培养符合社会发展需要的真正的人。进入新时代，随着社会主要矛盾的转化，"当今教育的基本矛盾已具体化为教育供给的单一、粗放及教育运行的

---

① 《毛泽东邓小平江泽民论青少年和青少年工作》，中国青年出版社、中央文献出版社2000年版，第113页。
② 《邓小平文选》第3卷，人民出版社1993年版，第205页。
③ 中共中央文献研究室：《十六大以来重要文献选编》上，中央文献出版社2005年版，第793页。

内向，与人民群众教育需求的多样、个性及社会对教育参与不充分之间的矛盾"①。这一矛盾也使得教育的目的更加聚焦，即提供更加公平而有质量的教育，不断增强人民群众的教育获得感。党的十九大和二十大都做出了把教育事业放在优先位置、加快教育现代化、建设教育强国的重大部署，提出要培养高素质教师队伍，增强人民的教育获得感，为新时代教育事业吹响了改革的冲锋号。在2018年全国教育大会上，习近平总书记站在实现中华民族伟大复兴中国梦的战略高度，针对新时代新形势对教育和学习提出了新的更高的要求，指出新时代教育改革要树立"九个坚持"，以"六个下功夫"为着力点，"努力构建德智体美劳全面培养的教育体系，形成更高水平的人才培养体系"②。人才培养体系涉及教学、学科、教材、管理等诸多方面内容，是一个不断变化的复杂共同体，"而贯通其中的是思想政治工作体系"。

  辅导员是高校思想政治工作的重要主体之一，在高水平人才培养体系中具有主导性作用。辅导员是高校人才培养的关键力量，担负着价值引导、人格塑造、精神培育的铸魂育人使命，其专业化水平直接影响着思想政治工作的效果，决定着新时代人才培养质量的高低。随着我国高等教育向内涵式发展迈进，高校辅导员专业化的发展取向已经从"教师单向发展"向"教师—学生双向发展"转变，发展目标也指向了崇高的教育理想、高深的专业素养、高品质的专业化服务能力以及高水平的人才培养质量。这一转变，是衡量高校辅导员是否具有"不可替代"的专业性特征的重要标准，为新时代全面提升人才培养质量、形成更高水平人才培养体系提供了可靠的队伍保障。首先，以专业化的职业定位强化人才培养目标。坚持问题导向是保证思想政治工

---

① 《社会主要矛盾转化，教育如何应对》，《中国教育报》2018年3月7日第1版。
② 中共中央党史和文献研究院：《十九大以来重要文献选编》上，中央文献出版社2019年版，第653页。

作接地气、入人心的前提。当前，面对全媒体的迅速崛起，西方文化、价值观与社会思潮大量涌入，大学生爱国主义教育、理想信念教育、价值观教育的难度加大，培养时代新人面临新的挑战。高校辅导员队伍肩负"组织者、实施者、指导者"三重使命，专业化的职业定位赋予了辅导员强烈的责任感与使命感，面对复杂的育人环境，他们主动顺应时代发展变化新格局，深刻认识环境在育人中的重要作用，创新工作方法，主动运用信息技术新手段，以专业化的理论素养回应时代热点，以高度的政治认同感引导大学生坚定"四个自信"，进一步明确了培养时代新人的工作目标。其次，以专业化素养助力人才培养目标的实现。思想政治工作的工作措施随目标变化而变化，从"又红又专"到"四有"新人，再到"时代新人""为党育人、为国育才"，高校思想政治工作的目标在变，工作举措也随之变化。随着"两个一百年""中华民族伟大复兴中国梦"的提出，培养德智体美劳全面发展的时代新人的任务更加明确，新时代的高校辅导员不仅具备强烈的专业化自觉，还能以扎实的专业化素养与能力提升思想政治工作的科学化水平，以崇高的专业精神与伦理为"拔节孕穗期"的大学生做好为学为人的表率，为实现高水平人才培养目标打下了基础。最后，以专业化的机制保障人才培养目标的质量。党中央把"培养高素质专业化教师队伍"作为教育事业发展的重要内容，提出要健全领导机制、完善评聘与考核机制、协同工作运行机制，形成齐抓共管的长效工作机制，这是高校辅导员专业化的工作内容与发展方向，也为实现高水平人才培养目标提供了质量保障。

第二章

中华人民共和国 70 年来高校辅导员队伍建设的演进与启示

　　任何一门职业的产生都离不开一定的时代背景，高校辅导员职业是中华人民共和国成立初期为顺应社会主义大学发展需要而诞生的新岗位，是我国社会主义教育的历史产物。高校辅导员队伍专业化建设是一个现代性的话题，更是一个历史性和时代性的课题。高校辅导员队伍建设发展历程具有浓郁的时代特色，其每一发展阶段都与社会历史进程尤其是政治背景紧密相连，是对当时社会经济政治发展的深层映射。随着我国高等教育从精英化阶段向大众化阶段转变，新时代高校思想政治工作面临新的使命与要求，"整体推进辅导员队伍建设，保证这支队伍后继有人、源源不断"[①]更加迫在眉睫，要实现"培养造就一支适应新时代发展需要的高素质专业化队伍"的目标，不能只关注现实，而要站在时光轴上，考察历史起源、梳理发展脉络、总结有益经验，为新时代探寻高校辅导员专业化发展之路提供可行性历史借鉴。

[①] 《习近平谈治国理政》第二卷，外文出版社 2017 年版，第 380 页。

第一节　中华人民共和国成立以来高校辅导员队伍建设的历史演进

长期以来，为不断加强和改进高校思想政治工作，我们党采取了一系列行之有效的措施，其中很重要的一点就是探索设立并不断完善辅导员制度、推进辅导员队伍建设。这是我国高等教育的一项优良传统，也为落实立德树人根本任务提供了坚强的组织保障。从20世纪50年代辅导员制度诞生以来，我国高校辅导员职业发展已经走过了70年的不平凡发展历程。70多年来，随着中国特色社会主义事业的不断发展壮大，高校辅导员队伍建设经历了从产生、形成到不断发展的历程。

一　高校辅导员队伍制度的基本形成期（1949—1978年）

关于高校辅导员制度的起源，根据毛泽东同志提出的"那时军队设立了党代表和政治部，这种制度是中国历史上没有的，靠了这种制度使军队面目焕然一新。1927年以后的红军以至今日的八路军，是继承了这种制度而加以发展的"[1]观点，有学者认为，"民主革命时期党领导下的高校政治教育模式是探索中国高校辅导员制度的'源头'"[2]。也有学者提出，"黄埔军校的党代表和政治部制度为以后军队乃至其他部门的思想政治教育提供了模式和规范"[3]，"辅导员制度最早萌芽于黄埔军校的党代表，后演变为政治指导员"[4]。还有学者认为，"中国

---

[1] 《毛泽东选集》第2卷，人民出版社1991年版，第380页。
[2] 周良书、朱平、俞小和等：《中国高校辅导员工作史论》，人民出版社2016年版，第4页。
[3] 王树荫：《中国共产党思想政治教育史》，中国人民大学出版社2011年版，第29页。
[4] 罗勇、邵磊、谭文全等：《"三化"高校辅导员队伍建设研究与实践》，西南财经大学出版社2017年版，第1页。

共产党早期创造的高等院校,如'抗日军政大学'配备的专门政治工作干部,是高校辅导员的缘起"①。尽管这些观点在学界尚未达成一致,但可以肯定的是,高校辅导员制度萌芽于革命战争时期,尤其是中国共产党早期创办的军事院校中设立的政治指导员,为中华人民共和国高校辅导员职业的创立提供了制度借鉴。

1949年中华人民共和国新政权建立后,为适应国家经济建设发展需要,中国共产党开始了社会主义大学的办学探索。在"教育要为政治服务"的大局下,如何改造旧教育、引导大学生适应新的高等教育发展模式成为当时高校思想政治工作的一项重要任务。在"一边倒"向苏联学习的影响下,"以俄为师""参照苏联模式""借助苏联教育建设的先进经验"②成为中华人民共和国成立初期的教育方针。这一时期,力图以马克思列宁主义的方法论为指导的凯洛夫教育学提出了包括德育、体育和美育在内的一整套教育理论体系,认为"教育总是和政治相联系着的"③,强调教师的主导作用,并提出"教育的阶级性和党性原则"等观点,对我国教育实践产生了深远影响。此后,依照苏联模式,我国逐步建立了校长负责制、教学与学生管理体制。至于"苏联模式"对高等教育的影响,不可否认,由于生搬硬套,"苏联模式"指引下的高等教育方案带来了不少后遗症,如设计的"培养专才"目标未能完全适应我国当时社会经济发展需要,造成高校管理的条块分割局面等。但值得肯定的是,苏联探索建立的高校德育机构和体制为我国高校开展思想政治工作提供了重要参考。譬如,正是在这些教育思想的推动下,"教育要为无产阶级专政服务"才成为中华人民共和

---

① 朱正昌:《高校辅导员队伍建设研究》,人民出版社2010年版,第12—13页。
② 《中华人民共和国教育大事记》(1949—1982),教育科学出版社1984年版,第8页。
③ [苏]凯洛夫:《教育学》上册,沈颖、南致善、贝璋衡、陆宝槐、黄长需译,人民教育出版社1953年版,第10页。

国成立初期教育工作者的普遍共识，辩证唯物主义、新民主主义论等马列主义理论课程出现在高校政治理论课课堂，为我国高校构建思想政治理论课体系打下了基础；苏联模式提出的"技术培养与政治思想相结合""全面系统的基础知识与高尚的思想情操相结合"①的基本原则为我国处理业务与德育的关系提供了指南；最为重要的是，苏联教育思想中关于教育的阶级性、党性、政治性思想以及德育的一整套机构和体制为我国高校开展思想政治工作提供了有益借鉴。在党的领导下，青年团组织不断发展壮大，以政治理论课为主渠道的高校德育工作体系初步建立。

1951年11月，时任教育部长马叙伦在《关于全国工学院调整方案的报告》中提出，"各工学院实行政治辅导员制度，设专人担任各级政治辅导员，主持政治学习与思想改造工作。"②"政治辅导员"在官方文件中首次被正式提出。1952年，教育部肯定了部分工学院关于政治辅导员制度的试验，并发布了《关于高等学校有重点地试行政治工作制度的指示》，明确指出"全国高等高校……应有准备地在校内设立政治工作机构，其名称可称为政治辅导处"③，政治辅导处要选取具有一定理论水平和政治品质优良者担任辅导员，并对政治辅导处的工作任务、主要职责、组织结构、人员构成等做出了详细规定。该《指示》还特别提出，"政治辅导员"要掌握教职员工和学生的政治思想情况，辅导、组织和推动政治学习和社会活动等工作，首次对"政治辅导员"的职责做出了规定。政治辅导处是中华人民共和国成立后的第一个常

---

① 周良书、朱平、俞小和等：《中国高校辅导员工作史论》，人民出版社2016年版，第63页。
② 《中共中央文件选集（1949年10月—1966年5月）》第7册，人民出版社2013年版，第489页。
③ 《中共中央文件选集（1949年10月—1966年5月）》第9册，人民出版社2013年版，第320页。

设性德育管理机构，为高校辅导员制度的诞生打下了坚实的基础。1953年，在时任校长、马克思主义教育家蒋南翔的推动下，清华大学向中央递交了一份报告，提出"为了加强大学生的政治思想教育……拟设立政治辅导员制度，拟选学习成绩优良、觉悟较高的党团员担任辅导员"①。报告很快获批，中华人民共和国第一批政治辅导员由此诞生。由于选拔的对象是思想觉悟高、业务素质好的青年学生，他们一边学习业务知识，一边做思想政治工作，因而被称为"双肩挑"政治辅导员。清华大学"双肩挑"辅导员的设立，标志着我国高校辅导员制度的正式确立，也成了高校辅导员队伍建设的起点。随后，"清华模式"培养了一支相对稳定的学生发展队伍，获得了广泛认可，全国高校纷纷开始效仿。1961年，教育部出台《教育部直属高等学校暂行工作条例（草案）》（简称"高教六十条"），规定"要在大学一、二年级设政治辅导员或班主任"，"同时要逐步培养和配备一批专职的政治辅导员"。这是中共中央第一次在文件中正式提出设立专职政治辅导员，是高校辅导员队伍建设专职化的开端。1965年，《高等学校学生班级政治辅导员工作条例（草案）》出台，该《条例》明确规定了政治辅导员的地位功能、选拔条件、素质水平、工作职责、工作方法等，"并同意全国高等学校平均每一百个学生配备一名政治工作干部"②，"标志着我国高校辅导员工作从此走上了专职化和制度化的新轨道"③。至此，我国高校辅导员制度初步设立，队伍建设基本形成。

经历了中华人民共和国成立初期的十多年艰苦探索，我国高校辅

---

① 杨振斌：《双肩挑50年——清华大学辅导员制度五十年回顾与展望》，清华大学出版社2003年版，第15页。
② 《中共中央文件选集（1949年10月—1966年5月）》第46册，人民出版社2013年版，第225页。
③ 周良书、朱平、俞小和等：《中国高校辅导员工作史论》，人民出版社2016年版，第107页。

导员逐步向专职化和制度化迈进。然而，从1965年年底开始，"以阶级斗争为纲"的思想全面渗入高校的思想政治工作，受"左"倾错误思想的影响，辅导员工作被纳入了"政治化"轨道。随着"文化大革命"的全面爆发，高校辅导员角色不断被调整，思想政治工作体制遭到了全面的破坏，辅导员队伍建设经历了艰难的曲折发展。

二 高校辅导员队伍专业化建设的萌芽期（1978—2004年）

拨乱反正后，中国进入了新的发展时期。面对依旧严峻的国内外形势，高校思想政治工作队伍建设的重要性再次被提上日程。1978年10月，《全国重点高等学校暂行工作条例（试行草案）》提出要设立政治辅导员，"政治辅导员要既做学生思想政治工作，又要坚持业务学习"。1980年4月，《教育部、团中央关于加强高等学校思想政治工作的意见》出台，明确指出，学生政治工作干部是党的政治工作队伍的一部分，也是师资队伍的一部分，是办好学校不可缺少的重要力量。同时，该《意见》还对辅导员队伍评定职称和福利待遇问题做了相应的规定。1981年7月的《高等学校思想政治工作暂行规定》对以上《意见》进行了补充，并指出，做好思想政治工作，需要一支又红又专、专兼职结合的辅导员队伍，比例"按一百二十名左右的学生配备一名政治辅导员"。1983年，教育部在武汉召开全国高等教育工作会议，在总结了中华人民共和国成立30多年以来学生思想政治工作的经验与教训后，提出要加强高校辅导员队伍建设。1984年4月，包括清华大学、华中师范大学在内的12所高校获批招收思想政治教育专业本科生，标志着思想政治教育学作为一门独立学科正式形成，为高校辅导员队伍建设培养了后备军。1984年11月，中共中央宣传部、教育部颁发《关于加强高等学校思想政治工作队伍建设的意见》，对思想政治工作队伍结构以及专职思想政治工作者的来源、素质、能力、发展方向、培训和待遇等方面做出了规定，提出开设第二学位班，还指出了高校辅导员队伍建设存在的问题，主要包括"理论水平、知识结构、培训、职称待遇等方面都存在问题，还存在骨干老化、后继无人的情况"[1]。1987年5月，国家教委印发《关于在高等学校学生思想政治教育专职人员中聘任教师职务的实施意见》，提出把思想政治工作人员纳入教师职务聘任体系。同月，中共中央下发《关于改进和加强高等学校思想政治工作的决定》，提出"思想政治教育是一门科学，思想政治工作者是教师队伍的组成部分，应当列入教师编制"，强调要通过专兼职结合等方式，建设一支坚强的马克思主义理论队伍和思想政治工作队伍。1988年，思想政治教育专业招收硕士研究生。总的来说，在党的关心和正确领导下，这一时期的高校辅导员队伍建设工作取得了很大的成绩，为此后高校辅导员队伍专业化建设夯实了基础。

党的十三届四中全会后，面对国内国际形势发生的重大变化，党中央不断加强高校思想政治工作，推进了高校辅导员队伍建设的快速发展。从20世纪90年代初开始，高校思想政治工作的地位日益显现，"辅导员专职化在理论上逐渐确立"[2]。从1990年1月到1993年8月，《关于加强高校党的建设的若干意见》《中国教育》以及《关于新形势下加强和改进高等学校党的建设和思想政治工作的若干意见》等文件陆续出台，强调要创造条件，加大培训力度，提高思想政治素质和业务水平，着力培养一支专兼职结合的思想政治教育工作队伍。1994年，《中共中央关于进一步加强和改进学校德育工作的若干意见》印发，该文件提出要完善管理体制，加大培训进修力度，解决德育队伍的专业职务问题，提高工作待遇，优化队伍结构，其目

---

[1] 教育部思想政治工作司：《加强和改进大学生思想政治教育重要文献选编（1978—2014）》，知识产权出版社2015年版，第51页。

[2] 何登溢：《高校辅导员职业发展研究》，高等教育出版社2018年版，第51页。

的是"建设一支专兼结合、功能互补、政治坚定、业务精湛的德育队伍"①。1995年11月,《中国高等学校德育大纲(试行)》出台,要求按1∶120至1∶150的比例设置专职政工人员,再次强调"德育专职人员是教师队伍的重要组成部分",要"切实加强辅导员队伍建设,努力培养和造就一批思想政治教育的专家和教授"②。1997年,马克思主义理论与思想政治教育博士点在中国人民大学、武汉大学等高校设立并开始招生。1999年,《中共中央关于加强和改进学校德育工作的意见》印发,提出以"工作保研"的方式充实辅导员队伍,要求"按照提高素质、优化结构、相对稳定的要求,建设一支政治强、业务精、作风正的思想政治工作队伍",强调要提高他们的思想政治素质与业务能力。

迈入21世纪,中国特色社会主义建设进入了新的发展阶段。面对扩招、后勤社会化等新情况,高校辅导员队伍建设面临严峻的考验。2000年7月,《关于进一步加强高等学校学生思想政治工作队伍建设的若干意见》出炉,把"德才兼备""政治素质高""思想作风好""学历层次高"作为选拔高校辅导员队伍的重要标准,对辅导员人员构成、身份任期、教学科研、培养培训、实践锻炼等提出了明确要求,强调要加强领导,从制度上解决辅导员的职务与待遇问题,要完善考核、晋升、评价与奖惩机制等,标志着高校辅导员队伍建设开始向着规范化、制度化迈进。

这一时期,经过艰难探索,高校普遍建立了一支以"专职为主、兼职为辅,专兼结合"的政治辅导员队伍,辅导员队伍制度完全恢复,

---

① 教育部思想政治工作司:《加强和改进大学生思想政治教育重要文献选编(1978—2014)》,知识产权出版社2015年版,第158页。
② 何东昌:《中华人民共和国重要教育文献》(1991—1997),海南出版社1998年版,第3904页。

队伍建设取得了可喜的成绩，主要呈现以下三个特点。一是制度建设快速发展，高校辅导员的身份编制、岗位设置、培养培训、职务聘任、队伍管理、待遇保障等都有了政策依据。二是强调通过专业化的方式为高校辅导员队伍建设提供专门的人才支撑。思想政治教育学科形成了学士、第二学士、硕士研究生、博士研究生的完整人才培养体系，巩固、加强和完善了思想政治教育学科的人才培养体系，为高校辅导员队伍专业化建设储备了的专门性人才，确保了这支队伍源源不断、后继有人。三是辅导员政治素质与业务能力不断提升，促进了高校辅导员队伍专业化建设的快速萌芽，为后续的专业化建设和可持续发展打下了坚实的基础。

三 高校辅导员队伍专业化建设的稳步发展期（2004—2012年）

党的十六大以后，伴随着我国政治经济和教育改革的日益深化，高校思想政治工作面临前所未有的压力与挑战，以胡锦涛同志为核心的党中央着眼于党和国家事业的长远发展，从战略层面做出了一系列进一步加强和改进大学生思想政治教育的重要决策，为高校辅导员专业化初步发展铺平了道路。2004年10月，《关于进一步加强和改进大学生思想政治教育的意见》（中共中央16号文件）印发，该文件明确了高校辅导员的工作定位与职责，提出了高校辅导员是思想政治教育的"主体"和"骨干"，"负有在思想、学习和生活等方面指导学生的职责"，"是大学生健康成长的指导者和引路人"，并要求按照"政治强、业务精、纪律严、作风正"的标准选拔辅导员；对辅导员培养培训方式做了规定，要求通过加强思想政治教育学科建设培养专门性人才，提出选拔骨干攻读硕博士学位，"学成后专职从事思想政治教育工作"；强调要完善专业职务系列，建立辅导员激励、保障和奖励制度等。16号文件在高校辅导员队伍建设史上具有里程碑意义，成为高校辅导员队伍建设与发展的纲领性文件。该文件中关于辅导员队伍建设的系列表述标志着21世纪高校辅导员制度建设不断创新和完善,高校辅导员队伍专业化建设与专业化发展也由此进入了新的发展阶段。为贯彻落实该文件精神,2005年1月,教育部先后出台《关于加强和改进高等学校辅导员、班主任队伍建设的意见》,确立了辅导员的选聘原则、配备比例,通过培训进修、定向攻读等,探索多层次、多形式的培训体系,提出解决职称、职务、待遇问题,通过完善评优奖励机制等,统筹规划辅导员的发展,最终促进高校辅导员向"职业化、专家化方向发展"。

2006年4月,中华人民共和国成立以来首次全国性的高校辅导员工作会议在上海召开。会议把健全制度、明确政策、提高素质、"三全"育人作为主要内容,强调了高校辅导员具有教师和干部"双重身份",明确了辅导员角色定位、工作职责、素质要求,关注了高校辅导员职务晋升等具体问题,并提出要把高校辅导员队伍建设作为"长期性、基础性的重大任务"和"关键措施来抓"。尤其值得一提的是,该会议首次提出要鼓励专职辅导员成为"思想教育、心理健康教育、职业生涯规划、学生事务管理等方面的专门人才",为高校辅导员队伍专业化建设初步指明了方向。同年7月,《2006—2010年普通高等学校辅导员培训计划》发布,提出了辅导员培训应遵循"突出专业特点"等四大原则,并明确了培训目标、八大主要任务和三项保障措施,其目标是明显提高辅导员队伍素质,培养和造就1000名思想政治教育方面的专家。这一文件首次以加强培训、提升素质为主要内容,关注到了高校辅导员专业化发展的核心层面。同年9月,我国关于高校辅导员队伍建设的首部专门文件——《普通高等学校辅导员队伍建设规定》(教育部24号令)出台,再次确定了辅导员的双重身份,指出高校辅导员是"思想政治工作的骨干力量",是思想政治教育的"组织者、实施者和指导者",是"大学生的人生导师和知心朋友";提出了高校辅导员开展工作的五项要求和八项职责;首次明确提出辅导员接受"双重管理",享受职务职称"双线晋升",待遇不低于专业教师的水平。这是高校辅导员队伍建设的重要纲领性文件,标志着我国高校辅导员制度进入了职业化、规范化、制度化的崭新时期。依据该规定,各高校因地制宜,纷纷出台了辅导员队伍建设管理规定,有力促进了高校辅导员队伍专业化建设。

我国当代著名教育学家顾明远认为,教师职业要实现专业化,"必须掌握专门的知识和技能、受过专门职业训练、有较高职业道德、具备进修的意识和不断学习的能力、有一定的职业自主权、要有职业的专门组织(也即行业组织,进行行业自律)"[①]等。其中,有专门的组织是专业化发展的重要标准之一。为适应大学生思想政治教育工作和高校辅导员队伍建设不断发展的需要,2008年7月,全国高校辅导员工作研究会(中国高等教育学会高校辅导员工作研究分会)在山东大学成立。该研究会定位为全国高校辅导员的精神家园,旨在通过开展理论与政策研究、提供岗位交流、举办技能大赛、开展高层次创新论坛、辅导员年度人物评选、创办《高校辅导员》学术期刊等,为全国高校辅导员提供理论研究、工作交流与创新实践的平台。

回顾这一阶段高校辅导员队伍建设历程,我们认为,这一时期党中央对高校思想政治工作的重视程度更高,对高校辅导员队伍建设规律的认识更加深刻,推进高校辅导员专业化建设与发展的力度更大,主要体现了以下三个特点。一是辅导员的职责身份更加明确。从过去创立初期的"政治辅导员"到16号文件提出的"辅导员",去掉了"政治",却不意味着不重视辅导员的政治化身份,更不能表示辅导员

---

① 顾明远:《教师的职业特点与教师专业化》,《教师教育研究》2004年第16期。

工作不具备政治性职责。相反,这一转化从过去仅把提升大学生的政治素质向促进思想素质、政治素质、道德素质等综合素质提升转变,更加符合教育发展规律和学生成长规律。同时,"主体""骨干力量""组织者、实施者和指导者""引路人",具有教师和管理人员"双重身份",可以实现职务与职级的"双线晋升",这些提法更加明确了高校辅导员立德树人的职业身份,有利于坚定辅导员的角色信念。也正因如此,高校辅导员不再是一个普通的管理人员,不再是一个过渡性、临时性的工作岗位,而是一门需要具备一定素养的专业性职业。二是注重培养培训,更加聚焦专业素养。高校辅导员制度设立初期把重心放在了"政治性",对于高校辅导员业务能力、学历学位、师德伦理关注不够,使得高校辅导员工作陷入了"谁都能干"的"万金油式"境地。从16号文件提出要"培养思想政治教育工作专门人才""推荐骨干攻读定向硕士和博士学位",到24号令"实施培训计划""建设研修基地",再到出台专门的高校辅导员培训计划文件,成立专门性理论研究组织与期刊,不难发现,以聚焦高校辅导员专业素养为核心的分层次、多形式培养培训体系不断完善,高校辅导员从业素质得到了快速提升。三是加强制度建设,初步构建了高校辅导员职业化、专业化长效建设与管理机制。这一阶段出台的所有政策文件都把加强领导、提高待遇以及完善选拔、考核、评价、奖励机制作为重要内容,并建立了专门的组织,为高校辅导员专业化建设与发展提供了强大的制度保障。

四 高校辅导员队伍专业化建设的深入发展期(2012年至今)

党的十八大把教育事业放在优先位置,提出要落实立德树人根本任务,培养德智体美全面发展的社会主义建设者和接班人,对高校思想政治工作提出了更高的要求。为全面贯彻落实党的教育方针,以习近平同志为核心的党中央高度重视高校思想政治工作,把推进队伍建设作为重要工作内容,为新时代推进高校辅导员队伍建设与发展创造了良好的机遇。

2013年5月,教育部印发《普通高等学校辅导员培训规划(2013—2017)》,该规划从辅导员发展的现状与困境出发,把促进高校辅导员队伍职业化发展、专业化建设和科学化管理作为主要内容,提出要遵循辅导员成长规律和现实发展需求,引入网络平台等信息化手段,不断提升高校辅导员的专业素养和职业技能。2014年3月,为进一步提升高校思想政治工作质量,教育部印发了《高等学校辅导员职业能力标准(暂行)的通知》(教思政〔2014〕2号)。该文件把高校辅导员定位为具有良好的职业道德,掌握系统的专业知识与技能,经过专门性培养与培训的"专业人员"。文件把"进一步充实丰富辅导员工作的专业化发展内涵,引导高校辅导员主动地系统学习与职业相关的理论知识、专业技能、法律法规等,全面提升辅导员的职业能力和专业素养"作为设立该标准的重要目的之一。文件明确了高校辅导员的职业概念与能力特征,要求高校辅导员"把《能力标准》作为提高自身专业发展水平的行为准则",并提出了高校辅导员应该具备的基础知识与专业知识内容、职业守则以及初级、中级和高级三个不同等级高校辅导员对应的职业能力标准。这是我国首部关于辅导员职业标准的文件,标志着高校辅导员专业化建设向深入发展阶段迈进。为"切实加强高等学校辅导员队伍专业化职业化建设"[1],2017年9月,《普通高等学校辅导员队伍建设规定》(教育部令第43号)公布。43号令把高校辅导员纳入教师和管理队伍建设范畴,以"提高专业水平和职

---

[1] 《教育部关于印发〈高等学校辅导员职业能力标准(暂行)〉的通知》(教思政〔2014〕2号),中华人民共和国教育部政府门户网站,http://www.moe.gov.cn/srcsite/A12/s7060/201403/t20140327_167113.html,最后访问日期:2014年3月25日。

业能力"为工作目标,从要求与职责、配备与选聘、发展与培训、管理与考核四大方面对高校辅导员队伍建设进行整体规划、统筹安排,是新时代高校辅导员队伍建设的又一重要纲领性文件。

习近平总书记高度重视高校思想政治工作,把教师队伍建设摆在突出位置,围绕建设一支宏大的高素质专业化教师队伍,提出了一系列重要论断。2014年9月,习近平总书记在教师节讲话时指出,要"大力培养造就一支师德高尚、业务精湛、结构合理、充满活力的高素质专业化教师队伍"[1]。2016年12月,他在全国高校思想政治工作会议上强调,要"整体推进高校辅导员等队伍建设,保证这支队伍后继有人、源源不断"[2]。2018年5月,他继续指出,"建设政治素质过硬、业务能力精湛、育人水平高超的高素质教师队伍是大学建设的基础性工作。"[3]同年8月,在全国宣传思想工作会议上,他要求"努力打造一支政治过硬、本领高强、求实创新、能打胜仗的宣传思想工作队伍"。同年9月,他在全国教育大会上指出,"要精心培养和组织一支会做思想政治工作的政工队伍"[4]。为贯彻落实习近平总书记关于教师队伍建设改革的指示精神,2017年2月,中共中央、国务院印发《关于加强和改进新形势下高校思想政治工作的意见》,提出"高校思想政治工作队伍和党务工作队伍具有教师和管理人员双重身份,要纳入高校人才队伍建设总体规划"[5]。2018年,围绕深化教师队伍建设改革和教师教育振兴,中共中央、国务院和教育部先后

---

[1] 习近平:《做党和人民满意的好老师:同北京师范大学师生代表座谈时的讲话》,人民出版社2014年版,第4页。
[2] 《习近平谈治国理政》第二卷,外文出版社2017年版,第380页。
[3] 习近平:《在北京大学师生座谈会上的讲话》,人民出版社2018年版,第8页。
[4] 《习近平在全国教育大会上强调:坚持中国特色社会主义教育发展道路 培养德智体美劳全面发展的社会主义建设者和接班人》,《人民日报》2018年9月11日第1版。
[5] 中共中央党史和文献研究院:《十八大以来重要文献选编》下,中央文献出版社2018年版,第487页。

出台文件和意见，提出要把"全面提升教师素质能力，努力建设一支高素质专业化创新型教师队伍"[1]作为重要内容。2019年2月，《中国教育现代化2035》强调要"夯实教师专业发展体系，推动教师终身学习和专业自主发展"[2]。同年8月，中共中央、国务院在《深化新时代学校思想政治理论课改革创新》中提出，要"坚持培养高素质专业化思政课教师队伍"[3]。辅导员是教师队伍建设的重要组成部分，承担着高校思政课的教学任务，这一系列重要论述与文件把加强思想政治工作队伍，尤其是推进队伍的专业化建设作为主要内容，为高校辅导员专业化建设与发展提供了政策与方向。2020年5月，教育部等八部门发布《关于加快构建高校思想政治工作体系的意见》，强调要"完善高校专职辅导员职业发展体系"。2021年7月，中共中央、国务院印发《关于新时代加强和改进思想政治工作的意见》，进一步提出要"打造专兼结合的工作队伍，配齐配强思想政治工作骨干队伍"，"有计划有步骤地开展全员培训，深化思想政治工作人员专业技术职务评聘制度改革，培养思想政治工作的行家里手"[4]。这里的"行家里手"，指的就是高校思想政治工作队伍的专业化、专家化。在党的二十大报告中，习近平总书记再次指出，要"建设堪当民族复兴重任的高素质干部队伍……选拔忠诚干净担当的高素质专业化干部"[5]。

---

[1] 《教育部等五部门关于印发〈教师教育振兴行动计划（2018—2022年）〉的通知》（教师〔2018〕2号），中华人民共和国教育部政府门户网站，http://www.moe.gov.cn/jyb_xwfb/xw_zt/moe_357/jyzt_2018n/2018_zt15/zt1815_yw/201803/t20180323_331063.html，最后访问日期：2023年6月10日。

[2] 中共中央、国务院印发《中国教育现代化2035》，新华网，http://www.xinhuanet.com/politics/2019-02/23/c_1124154392.htm，最后访问日期：2019年2月23日。

[3] 中共中央办公厅、国务院办公厅：《深化新时代学校思想政治理论课改革创新》，《人民日报》2019年8月15日第1版。

[4] 中共中央、国务院印发《关于新时代加强和改进思想政治工作的意见》，中国政府网，http://www.gov.cn/xinwen/2021-07/12/content_5624392.htm，最后访问日期：2021年7月12日。

[5] 习近平：《高举中国特色社会主义伟大旗帜 为全面建设社会主义现代化国家而团结奋斗——在中国共产党第二十次全国代表大会上的报告》，人民出版社2022年版，第66页。

新时代高校辅导员队伍建设历程体现了以下特点。一是对辅导员专业化建设与发展的关注程度更高。党中央比以往任何时期更加重视建设高素质专业化的辅导员队伍，更加坚定推进高校辅导员建设与发展的决心。习近平总书记在不同场合的系列重要讲话中均对辅导员等思想政治工作队伍的作用表示肯定，认为他们"为高等教育事业发展做出了重要贡献"，"是完全值得信赖的"，提出新时代"对我们教师队伍能力和水平提出了新的更高的要求"，强调要整体推进辅导员队伍建设，"精心培养和组织一支会做思想政治工作的政工队伍"，把"业务能力精湛"摆在突出位置，造就"高素质专业化教师队伍"。二是高校辅导员专业化建设的标准更加明确。较之24号令、43号令更加注重加强高校辅导员的专业化建设，文件中先后有11处提到"专业"或"专业化"，特别是在"发展与培训"部分，要求建立长效机制，从职务职级"双线"晋升、攻读相关专业学位以及提升专业水平和科研能力等方面着手，"推动队伍专业化职业化建设"。新时代高校辅导员职业能力标准则明确了辅导员的岗位职责、工作边界和责任要求，有助于提升辅导员的职业追求、职业地位和职业公信力，增强辅导员职业的社会认同感和职业归属感，为高校辅导员队伍建设建立科学完备的准入、考核、培养、发展及退出机制提供了基本法律依据。三是高校辅导员专业化建设与发展的保障体制机制更加健全。新时代关于教师和思想政治工作队伍的文件把尊师重教、提高待遇、完善体制机制、"推动高校思想政治工作制度化"作为重要内容，为高校辅导员专业化建设与发展提供了强大的制度保障。

第二节　中华人民共和国成立以来高校辅导员队伍专业化建设的现实启示

高校辅导员队伍建设是一个复杂的概念体，包括思想建设、组织建设、制度建设诸多方面内容。我国高校辅导员制度根植于中国特色社会主义制度，与国家政治、经济、文化生活紧密相连，每一段发展历程无不反映着当时的社会时代背景。经历了近70年的发展历程，我国高校辅导员队伍的规模从小变大，整体结构日趋优化，职业能力素养显著提升，体制机制不断完善，育人效果愈加凸显，已经成为落实立德树人根本任务的中流砥柱。从2004年中央16号文件提出"培养思想政治教育工作专门人才"以来，高校辅导员队伍建设真正驶入了专业化发展的快速轨道。相比高校辅导员队伍建设70年的发展历程，这一阶段只占据了辅导员队伍建设史的一小部分，对于专业化建设的理论研究与实践探索还处于发展阶段，但并不妨碍"专业化"成为高校辅导员队伍建设与发展的主流趋势。

2009年4月，时任教育部思政司司长杨振斌在接受记者采访时提出的五个方面经验，包括"一是把立德树人作为根本任务，二是坚持育人为本、德育为先，三是必须坚持专业化、职业化的发展方向，四是要着力维护学校稳定，五是必须坚持改革创新精神"[1]。这是进入专业化发展阶段以来，官方首次对高校辅导员队伍建设经验进行总结。对此，一些专家和学者进入了深入研究，提出"重视培养与培训，实现专业化、职业化、专家化是出路"[2]，或者"围绕造就思想政治教育专门人才和专家这条主线，是高校辅导员队伍专业化建设的核心内涵和逻辑基点"[3]。这些经验研究站在高校辅导员队伍建设的宏观视角，突出说明了"专业化"既是高校辅导员队伍建设的重要内容，也是其职业发展的最终目标。这也是本书把"辅导员专业化发展"作为

---

[1] 本刊记者：《总结经验，抓好落实，加快辅导员队伍建设步伐——访教育部思想政治工作司负责同志》，《思想教育研究》2009年第4期。
[2] 龚云平：《我国高校辅导员队伍建设基本经验探析》，《机械职业教育》2010年第3期。
[3] 杨建业：《高校辅导员队伍专业化建设的回顾与展望》，《思想理论教育》2016年第8期。

研究对象的逻辑起点。因此,尽管高校辅导员专业化建设与发展的历程不长,但实践已经充分证明,专业化符合新时代教育发展规律,有利于高校辅导员的全面发展和学生的成长成才,取得了令人瞩目的成就,是落实立德树人根本任务、实现高等教育内涵式发展的必然要求。"处理好继承与创新的关系,是加强和改进思想政治教育的一个永恒的主题。"① 认真总结、提炼升华高校辅导员队伍专业化建设中的经验和做法,找出存在的问题与不足,对于科学把握高校辅导员职业内在发展规律、促进新时代高校辅导员专业化发展具有十分重要的现实借鉴意义。

一 始终坚持正确的政治方向

始终坚持正确的政治方向是高校辅导员队伍专业化建设的首要前提。坚持正确的政治方向,首先是由教育的阶级性和思想政治工作的意识形态性决定的。中华人民共和国成立初期,毛泽东提出,"教育必须为无产阶级的政治服务,教育必须与生产劳动相结合"②,这一思想对教育者和辅导员队伍建设产生了深刻的影响。正是基于培养适应阶级斗争的"无产阶级革命者"的需要,"又红又专"这一富有强烈的政治性与阶级性的表述成为该时期辅导员队伍的重要品质。所谓"红"无疑指的是高校辅导员的政治立场与政治品质,"专"则要求高校辅导员努力精通技术和业务。"又红又专"一度成为高校辅导员专业化初期最朴素的表述。新时期,中央16号文件指出,"所有从事大学生思想政治教育的人员,都要坚持正确的政治方向",并强调"在事关政治原

---

① 王茂胜:《中国共产党思想政治教育简史》,华中师范大学出版社2010年版,第294页。
② 《中共中央文件选集(1949年10月—1966年5月)》第46册,人民出版社2013年版,第90页。

则、政治立场和政治方向问题上不能与党中央保持一致的,不得从事大学生思想政治教育工作"。这是对所有思想政治教育工作者的要求,也是高校辅导员队伍专业化建设必须坚持的方向。进入新时代,"正确的政治方向"依然是高校辅导员专业化建设的重要内容。2014年《高校辅导员职业能力标准(暂行)》把"政治强"作为高等学校辅导员的首要标准。2017年,"牢固树立政治意识"成为新时代加强和改进新形势下高校思想政治工作的重要目标。同年,《普通高等学校辅导员队伍建设规定》把"具有较高的政治素质和坚定的理想信念,有较强的政治敏锐性和政治辨别力"作为辅导员应当符合的首要的基本条件。从这一历程中我们发现,阶级性与强烈的意识形态属性直接决定了辅导员队伍专业化建设必须坚持正确的政治方向,坚持以马克思主义为指导,以自觉实现共产主义为信仰。

　　始终坚持正确的政治方向也是党中央高度重视的结果。一方面,从辅导员制度产生与发展的历程来看,党中央根据社会发展需要创立了辅导员制度,并以"政治辅导员"命名,这体现了辅导员的"政治性"身份特征。随着高校辅导员制度的不断发展与完善,尽管去除了"政治"的表述,但高校辅导员专业化建设的政治性色彩不但没有减弱,反而上升到"培养什么人、如何培养人以及为谁培养人这个根本问题",上升到"四个服务"的高度。另一方面,从思想政治工作的地位变迁来看,改革开放以后,邓小平同志反复强调要在国内国际两个大局中"讲政治",并指出,"十年最大的失误是教育,这里我主要是讲思想政治教育"[1]。进入新时期,江泽民同志提出,"党的思想政治工作,是经济工作和其他一切工作的生命线……是我们党和社会主义国家的重要政治优势"[2]。胡锦涛同志指出,"加强和改进大学生思想

---

[1]《邓小平文选》第3卷,人民出版社1993年版,第306页。
[2]《江泽民文选》第3卷,人民出版社2006年版,第74页。

政治教育……具有重大而深远的战略意义"[1]。党的十八大以后，习近平总书记进一步强调指出，"我国高等教育必须坚持正确政治方向"[2]。正是由于党中央对思想政治工作的高度重视，大学生思想政治工作的地位不断提升，高校辅导员专业化建设也随之被提升到前所未有的高度，进而也确保了高校辅导员专业化建设正确的政治方向。

高校辅导员专业化发展始终把坚持正确的政治方向放在首位，首先表现为始终坚持社会主义办学方向。中央16号文件就把"政治强"作为选拔、培养和管理高校辅导员的首要标准，《高等学校辅导员职业能力标准（暂行）》延续了这一说法，把"政治强"视为新时代高校辅导员首要的职业能力特征，并把拥护中国共产党的领导和中国特色社会主义制度作为基本的职业守则。《普通高等学校辅导员培训规划（2013—2017）》指出，要通过培训，使得"辅导员理想信念更加坚定"；《普通高等学校辅导员队伍建设规定》把"具有较高的政治素质和坚定的理想信念"作为高校辅导员队伍选聘的基本条件。这些文件把正确的政治方向、坚定的政治立场、良好的政治素养作为重要内容，是高校辅导员专业化建设的方向遵循。其次表现为高校辅导员专业化发展始终围绕党和国家不同阶段的中心任务开展工作。党和国家在某一时期的中心任务，或者大局，是那一时期最广大人民群众的根本利益，思想政治教育只有服从、服务于这个工作大局，才能体现出其重要地位与价值。党的十八大以来，建设"双一流"成为新时代党和国家在教育领域的中心工作，立德树人成为新时代中国特色社会主义教育发展的根本任务。高校辅导员专业化始终围绕这一中心工作和根本任务展开。一方面，思想政治工作体系贯穿人才培养体系的各个环

---

[1] 中共中央文献研究室：《十六大以来重要文献选编》中，中央文献出版社2006年版，第177页。

[2] 《习近平谈治国理政》第二卷，外文出版社2017年版，第377页。

节，是高校形成更高水平人才培养体系、实现"双一流"建设的重要支撑。专业化的高校辅导员始终以"四有"好老师为标准，坚持以德立身、以德立学、以德施教，把提升学生教育管理服务水平作为工作目标，为推进高校"双一流"建设发挥了积极的作用。另一方面，高校辅导员是立德树人的责任主体。2017年新出台的《普通高等学校辅导员队伍建设规定》是高校辅导员专业化建设的纲领性文件，该文件把引导学生树立"四个正确认识"作为高校辅导员的主要工作要求，把思想理论教育和价值引领作为高校辅导员工作的首要职责，其落脚点是通过不断提升高校辅导员队伍的专业化水平和职业化能力，实现培养"德育为先、德才兼备"的社会主义合格建设者和接班人的育人目标。

二 以马克思主义中国化最新成果武装头脑

马克思主义是一种开放的、系统的、科学的理论，其发展史是一个前后相继、与时俱进的过程。正如恩格斯所言："马克思的整个世界观不是教义，而是方法。它提供的不是现成的教条，而是进一步研究的出发点和供这种研究使用的方法。"① 马克思主义中国化是将马克思主义运用到中国具体环境的具体斗争中去，是马克思主义在中国的具体化、民族化，是中国共产党人在中国特色社会主义建设实践中不断实现理论体系创新性发展的过程。在长期的革命实践与中国特色社会主义建设实践中，中国共产党人不断继承、发展马克思主义，促进马克思主义与中国发展新实践相结合，经过"摸着石头过河般"的艰辛探索，实现了两次历史性飞跃，先后诞生了毛泽东思想和以邓小平理论、"三个代表"重要思想以及科学发展观为主要内容的中国特色社会

---

① 《马克思恩格斯选集》第4卷，人民出版社2012年版，第664页。

主义理论体系。"历史从哪里开始，思想进程也应当从哪里开始。"①进入新时代以来，面对世界百年未有之大变局，以习近平同志为核心的党中央继续发展马克思主义，形成了习近平新时代中国特色社会主义思想，开辟了马克思主义中国化发展的新境界，实现了马克思主义中国化新的飞跃，是马克思主义中国化的最新理论成果，"是党和国家必须长期坚持的指导思想"②。

首先，以马克思主义中国化最新成果为指导是解决高校辅导员专业化发展学科支撑的理论需要。毋庸置疑，是否具有专业学科的支撑是一个职业能否实现专业化的重要衡量指标，而没有明确的学科归属一直是高校辅导员专业化发展饱受争议的"诟病"。高校辅导员职业之所以被认为是"万金油式"，固然与其专业背景没有明显的相关性，却不能忽视了学科支撑对于高校辅导员队伍专业化建设的重要作用，更不能否定科学化的学科支撑对于推进新时代高校辅导员队伍专业化建设与发展的紧迫性。事实上，高校辅导员专业化程度的高低与其是否具有专业的理论和学科支撑密切相关。只有依托于专门化的专业知识与理论素养，才能建立稳定的专业化发展范式，为高校辅导员专业化发展提供科学的理论指导与实践指南。新时代以来高校辅导员专业化建设进一步凸显了这一点。"掌握马克思主义中国化相关理论和知识"也成了新时代高校辅导员职业能力标准的重要组成要素。

其次，以马克思主义中国化最新成果为指导是提升高校辅导员队伍理论素养专业化发展的必然要求。理论是对事物的本质性与规律性的认识。理论的生命力在于指导实践。科学的理论能帮助人们正确认识、把握事物发展的规律，更好地改造客观世界和主观世界。实践存

---

① 《马克思恩格斯选集》第2卷，人民出版社2012年版，第122页。
② 中共中央宣传部：《习近平新时代中国特色社会主义思想学习纲要》，学习出版社、人民出版社2019年版，第1页。

在于一定的社会关系中，不是静止不变的，具有社会性、阶级性与历史性特征，是不断变化发展的活动。理论要实现对实践的科学指导，就要与时俱进、与时偕行，"随时随地都要以当时的历史条件为转移"①，以新的理论形式与内容为实践指明前进的方向，为实践中存在的新困难、新问题提供新思路与新方法。马克思主义中国化成果是个人智慧与集体智慧的统一，是历史与现实的统一，是理论与实践的统一。思想政治工作是学校各项工作的生命线，高校辅导员则是贯穿生命线始终的重要主体力量。面对日益复杂的国际国内环境，高校思想政治工作面临新的机遇与挑战，辅导员开展政治工作与思想价值引导的难度不断加大。坚持以马克思主义中国化最新成果为指导，有利于增强辅导员的职业使命感，丰富辅导员的理论素养，为辅导员专业化发展奠定理论基石。

高校辅导员专业化发展始终坚持以马克思主义中国化最新成果为指导，表现为新时代的高校辅导员以提升思想政治工作质量为目标，不断加强理论学习，把习近平新时代中国特色社会主义思想作为武装头脑的有力武器，转化为改造大学生世界观、人生观与价值观的巨大物质力量。高校辅导员是党的思想理论的宣传员，其理论素养的高度决定着人才培养的厚度，决定着自身专业化建设与发展的程度。以辩证唯物主义和历史唯物主义为指导，抓住事物的根本，用理论的彻底性去说服大学生、掌握大学生，在立德树人实践中把"批判的武器"转化为"武器的批判"，从而增强思想理论教育的思想性与针对性，是高校辅导员开展思想理论教育和价值引领的重要内容。要实现这一目标，显然离不开专业化理论的指导。习近平新时代中国特色社会主义思想着眼于破解新时代重大理论与实践问题，是对中国特色社会主义

---

① 《马克思恩格斯选集》第 1 卷，人民出版社 2012 年版，第 376 页。

新的、科学化的认识,其中关于教育、高校思想政治工作、人才培养改革、教师队伍专业化建设等一系列精辟论述,思想深邃、内涵丰富,是高校辅导员实现教育与自我教育的理论武器,为高校辅导员专业化发展提供了科学的学科支撑与强大的理论支持。

三 不断顺应时代发展新要求

习近平总书记在全国高校思想政治工作会议上指出,做好新时代的高校思想政治教育工作,要做到"因事而化、因时而进、因势而新"。"三因"强调要立时代之潮头,不断顺应时代发展之新要求,识大势、明方向、促发展,这是对高校思想政治工作规律的科学凝练,也是新时代高校辅导员专业化建设的又一重要启示。

首先,不断顺应时代发展新要求是高校辅导员队伍内在发展规律的具体体现。高校辅导员制度的产生、变化与发展是顺应时代发展要求的产物。恩格斯说:"每一个时代的理论思维,包括我们这个时代的理论思维,都是一种历史的产物,它在不同的时代具有完全不同的形式,同时具有完全不同的内容。"[1] 作为一种上层建筑,辅导员制度具有历史性,随时代的不断变化,其内容也在不断丰富与发展。一是从其产生来看,辅导员制度是清华大学为适应中华人民共和国成立初期加强党委对高校的领导的需要,加强大学生思想政治教育而产生的。二是从辅导员称谓与内涵来看,我国高校辅导员大致经历了从早期的政治指导员,到政治辅导员,再到辅导员的发展历程。"政治指导员"是我们党在举办抗日军政大学期间设立的专门制度。1964年,我国辅导员的职业身份明确定位为"政工干部",1980年,在《关于加强高等学校学生思想政治工作的意见》中提出,高校辅导员是党的政治工

---

[1] 《马克思恩格斯选集》第3卷,人民出版社2012年版,第873页。

作队伍和师资队伍的一部分。从1987年起，辅导员开始列入教师编制，政治辅导员也随之改为"辅导员"。到中央16号文件，辅导员开始具有"教师和干部的双重身份"，这在2017年《普通高等学校辅导员队伍建设规定》中也得到了重申。三是从辅导员工作内容、工作职责和工作方式来看，随着中国特色社会主义的不断发展，辅导员工作内容已经从1951年单一的"政治学习思想改造工作"向2017年"日常思想政治教育、事务管理、发展指导的理论和实践研究"转变，"思想理论教育和价值引导"成为新时代高校辅导员的首要工作职责。同时，伴随着工作内容与职责的变化，高校辅导员工作方式也从传统的单向灌输向双向互动发展，网络化信息化逐渐成为开展思想政治教育的新阵地。从这些变化历程来看，高校辅导员制度发展变化不完全源于高校辅导员本身，而是高校辅导员为适应不同时代背景和历史阶段的工作需要，不断实现自我发展与完善的过程。

其次，不断顺应时代发展新要求是由新时代思想政治工作新使命决定的。使命是某一个体或社会群体应尽的责任或义务，一般具有强制性。思想政治工作使命是某一历史阶段党和政府赋予高校思想政治工作者职责的具体表达。在相当长一段时期内，我国高校辅导员一直受制于"教育要为政治服务"的教育理念，扮演着"学生政治引路人"的角色，这一点从1961年"高校六十条"中"政治辅导员"的称谓中可以得到印证。然而，政治教育仅是辅导员众多工作职责的一部分内容，进入21世纪，随着"政治辅导员"向"辅导员"的转变，促进大学生思想素质、政治素质、道德素质等全面发展成为高校辅导员新的职业目标，高校辅导员的工作职责也随之转向通过教育与引导成为"大学生健康成长的指导者与引路人"。党的十八大以后，为实现高等教育"服务中华民族的伟大复兴"的时代使命，坚持立德树人，培养德智体美劳全面发展的时代新人成为新时代赋予包括辅导员在内高校思想政治工作者的重要使命。回首这一转变历程，可以看出，社会主义建设进程的不断深入和发展是高校思想政治工作使命发生变化的根本原因，也正是由于顺应了变化发展的时代需要，高校辅导员从政治化向专业化迈进，这一变化赋予了高校辅导员队伍更加全面的职业能力与专业素养，为完成不同时代的历史重托提供了现实可能。

不断顺应时代发展新要求表现为，为提升育人质量与水平，高校辅导员专业化建设始终坚持与时俱进，顺应了不同历史阶段发展的新需要。高校辅导员是中国共产党路线方针政策的宣传者、贯彻者、执行者，是党开展意识形态教育的重要主体，具有强烈的阶级属性，反映了无产阶级的价值观和利益诉求。从20世纪50年代辅导员制度的创立到新时代的逐渐成熟，我国高校辅导员队伍专业化建设经历了一个较为曲折的发展历程。在这一历程的每一个特定时期，一方面，随着社会形势、党和国家中心任务的变化，党和政府都会及时出台新的政策、文件、措施，推动高校辅导员队伍专业化建设不断发展；另一方面，为适应新的发展需要，完成党赋予的不同阶段历史使命，高校辅导员队伍也一直紧紧围绕时代发展需求，在实现自我的发展与进步的同时，培养造就符合时代要求的高素质人才。因此，尽管辅导员工作的最终目的都是满足无产阶级利益需要，都是为适应社会主义现代化政治、经济、文化建设需要培养合格的建设者与可靠的接班人，但在不同历史时期，为满足社会主义建设阶段性目标的需要，高校辅导员的具体工作职责表述各异，专业化建设的内容与举措也随之发生转移。这也充分印证了围绕党和国家的中心任务开展工作是高校辅导员履行思想政治教育职责的政策依据，也表明了高校辅导员专业化建设呈现明显的时代性特征，随着社会发展需要蕴含不同的内容。

四 持续提升职业能力和专业素养

我国高校辅导员制度，既注重辅导员作为传道授业解惑教师形象所需遵守的外在行为准则与规范，也注重通过激发个体的内在动力，促使高校辅导员职业从一般性向专业性发展。高校辅导员专业化发展的命题，内涵丰富，涉及理念、信念、角色、素养、能力、情感、伦理等诸多方面内容。其中，良好的职业能力和深厚的专业素养直接决定着高校辅导员专业化程度的高低，也是衡量高校辅导员队伍专业化建设水平的重要尺度。

持续提升职业能力和专业素养是高校辅导员专业化建设的目标与方向。职业能力与专业素养是从事某一职业需要掌握的专门素质与能力，职业能力和专业素养的提升是该职业实现专业化的前提与基础。在辅导员制度建立初期，为掌握学生的思想政治情况，一边学习，一边从事思想政治教育工作的"双肩挑"辅导员模式就对辅导员职业能力和专业素养提出了明确的要求，即政治思想觉悟高、业务能力好。1961年，专职的政治辅导员登上历史舞台，其职业能力要求为"有一定政治工作经验"。改革开放以后，"信念坚定、业务精湛"成为辅导员的职业能力和专业素养，各类培训、进修都围绕这一目标进行。1986年的《关于加强高等学校思想政治工作的决定》中提出，要培育和造就一批思想政治教育专家学者，随后，更多文件继续强调要以"思政行家里手"为目标，推进高校辅导员队伍的专业化建设。进入21世纪后，"政治强、业务精、纪律严、作风正"是辅导员职业能力和专业素养的真实映射。《高等学校辅导员职业能力标准（暂行）》和2017年《普通高等学校辅导员队伍建设规定》系统阐述了新时代高校辅导员的职业能力与核心素养，包括"较高的政治素质、坚定的理想信念、宽口径知识储备、组织管理能力、纪律观念和规矩意识"等内容。梳理这一历程发现，尽管不同时期侧重点不同，围绕如何提升职业能力和专业素养成了高校辅导员队伍专业化建设的主线。

持续提升职业能力和专业素养是实现人的全面发展的需要。首先，是高校辅导员实现自我全面发展的需要。内因是事物变化发展的根本动力所在,职业能力与专业素养的提升是在辅导员专业化发展自觉基础上增强核心竞争力的必然要求。"在那里,每个人的自由发展是一切人的自由发展的条件。"在马克思看来,人的全面发展与社会的发展同步,是一种理想目标,也将经历一个漫长的过程。人的全面发展是社会交往等社会关系的全面发展,更是个性的全面发展,是个体的身体、心理、思想道德、科学文化等素质的均衡协调发展。"任何事情的发生都不是没有自觉的意图,没有预期的目的。"① 新时代关于高校辅导员队伍建设的一系列政策、文件,如选拔优秀骨干定向攻读博士学位、职务职级"双线"晋升、建立三级培训体系等,其意图都指向了辅导员的专业化、职业化。从这个层面来讲,高校辅导员专业化发展的过程是辅导员为适应社会发展需要、明确职业标准与要求,不断提升专业素养、提高立德树人质量的过程。通过专业化发展,高校辅导员不仅达到了适应新时代社会发展的预期目的,也实现了个体的自我认同与全面发展。其次,是适应大学生成长成才、全面发展的需要。我国高校辅导员制度设立的初衷是增强思想政治育人效果,这一具有显著中国特色的制度要达到的根本目的是为党育人、为国育才,为中国特色社会主义事业培养合格建设者和可靠接班人。进入新时代以来,高校辅导员专业化建设的相关文件都进一步强化了这一目的。2014年《高等学校辅导员职业能力标准(暂行)》中把"坚持终身学习,提高职业素养和能力"作为辅导员职业的五条守则之一,提出要坚持"育人为本,促进学生全面发展"。2017年新出台的《普通高等学校辅导员队伍建设规定》和《关于加强和改进新形势下高校思想政治工作的意见》也明确提出,通过提升思想政治工作的水平,实现培养全面发

---

① 《马克思恩格斯文集》第2卷,人民出版社2009年版,第53页。

展时代新人的目标。2020年,《关于加快构建高校思想政治工作体系的意见》强调要"持续提升思想政治工作队伍素质能力和专业水平"①。显然,要实现这一目标,必然要求高校辅导员通过培训学习与自我教育,不断提升思想素质、政治素质、师德师风素养,增强教书育人的责任担当,以良好的职业能力与深厚的专业素养适应大学生成长成才与全面发展的需要。

持续提升职业能力和专业素养表现为高校辅导员专业化建设紧紧围绕造就思想政治教育专门人才和专家这条主线。早在1987年《关于改进和加强高等学校思想政治工作的决定》和1995年《中国普通高等学校德育大纲(试行)》两部文件中就明确指出,要选拔思想政治教育专职骨干,培养和造就一批思想政治教育方面的专家、教授和理论家。中央16号文件提出,要通过选拔推进,培养一批思想政治教育骨干,学成之后专职从事思想政治教育工作。随后出台的关于辅导员和班主任队伍建设规定更是明确要长期从事高校辅导员工作,并逐步向职业化和专家化发展。2014年出台的《高校辅导员职业能力标准(暂行)》和2017年《普通高等学校辅导员队伍建设规定》也再次强调,要通过优化年龄、学历和知识结构,不断提升高校辅导员的专业知识、专业素养和专业技能,增强其职业自信心和归属感,推动队伍的专业化和职业化发展。2018年,习近平总书记在全国宣传思想工作会议上要求从事宣传思想工作的队伍把"政治过硬、本领高强"作为基本要求。这一系列文件时代背景迥异,关于高校辅导员队伍建设的侧重点各不相同,但始终围绕培养造就思想政治教育专门人才和专家这条主线,力图通过系统全面的培养与培训,巩固专业知识,提升专业技能,强

---

① 《教育部等八部门〈关于加快构建高校思想政治工作体系的意见〉》(教思政〔2020〕1号),中国政府网,http://www.gov.cn/zhengce/zhengceku/2020-05/15/content_5511831.htm,最后访问日期:2023年6月10日。

化职业道德修养，增强社会认同、职业地位、职业公信力，促进高校辅导员队伍的专业化建设与发展。

五 齐抓共管、协同推进

齐抓共管、协同推进是我们党开展思想政治工作的优良传统与重要原则。在党的历史上，加强和改进思想政治教育工作从来不是某一个部门或者某一主体的任务，而是在党中央的领导下，各级组织各司其职、密切协作、群策群力的结果。思想政治工作是一个复杂的共同体，涉及社会经济、政治、文化等方方面面的内容。高校思想政治工作与党群组织密切相关，是少数人的专职工作，也与党政其他部门、社会团体组织紧密相连，是更多人的兼职工作。其中，各级党委是高校思想政治工作的领导力量与责任主体，从根本上规定着思想政治工作的发展方向，决定着思想政治工作的任务与内容、原则与方法。工会、共青团等各类团体组织在高校思想政治工作中发挥了积极的促进作用，是推动思想政治工作健康有序发展的依靠力量。基层宣传员、学工处、团委工作人员、思想政治理论课教师、高校辅导员、班主任等队伍是思想政治工作的直接主体，是形成"三全育人"机制，确保思想政治工作责任到岗、责任到人的关键力量。进入新时代后，高校思想政治工作的外部环境更加复杂，形成"党政齐抓共管、职能部门组织协调、社会各方积极参与的工作格局"[①] 显得更加迫切。

齐抓共管、协同推进是构建高校辅导员专业化常态化长效机制的必然要求。辅导员队伍专业化建设是新时代加强和改进高校思想政治工作的重要内容，是涉及辅导员发展的内因与外因按一定的时空位置、

[①] 中共中央、国务院印发《关于加强和改进新形势下高校思想政治工作的意见》（中发〔2016〕31号），中国政府网，http://www.gov.cn/xinwen/2017-02/27/content_5182502.htm，最后访问日期：2017年2月27日。

比例关系、纵横系列有机组合形成的一套开放复杂的运行系统。构成系统的内外部各个要素在一定规律的支配下，相互联系、相互作用，共同促进高校辅导员专业化能力与素养的提升。要实现这一提升，不能仅依靠高校辅导员个体的自我觉醒，而要营造良好的外部发展氛围，更加注重高校辅导员队伍建设的系统性、整体性、协同性。在全国高校思想政治工作会议上，习近平总书记强调要健全、完善工作制度，建立多部门协助的常态化工作机制，"形成党委统一领导、各部门各方面齐抓共管的工作格局"。高校辅导员专业化建设是一项复杂而艰巨的系统性工程，只有调动各方主体的积极性与创造性，有机整合社会、校际与校内等各方资源，多渠道、多形式开展工作，形成地方党委政府宏观指导、社会力量积极关注、高校切实推进的多方联动格局，才能形成职责明确、科学高效的常态化长效运行机制。

齐抓共管、协同推进表现为高校辅导员队伍建设更加注重顶层设计，职业化与专业化的制度建设更加成熟完善。所谓顶层设计，就是站在全局的视角，采用系统论的方法，集中有效的资源，统筹考虑或规划某项目的各个层次、各个要素、各个方面，在最高层次上寻求高效快捷的解决问题之道。高校辅导员队伍建设的顶层设计是指党中央把辅导员队伍建设视为一个整体，从战略高度调集各方资源，对高校辅导员的培训培养、管理考核和发展方向等各个层面建设内容进行科学统筹规划，从制度源头上为其职业化和专业化发展提供保障支撑。制度之治是最理想的治理模式，规则文明是最先进的文明形态。我国辅导员制度从开始创立就注重从全局的视角做好辅导员队伍建设的顶层设计。从1965年《关于政治辅导员工作条例》开始，我们党就在探索以法规的形式做好辅导员制度的顶层设计。2006年关于辅导员建设的第24号令进一步明确了高校辅导员的定位、职责、配备、发展等，优化了高校辅导员队伍建设的顶层设计，推动了高校辅导员队伍建设的职业化与专业化发展。随后,《2006—2010年普通高等学校辅导员培训计划》《普通高等学校辅导员培训规划（2013—2017年)》相继出台,从指导思想、工作任务、工作内容、保障措施等各个方面对高校辅导员队伍建设内容进行了统筹规划。2014年,我国首部关于高校辅导员职业标准的规定颁发,该规定从培养、准入、培训、考核等层面出发,构建了高校辅导员初级、中级和高级三级能力标准体系,是新时代高校辅导员专业化建设的基本准则。2017年,《普通高等学校辅导员队伍建设规定》把高校辅导员专业化建设摆在了更加突出的位置,提出要对高校辅导员的配备与选聘、发展与培训、管理与考核等进行"整体规划、统筹安排",让高校辅导员"工作有条件、干事有平台、待遇有保障、发展有空间",是高校辅导员队伍建设的最新顶层设计,为新时代高校辅导员专业化建设指明了方向。正是源于不同时期党政齐抓共管形成的日臻完善的顶层设计,高校辅导员专业化建设的政策制定工作推进力度之大前所未有,高校辅导员队伍不断壮大,素质与能力不断加强,专业化、职业化的制度建设更加健全,社会地位和认可度也越来越高。

第三章

高校辅导员专业化发展的现状审视

2004年中央16号文件发布以来,高校辅导员队伍专业化建设与发展步入快车道。进入新时代后,全国宣传思想工作会议、高校思想政治工作会议、全国教育大会等陆续召开,《关于加强和改进新形势下高校思想政治工作的意见》以及关于教师队伍建设改革的一系列文件相继出台,将高校辅导员专业化发展推到了新高度,也为高校辅导员队伍专业化发展营造了新氛围。正如习近平总书记指出的,"长期以来,高校思想政治工作队伍兢兢业业、甘于奉献、奋发有为,为高等教育事业发展做出了重要贡献。"在党中央的高度重视与亲切关怀下,我国高校辅导员制度不断与时俱进,呈现出鲜明的时代特征,队伍建设取得了令人瞩目的巨大成绩。然而,矛盾无处不在,调研与访谈结果显示,当前高校辅导员专业化发展与时代需求和人民需要还存在诸多不适应、不协调、不一致,队伍专业化更多关注外在的、群体性的建设,对高校辅导员内在的、个体的发展关注不够,一些辅导员知识结构不合理、专业素养不高,受"勤务兵、保姆"的理念桎梏,经常陷入烦琐的日常教育管理事务,甚至把学生工作视为"临时性、过渡性"工作,职业认同感缺失、专业化程度不高、队伍流动过快。这些问题不是主流，但处理不好，势必影响高校辅导员队伍专业化发展进程，削弱高校立德树人的效果。

第一节　高校辅导员专业化发展研究设计与实施

为进一步加深对高校辅导员专业化发展内涵的理解，为开展理论研究提供丰富的一手资料，本书采用定量（问卷调查）、定性（深度访谈）等形式对新时代高校辅导员专业化发展现状进行了实证研究。

一　研究的目标、内容与方法

对于"高校辅导员专业化"这一命题，尽管中央政策文件反复提及，高校和辅导员自身也都承认了其重要性与紧迫性，但"高校辅导员专业化"却是一个既熟悉又不能熟知的概念。在不少辅导员看来，专业化发展就是做了一些科学研究，抑或评上了副高职称，高校辅导员专业化这一显而易见的字眼竟然是"只可意会不可言传"、难以用言语形容或描述的主题。本书旨在通过实证研究进一步了解高校辅导员队伍专业化发展的现状，较为深入地探讨了高校辅导员的自我定位、专业化认可程度、专业化发展内容、影响因素等内容。

二　基本概念、研究维度与研究假设

本书中关于高校辅导员专业化发展指向辅导员个体的专业化认知、专业化知识、专业化技能素养、专业化精神、专业化伦理等不断提升与完善，是辅导员为落实立德树人根本任务，以专业自觉为动力，通过专业训练习得专业知识与技能，以积极的情感态度与高尚的伦理道德逐步提升专业素养，成为一名"不可替代"的专业性人才的过程。

毛泽东指出，"没有调查就没有发言权。"[①] 当前国内学界对高校

---

① 《毛泽东选集》第3卷，人民出版社1991年版，第802页。

辅导员专业化发展的研究更多偏向于理论分析，以问卷等形式开展的实证研究近几年才兴起。为系统了解高校辅导员专业化发展存在的困难与问题，本书结合笔者十余年一线高校辅导员工作经验，在深入开展细致的文献研究的基础上，编制了一套高校辅导员专业化发展的调查问卷及个体访谈提纲，通过严格抽样和规范统计，获取了当前高校辅导员队伍专业化发展的现状、思考与规划。

调查问卷主要围绕以下指标进行。一是高校辅导员队伍专业化发展的现状。该部分搜集了关于高校辅导员专业化发展的基本数据，包括性别、年龄、学校类别、学历、行政级别、职称信息、工作年限、科研现状、培训情况等内容。二是高校辅导员队伍专业化发展的内容。该部分是问卷调查的核心，不仅关注高校辅导员的个体角色认知、职业化和专业化发展的成就、困惑与压力等内容，还借助社会学、教育学关于教师专业化发展的理论，对高校辅导员的工作职业、专业化认同态度、发展方向、发展内容进行了较为深入的调研，以期初步加强高校辅导员对专业化发展的基本认识。三是高校辅导员专业化发展存在的问题。该部分采用开放式问答形式，重点了解不同调研对象所在高校专业化发展的落实现状，对高校辅导员专业化发展存在的重要问题，如职业认同度不高、思想认识不够、理论素养缺失等内容进行了分析和研究。四是高校辅导员专业化发展的影响因素。本书认为，影响高校辅导员专业化发展的因素既有党中央顶层设计等宏观环境因素，也有不同省份、高校等教育主管部门等中观组织因素，还有高校辅导员个体认知与践行等微观个人因素。故在设计本问卷时，首先把中央关于高校辅导员队伍建设的文件精神纳入其中，其次考虑了学校类别差异，对"双一流"、普通本科、专科等不同层次的高校辅导员专业化发展机制进行了考察，还针对个体需求与发展差异，从认同感、胜任力等方面探究高校辅导员专业化发展的影响因素。五是高校辅导员专业化发展的优化路径。高校辅导员专业化发展是外因与内因共同作用的结果。该部分基于问题导向的视角，从高校辅导员专业化发展的理论出发，把影响高校辅导员专业化发展的内在和外在因素作为促进发展的有效措施，以期从不同层面推动高校辅导员的专业化发展。

深度访谈围绕高校辅导员专业化发展进行，主要围绕个体从业年限、就业动机、生涯规划、职业现状、专业化认知、现状、问题、影响因素及建议等维度展开。提纲包括以下内容。

1）您的学校选聘辅导员的标准有哪些？您为什么选择（离开）辅导员岗位？

2）您对辅导员待遇满意吗？您的学校辅导员晋升空间有多大？

3）您如何规划自己的职业生涯？您是否有转岗打算？

4）您的学校是否有针对辅导员的专门培训？效果如何？

5）您认为新时代的辅导员工作与以往有区别吗？主要体现在哪些方面？

6）您认为目前大学生有哪些优点和缺点？您觉得您的工作能满足学生的思想政治教育需求吗？工作效果怎么样？

7）您认为什么是专业化？新时代的辅导员能实现专业化吗？如果能，需要具备哪些知识、能力与素养？

8）您觉得阻碍高校辅导员专业化的因素有哪些？如何克服？

9）您认为学校辅导员考核评价体系是否合理？存在哪些突出问题？

10）您觉得有哪些措施能促进高校辅导员队伍专业化发展？

高校辅导员专业化发展是静态的结果，更是动态的发展过程。新时代为高校辅导员专业化发展创设了良好的氛围，但受区域组织和个体差异等内外部因素制约，高校辅导员职业发展空间和机会仍然有限，专业化发展的长效机制还处于探索阶段。为加强研究的针对性，基于新时代特点和教师专业化相关理论，本书提出6点研究假设，并试图通过实证调查加以验证。

假设1：新时代高校辅导员能够意识到专业化发展的重要性，并对提升自我专业化发展水平充满期待，但对专业化发展缺乏整体认知和职业规划。

假设2：新时代为高校辅导员专业化发展提供了更为广阔的平台，但辅导员工作职责和边界仍然有待进一步明确。

假设3：高校辅导员的职业认同感、成就感、专业化发展水平与从业年限不成正比。

假设4：国家政策执行效果对辅导员专业化发展影响深远，是推动专业化发展的主导力量。

假设5：高校辅导员个体性特征直接影响专业化发展水平。

假设6：高校辅导员专业化发展的长效机制还处于探索阶段，专业化发展一直在路上。

三　研究方案与实施

为更好地了解高校辅导员专业化发展的现状、问题与影响因素，本书同步开展问卷调查和深度访谈，并把深度访谈视为对问卷调查的补充，对理论假设的初步验证。

（一）调查问卷样本的发放与基本信息统计

为提高问卷研究的真实性、保证实证研究的信度，从2019年5月25日起，笔者先后在多所高校选取部分辅导员进行多轮试测，并根据试测结果对问卷的内容进行了反复的修改、调整与完善，最终形成了由单选、多选和表格构成的3种题型共30题。

本问卷调查采用网络问卷方式，对湖北省4种不同类别层次的32所高校辅导员调查进行了实证调研。在问卷调查中，为充分了解不同层次高校辅导员专业化发展现状、特点与存在的问题，本书涵盖了世界一流大学建设高校和世界一流学科建设高校、省属普通本科、高职高专4个层面，涉及理工农医文史哲等诸多学科，既有综合类院校，也有专门类高校，还涉及了部分高职高专。总体说来，调研基本做到了高校范围广泛、层次多样，具有一定的代表性。

在最后的数据统计中，为保证样本的信度与效度，对两处数据进行了筛查选取。一是发现有少量（32份）省外数据，本书在统计分析时，仅以湖北省为例，见表3-1，没有计入这些外省数据。二是参考多次试测结果，结合答题数据，本书把答题时间少于180秒的25份问卷视为无效问卷，该部分数据同样未计入统计分析。经过最终统计，共有336份问卷被视为有效问卷，本书调研数据分析的总样本量均以该数据为基础。

表3-1　　　高校辅导员专业化发展调查问卷样本高校分布

序号	学　校	备　注
1	武汉大学	
2	华中科技大学	
3	华中师范大学	回收问卷393份，通过IP筛选出省外数据32份，同时根据答题时间，对少于180秒的样本予以剔除，保留最终样本336份。
4	武汉理工大学	
5	华中农业大学	
6	中南民族大学	

续表

序号	学　校	备　注
7	湖北大学	
8	武汉科技大学	
9	长江大学	
10	三峡大学	
11	武汉工程大学	
12	武汉纺织大学	
13	湖北师范大学	
14	湖北中医药大学	
15	武汉轻工大学	回收问卷393份,通过IP筛选出省外数据32份,同时根据答题时间,对少于180秒的样本予以剔除,保留最终样本336份。
16	湖北民族大学	
17	江汉大学	
18	湖北理工学院	
19	湖北文理学院	
20	湖北经济学院	
21	湖北科技学院	
22	湖北医药学院	
23	湖北第二师范学院	
24	汉江师范学院	
25	荆州学院	

续表

序号	学 校	备 注
26	湖北工程学院新技术学院	
27	荆州职业技术学院	回收问卷393份，通过IP筛选出省外数据32份，同时根据答题时间，对少于180秒的样本予以剔除，保留最终样本336份。
28	湖北中医药高等专科学校	
29	武昌职业学院	
30	武汉职业技术学院	
31	武汉交通职业学院	
32	武汉华夏理工学院	

根据研究需要，本书统计了调研对象的基本信息，得到样本有效信息见表3-2。

表3-2　高校辅导员专业化发展调查问卷样本基本信息统计

指标(N=336)	选项	占比(%)
性别	男	52
	女	48
年龄	30岁及以下	31.1
	31—40岁	57.8
	41—50岁	10.2
	51岁以上	0.9
学校类别	世界一流大学建设高校	6
	世界一流学科建设高校	14.9
	省属普通本科	64.2
	高职高专	14.9

续表

指标(N=336)	选项	占比(%)
学历	专科及以下	0.3
	大学本科	21.3
	硕士研究生	72.1
	博士研究生	6.3
行政级别	副科及以下	32.9
	正科	29.3
	副处	11.7
	正处	1.8
	其他	24.3
职称情况	助教	23.6
	讲师	49.9
	副教授	8
	教授	1.2
	无	17.3
从业年限	1—3年	31.7
	4—8年	29
	9—14年	30.2
	15年及以上	9.1

(二) 深度访谈样本采集与分析

按照教育部2014年颁布的《高等学校辅导员职业能力标准（暂行)》中关于初级、中级、高级辅导员工作年限标准，参考职业生命周

第三章 高校辅导员专业化发展的现状审视

期等相关理论，本书围绕高校辅导员专业化发展研究深度访谈了12名辅导员，其中包括工作年限超过15年的"资深辅导员"、全国辅导员年度人物（最美高校辅导员）（含提名奖）、省级优秀辅导员、新入职3年内辅导员及刚转岗2年内（指从辅导员岗位转入教师或其他管理岗位）辅导员等五大类，见表3-3。

表3-3　　　　辅导员专业化发展深度访谈样本信息

序号	访谈对象	性别	从业年限	学历学位	工作单位类别	职称职务	类别
1	A	男	18	本科、硕士	省属普通本科	讲师 正科	工作15年以上资深辅导员
2	B	女	17	本科、硕士	省属普通本科	讲师 正科	工作15年以上资深辅导员
3	C	男	15	硕士研究生	省属普通本科	副教授 副处	工作15年以上资深辅导员
4	D	女	9	博士研究生在读	世界一流学科建设高校	讲师 副处	全国辅导员年度人物
5	E	女	16	博士研究生	世界一流学科建设高校	教授 正科	全国辅导员年度人物
6	F	男	11	硕士研究生	省属普通本科	讲师 副处	全国辅导员年度人物提名奖
7	G	男	9	博士研究生在读	省属普通本科	副教授 正科	省级优秀辅导员
8	H	女	8	博士研究生在读	省属普通本科	讲师 正科	省级优秀辅导员

续表

序号	访谈对象	性别	从业年限	学历学位	工作单位类别	职称职务	类别
9	I	女	1	硕士研究生	高职高专	助教科员	新入职3年内辅导员
10	J	女	3	博士研究生	省属普通本科	讲师副科	新入职3年内辅导员
11	K	女	12	博士研究生	省属普通本科	副教授	转岗2年内辅导员
12	L	男	10	博士研究生	省属普通本科	讲师副处	转岗2年内辅导员

第二节 高校辅导员专业化发展的现实图景

高校辅导员是大学生思想政治教育的核心与骨干力量。开展问卷调查和深度访谈的目的是深入了解当前高校辅导员对岗位的认识、对专业化发展现状的态度。通过问卷和访谈，构成了对高校辅导员专业化发展的基本认知，也进一步明确了当前高校辅导员专业化发展存在的问题。

一 角色定位逐步明确，职业认同有待增强

角色的概念原本起源于戏剧表演，后被引入社会心理学，用来分析个体在不同情境中的行为方式。角色并非单一的概念，一般由人的社会地位或者身份决定，自我对角色与岗位的理解是提升高校辅导员职业认同的内在动力源泉，对于坚定职业信念、促进队伍专业化建设与发展具有重要的意义。

（一）自我角色定位逐步明确

辅导员制度诞生之初，其角色定位相当明确，即为"主持政治学习思想改造工作"。经过70年的发展，高校辅导员基本实现了业务上接受"双重领导"，角色上具有"双重身份"，发展上"双线晋升"。如图3-1所示，调查问卷中超过65%的高校辅导员认为该职业属于教师系列；62%的高校辅导员认为学生工作促进了个人能力的提升，"感觉很有成就"；近63%的高校辅导员认为该工作"具有很强的专业性"。

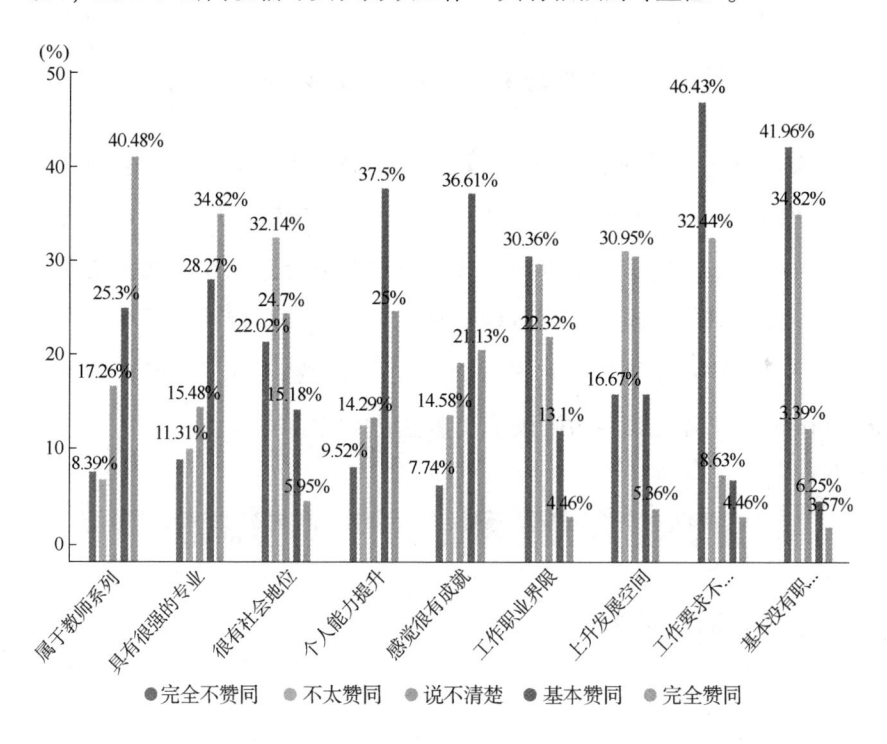

图3-1　您对高校辅导员职业的理解

如图3-2所示，超过半数的调查对象把"政治强"视为高校辅导员最显著的职业特征。这是高校辅导员选拔强烈政治导向性的结果，也是高校辅导员对自我角色定位明确认知的表现。

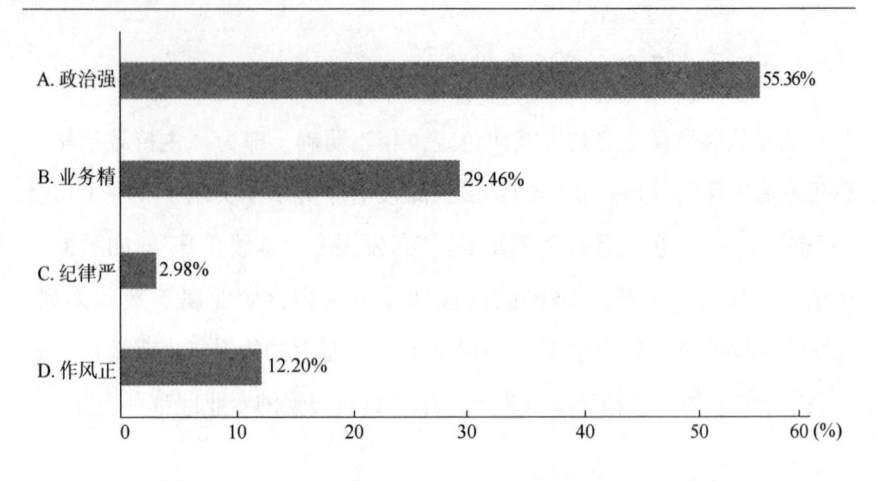

```
A. 政治强            55.36%
B. 业务精       29.46%
C. 纪律严  2.98%
D. 作风正   12.20%
      0   10   20   30   40   50   60 (%)
```

图 3-2　您觉得高校辅导员最典型的职业性特征是什么

如图 3-3 所示，对于高校辅导员在立德树人中的作用，有 76.20% 的高校辅导员高度认同，他们认为，高校辅导员在其中起着"关键主体的作用"，仅有 0.89% 的认为高校辅导员工作"无关紧要"。在个人访谈环节，包括离岗的辅导员在内，均对高校辅导员职业在立德树人工作中的重要性表示充分的肯定，认为新时代的高校辅导员更要与时俱进，不断满足教育改革和学生成长成才需要。

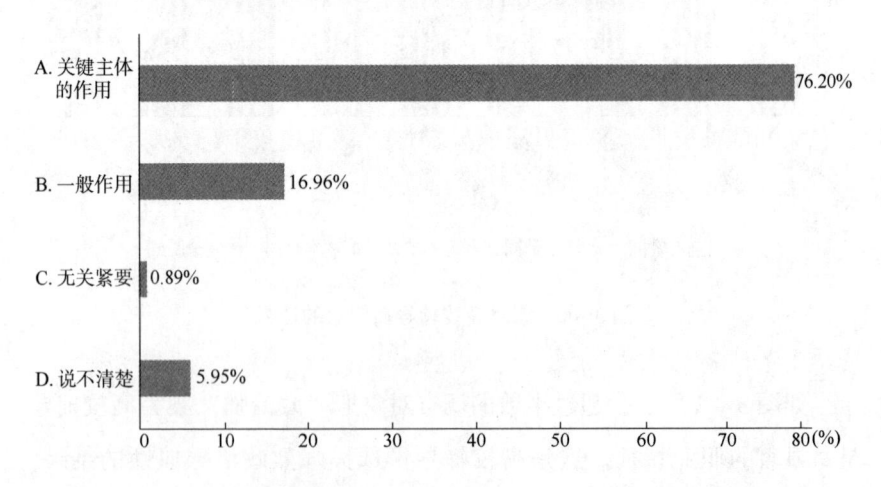

```
A. 关键主体
   的作用                                    76.20%
B. 一般作用    16.96%
C. 无关紧要 0.89%
D. 说不清楚  5.95%
      0   10   20   30   40   50   60   70   80(%)
```

图 3-3　您觉得高校辅导员在新时代立德树人、铸魂育人中扮演怎样的角色

不仅如此，关于"您作为辅导员的最大感受什么"，如图3-4所示，53.27%的高校辅导员认为，从事学生思想政治教育工作使得个人的人生价值得到了体现，仅有6.55%的高校辅导员认为从事该职业"纯属工作需要"。这表明，高校辅导员职业的重要性基本得到了认可，实现了个体价值与社会价值的统一。

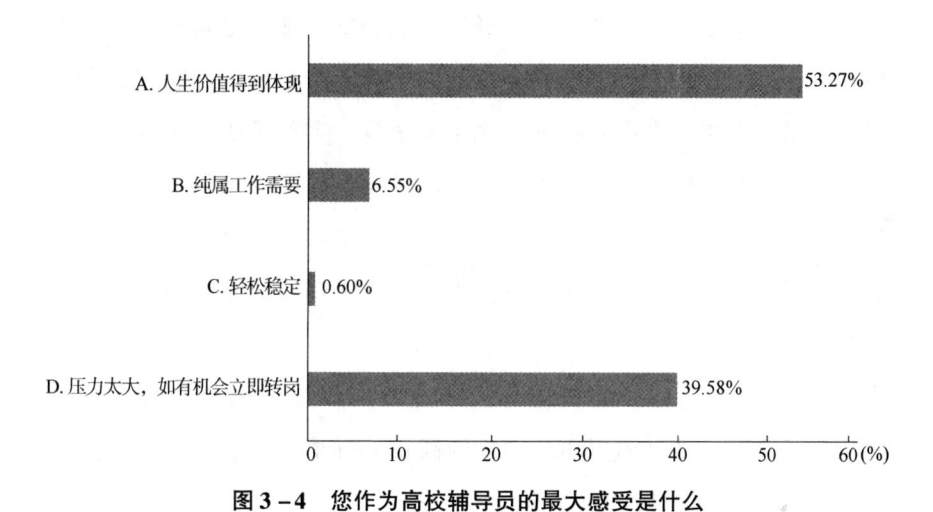

选项	比例
A.人生价值得到体现	53.27%
B.纯属工作需要	6.55%
C.轻松稳定	0.60%
D.压力太大，如有机会立即转岗	39.58%

图3-4　您作为高校辅导员的最大感受是什么

（二）角色认知与职业认同感有待增强

角色认知是人们对布置给他们或对其要求的工作职责的了解程度。角色认知的冲突性、职责界限的模糊性影响了高校辅导员职业的认同感，高达85%的高校辅导员把"职业认同度低、队伍稳定性差"视为专业化发展的首要问题。角色冲突的产生并非一朝一夕，而是经历了一个缓慢的过程。调查中，如图3-1所示，仅有不到21%的高校辅导员认为工作"很有社会地位"，有近40%的高校辅导员认为，工作压力太大，如有机会则会选择立即转岗。在深度访谈中，超过六成的高校辅导员对此也表示了认可，提出了对于辅导员工作岗位的矛盾性与冲突性认识。一方面，他们认为，作为学生的知心朋友和人生导师，高校辅导员职业能很好地锻炼自我的组织管理能力，对学生的成长成才具有很强的引导与帮助作用，尤其是看到学生不断成长并胜任重要工作岗位后，觉得从事此项工作"会很有成就感、自豪感"。另一方面，家长与社会期待过高、人员编制不足、工作职责无边界、超负荷高强度的连轴转也使得不少高校辅导员在适应期后开始把希望寄托于"考博或转岗"，一旦条件成熟，转岗成为新的职业规划目标。这在访谈中也得到了验证。两名已经转岗的高校辅导员中，一人职称晋升为副教授后，在半年内即转往马克思主义学院，实现了从一线专职辅导员到专任教师的转变。另一人在从事四年学生工作党委副书记后，申请了岗位平级调动，离开了辅导员岗位。在交谈中，以上两人均表现出了明显的矛盾心理，即对于学生工作的强烈热爱和对繁杂事务工作的相对无奈。

如图3-5所示，高校辅导员职业发展压力来源调研数据也从侧面印证了这一点。高达88.10%的高校辅导员认为，"学生事务的繁杂性"是职业发展的最大压力源。事实上，学生事务具有一定的规律性，其工作内容并不繁杂，而是与学生事务相关联并衍生出的

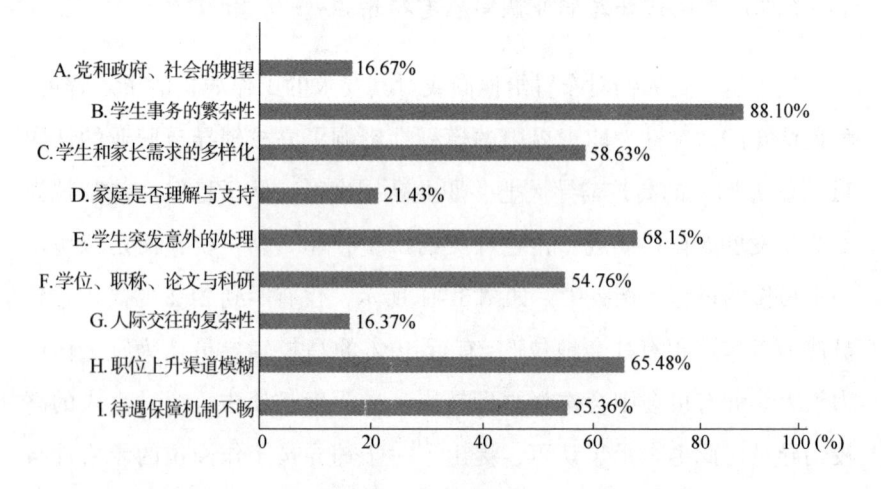

选项	比例
A.党和政府、社会的期望	16.67%
B.学生事务的繁杂性	88.10%
C.学生和家长需求的多样化	58.63%
D.家庭是否理解与支持	21.43%
E.学生突发意外的处理	68.15%
F.学位、职称、论文与科研	54.76%
G.人际交往的复杂性	16.37%
H.职位上升渠道模糊	65.48%
I.待遇保障机制不畅	55.36%

图3-5 您认为高校辅导员职业发展的压力来源包括哪些方面

工作扩充了高校辅导员工作的边界,才使得高校辅导员工作变得烦琐。此外,"学生突发意外的处理""学生和家长需求的多样化"等也构成了高校辅导员职业发展的压力。同样,在访谈中,超过七成的受访者表示,伴随着高校辅导员职业重视度的提升,其职责范围不断扩大,各类事务性工作占据了大量的时间,剥夺了从事思想工作、政治教育的自由,特别是随着新媒体等工作环境与"00后"工作对象的变化,种类繁多的微信群、QQ群不断增加,学生的需求更加多样,高校辅导员被需要频率急剧增加,"白加黑""5+2"已经成为常态。职责细化不够、边界模糊不清使得不少高校辅导员的工作效能感明显降低,甚至有高达80%的高校辅导员认为职业倦怠感与日俱增,这一点对于工作了8年以上的高校辅导员来说尤为突出。

二 发展意识不断深化,内驱动力仍显不足

内因是事物发展变化的根本性、决定性因素。教师专业化发展既需要外部环境的营造和制度的保障,更要关注内在自主性的生成,特别是专业化意识的提升与自我觉醒已经成为影响教师专业化发展的关键内容。教育部把支持和鼓励一批骨干通过进修学习后长期从事高校辅导员工作,并逐步实现职业化和专业化作为高校辅导员队伍建设的重要工作目标,为高校辅导员专业化发展创造了良好的外部环境。然而,高校辅导员只有站在立德树人的高度审视学生思想政治工作,通过不断提升自我专业化素养,自觉把外在优势转化成内在需求,才能担当起培育时代新人的重任。调研和访谈显示,高校辅导员专业化发展的意识随时代发展不断深化,但还存在内驱动力不足的困境。

(一) 专业化发展意识不断深化

经过长时间的完善与发展，高校辅导员是一种专门的职业已经成为社会共识，高校辅导员队伍自身也更加坚定了专业化发展的道路。如图3-1所示，63.09%的高校辅导员认为学生工作"具有很强的专业性"。如图3-6所示，在如何看待高校辅导员专业化态度的问题中，46.14%的人选择了"完全可行、大力支持"，43.15%的人认为"很有必要、可以尝试"，选择"无关紧要、可有可无"的仅有2.08%，认为"象征意义、难以实行"的也只有8.63%。这些数据表明，作为教师队伍的一部分，高校辅导员的教育管理行为具有专业性，推进专业化发展已经成为新时代高校辅导员队伍发展的共识。

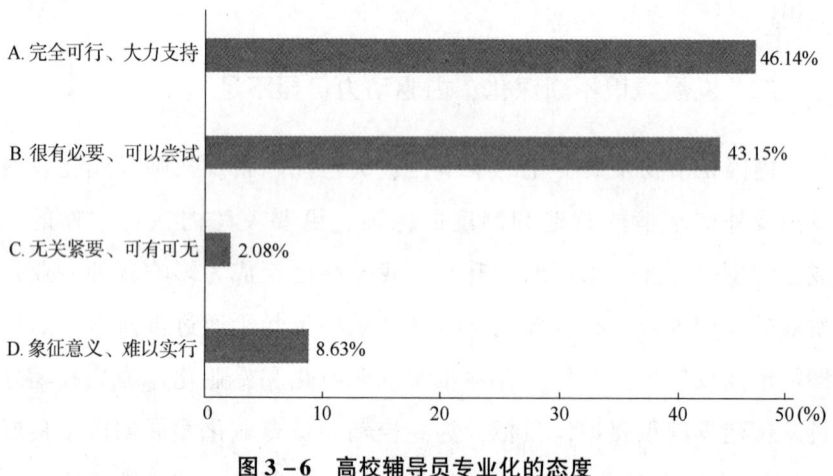

图3-6 高校辅导员专业化的态度

高校辅导员专业化不仅包括为什么要专业化，还包括什么是专业化、怎样实现专业化的核心命题。如图3-7所示，对于高校辅导员专业化发展方向的作答中，有6.55%的人"说不清楚"；选择"科员—科级—处级的行政化体系"占14.58%；认为要走"助教—讲师—副教授—教授的学术化体系"的比例为19.94%；觉得可以"行政和学术双肩挑"的为 26.79%；选择"初级—中级—高级辅导员能力递升体系"的比例最高，达到 32.14%。这些数据说明了高校辅导员对于专业化发展的多元化认知，也表明高校辅导员对专业化发展内容、方向有了一定的思考。

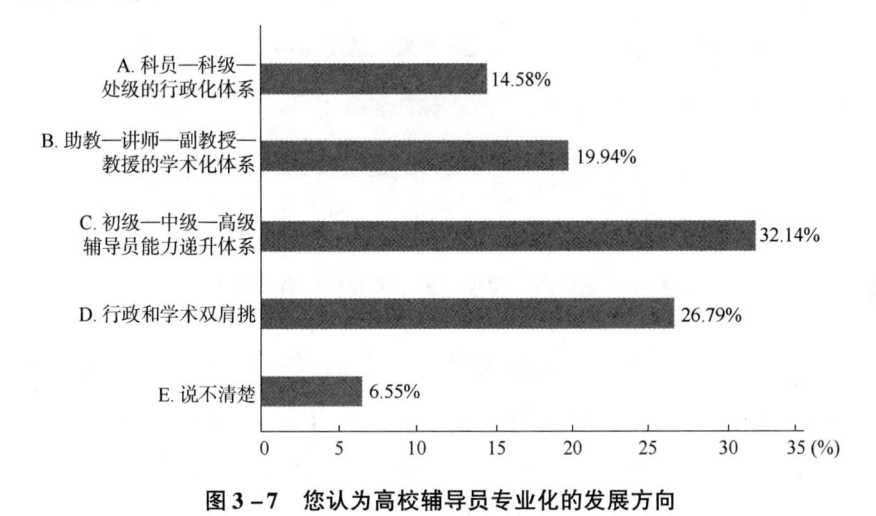

选项	比例
A. 科员—科级—处级的行政化体系	14.58%
B. 助教—讲师—副教授—教授的学术化体系	19.94%
C. 初级—中级—高级辅导员能力递升体系	32.14%
D. 行政和学术双肩挑	26.79%
E. 说不清楚	6.55%

图 3-7 您认为高校辅导员专业化的发展方向

（二）内驱动力仍显不足

如图 3-8 所示，在关于高校辅导员个体专业化存在的问题回答中，有高达 57.14% 的高校辅导员选择了"思想认识不够、自我提升动力不足"。而在访谈中，"您认为什么是专业化，新时代的高校辅导员能实现专业化吗"这一问题后半部分的答案高度一致，超过九成的受访对象认为"肯定能实现专业化"，但对于前面一部分内容的回答却是五花八门。有些高校辅导员认为，专业化就是要"提高薪酬待遇"，也有些人认为，"多出去参加培训"，或者"把职称和学历搞上去"，还有一些选择"职位的晋升就是专业化"。在"您觉得阻碍高校辅导员专业化的因素有哪些？如何克服"的问题中，有高校辅导员明确提出，"首先要搞清楚什么是专业化，或许我们说的专业化是不是真正意义上的专业化"。

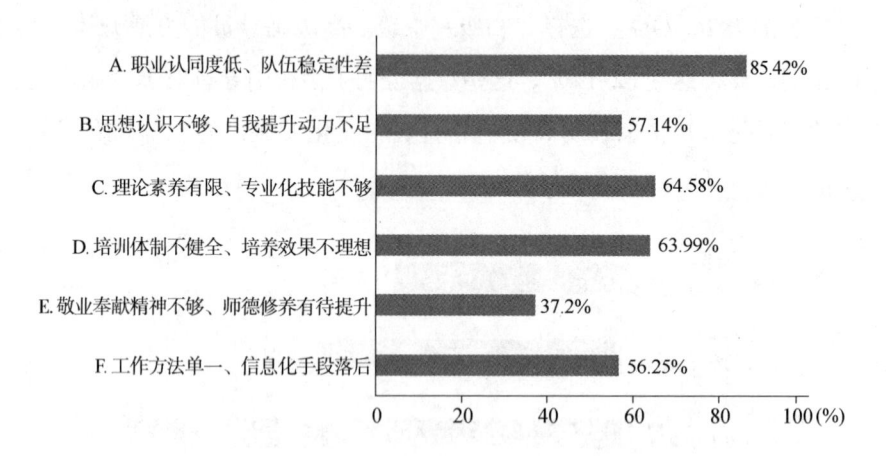

A.职业认同度低、队伍稳定性差 85.42%
B.思想认识不够、自我提升动力不足 57.14%
C.理论素养有限、专业化技能不够 64.58%
D.培训体制不健全、培养效果不理想 63.99%
E.敬业奉献精神不够、师德修养有待提升 37.2%
F.工作方法单一、信息化手段落后 56.25%

图3-8 您认为高校辅导员个体专业化存在的问题

以上这些调查与访谈充分表明，不同高校辅导员对于专业化发展的认识还存在一定的偏差。究其原因，固然有专业化理念的复杂性以及个体理解的差异性等原因，也与极少数高校辅导员从业心态不端正、职业信念不坚定密不可分。在访谈中，问及为何选择高校辅导员职业时，有25%的人直言不讳地表示，"高校辅导员工作门槛较低，大学教师的职业身份很有社会地位"，在谈到"如何规划自己的职业生涯？是否有转岗打算"时，他们明确提出，高校辅导员工作其实不像想象中的那么光鲜亮丽，就业指导、职业规划、心理健康教育都有很强的专业性，需要科学的培训与长期的积累。"选择这个工作是为了锻炼自己，是缓兵之计"，"有机会肯定会转岗或者考博。"从这些问答中不难发现，职业理想教育与专业化信念教育都是近阶段推进高校辅导员专业化发展面临的现实任务。

主动开展理论与科学研究是高校辅导员专业化发展的重要内容，也是高校辅导员形成发展自觉的重要表现。如图3-9所示，主持校级相关课题的比例最大，占51.49%，主持国家社科基金项目的仅为1.49%，主持地厅级和省部级人文社科基金项目的分别为21.73%和17.56%，但不能忽视的是，选择"没有主持任何研究项目"的达到37.5%。通过数据比对分析，其中有三成是因为入职不到3年，工作4年及以上但没有主动开展理论与科学研究的比例仍然较高，达到了88人。

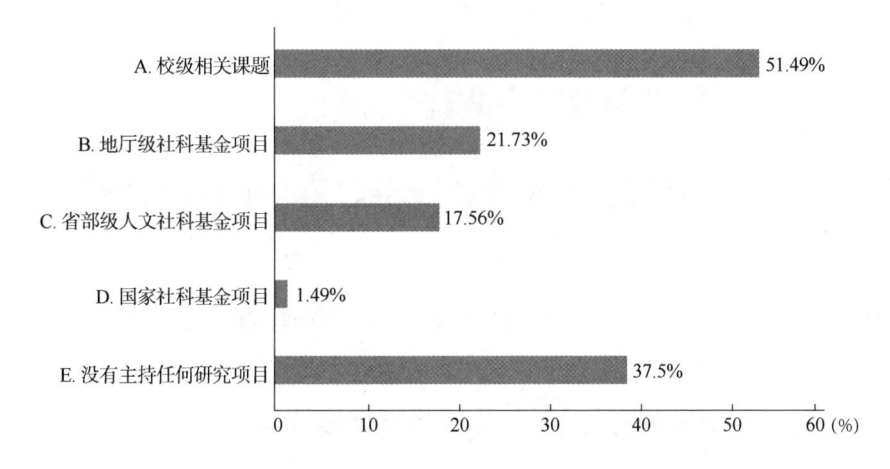

A. 校级相关课题　51.49%
B. 地厅级社科基金项目　21.73%
C. 省部级人文社科基金项目　17.56%
D. 国家社科基金项目　1.49%
E. 没有主持任何研究项目　37.5%

图3-9　您主持过何种级别的学生工作相关研究项目

不仅如此，问卷调研还发现，有超过半数的高校已经实现了辅导员职称的单评、单列、单聘，为高校辅导员专业化发展打开了新的通道。但不管评聘标准如何降低，开展理论研究、发表与学生工作相关的论文始终是核心指标之一。而在统计该项指标时，如图3-10所示，笔者发现，没有在核心期刊以上发表的比例高达52.98%，其中不乏工作了四年甚至八年以上的"资深辅导员"，这一数据也与高校辅导员中级职称人数达到49.85%、高级职称严重偏低（不足10%）的现状高度吻合。

在访谈的12名对象中，有6人学历为博士研究生（含在读），他们对于这一话题感受最深、颇为关注。其中，辅导员G指出，"中央与各级政府、学校都制定了相关的政策，倾向性很明确，高校辅导员个体的专业化发展不能只停留于口号中，而要把对专业化的认识转化为行动与实践，利用各类政策性平台，主动开展与学生相关的理论与科学研究。"

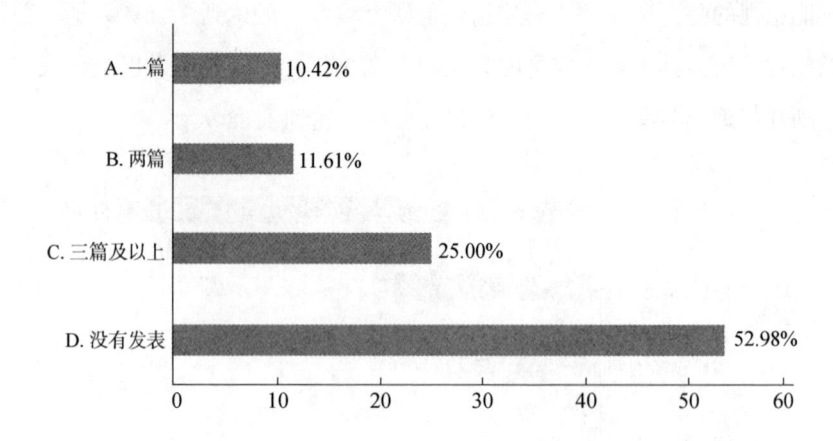

```
A. 一篇      10.42%
B. 两篇      11.61%
C. 三篇及以上  25.00%
D. 没有发表   52.98%
```

图 3-10 您公开发表与学生工作相关的中文核心期刊以上论文数量

三 知识能力得到发展，专业素养亟待提升

社会学家布朗德士提出，专业是一个正式的职业，为了从事这一职业，必须进行以职能为特质的上岗培训，包括知识和某些扩充的学问，它们不同于纯粹的技能，不是简单的从业者的谋生工具。从这个层面来说，专业化是为掌握和增强从事某种工作或职业所需具备的专门能力与素养。对于高校辅导员而言，专业技能是高校辅导员运用专业知识解决工作中的问题、实现其工作目标的基本能力。专业技能水平的高低已经成为衡量高校辅导员专业地位和专业水平的重要尺度，是实现高校辅导员专业化发展的基本前提之一。

问卷与访谈中，超过六成的高校辅导员表示，只有掌握了宽广的多学科基础知识、具备过硬的马克思主义理论修养、习得了扎实的思想政治教育专业知识与原理，才能胜任专业化的思想政治工作。78.9%的高校辅导员提出，面对日益复杂的学生工作局面，"知识危机、本领恐慌"已经不是一句口号，而要解决本领恐慌，"最有效的方式就是不断学习和实践"。提升专业素养也成了共识，如图 3-11 所

第三章 高校辅导员专业化发展的现状审视

示，87.80%的高校辅导员选择了"过硬的专业素养"是专业化发展的内容，比例仅低于"坚定的教育信念"（89.29%）。特别是初级和中级阶段高校辅导员，他们都认为，要应对学生多元化的成长需求，就要加强理论学习，包括加强马克思主义相关理论知识，以及教育学、心理学、政治性、社会学、管理学等多学科知识学习，加强思想政治教育相关基本理论、知识、方法等专业知识学习，加强教育、教师、学生教育管理等相关的法律法规条文规定学习等。

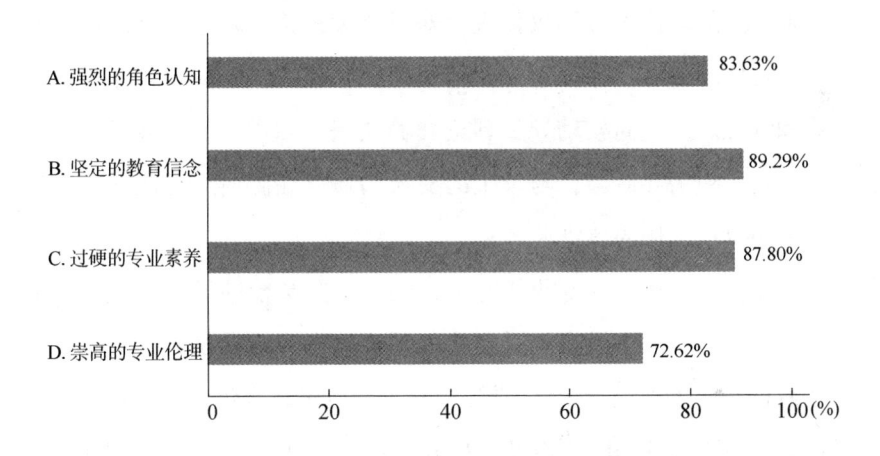

选项	比例
A. 强烈的角色认知	83.63%
B. 坚定的教育信念	89.29%
C. 过硬的专业素养	87.80%
D. 崇高的专业伦理	72.62%

图3-11 您认为高校辅导员专业化发展包括哪些内容

与此相对，在问卷调查中，如图3-8所示，有64.58%的受访对象把"理论素养有限、专业化技能不够"作为当前高校辅导员专业化发展存在的突出问题，仅低于"职业认同度低、队伍稳定性差"（高达85.42%）。这一选择表明高校辅导员队伍已经充分意识到了专业技能的重要地位，同时也说明了专业技能不足已经成为影响高校辅导员专业化发展的关键因素。结合访谈，高校辅导员专业化素养有待提升主要表现如下。

首先，马克思主义理论积淀不深，尤其是对新时代中国特色社会主义理论的认识不够全面、不够透彻。一是部分高校辅导员受专业背景、知识结构或事务性工作的束缚，对新思想重视不够，学习不深入，影响了立德树人的效果，不利于培养"又红又专"、全面发展的时代新人。二是对社会热点现象和重大现实问题阐释不足。正确看待并合理解释这些社会重大现实问题和学生思想困惑，是摆在高校辅导员面前的一项艰巨任务。高校辅导员理论修养不足，极易出现认识模糊、定力不强的倾向，一旦传播错误观点，就会使得青年学生对社会主义道路、立场和方向产生动摇，导致严重后果。三是学以致用能力有限。高校辅导员的理论修养不仅体现为对于重大理论、政策问题的学习与贯彻，还体现为对青年大学生学习习惯、心理特征、成长成才规律的把握和认识。一些高校辅导员理论修养欠缺，知识更新速度较慢，理论学习与实践指导脱节，与学生的交流沟通存在障碍，无法适应网络时代思想政治工作的新要求。

其次，高校辅导员专业技能不过硬。一些高校辅导员受日常事务性工作的束缚，加上没有接受严格的理论培训、政治敏锐性不强，认为"政治教育太枯燥乏味"，导致基层思想政治教育仍然存在针对性不强、实效性不高的问题，难以触及学生的"灵魂"。在教育管理能力方面，一些高校辅导员对涉及学生安全教育管理的规章制度、法律法规掌握不够全面，对班级、寝室建设内容、方法与途径不熟悉，对新媒体技术认识不够、运用不熟，不能正确应对班级与学生教育管理中出现的新形势与新问题，形象一旦受损，师者的威信迅速降低，工作能力很难得到学生的认同。

最后，指导服务能力不专。学生学业、道德、品质与社会贡献的发展，"是教师生命意义的确证"[①]。高校辅导员指导服务能力是指为服务学生学业指导、就业规划、创业教育、心理健康教育等所需具备

---

① 杨芷英：《教师职业道德》，高等教育出版社2000年版，第146页。

的分析、判断、沟通等专业技能。指导服务能力的高低，不仅决定着学生的思想政治教育认同感和获得感，也是高校辅导员工作幸福感和成就感的基础，因为"没有什么比让学生共同分享希望与梦想更能激励他们的了"①。指导服务能力的"专"体现在高校辅导员是否掌握了关于学生发展所需具备的专业技能。调查显示，仅有不到20%的高校辅导员表示涉猎了青年学、教育学、社会学、心理学、人力资源管理、职业生涯、创业基础等理论，并可以根据学生需要提供专业化的指导与服务。

四 发展平台不断拓宽，培养模式仍不完善

一直以来，党和政府高度重视辅导员队伍专业化建设，各高校及相关主管部门也相应出台了一系列政策、文件。为贯彻落实党的十八大精神，教育部发布了《普通高等学校辅导员培训规划（2013—2017年）》。该规划把培训规模、培训质量、基础能力建设和辅导员整体素质提升作为主要目标，力求通过举办全国高校辅导员示范培训班、设立教育部人文社会科学研究辅导员专项、选拔骨干在职攻读博士学位、组织赴境外短期考察等全方位、多层次的培训、培养与实践教育，全面提升高校辅导员的专业化素养。这只是高校辅导员专业化建设与发展诸多指导性政策与文件的其中一份。显然，党和政府期待通过高标准、高强度、高质量的培训与培养，为高校辅导员搭建更高层次的发展平台，实现"干事有平台、发展有空间"。但在推进高校辅导员专业建设与发展的实践过程中，由于高校身份属性不同、学科特色各异以及组织管理机构、学生规模、管理理念等不尽相同，在操作层面，高校辅导员专业化发展并无一致的要求或者固定的模式，普遍存在培养

---

① 李茂：《彼岸的教育》，华东师范大学出版社2006年版，第3页。

模式不完善的共性。

(一) 培训体系不够完善

一是覆盖面广,执行效果打折扣。据调查显示,如图3-12所示,最近五年参加省部级一次培训的为26.49%,一次都没有参加的达到了22.62%。在访谈中,也有高校辅导员提出,学校每年度都把参与各类培训作为提升职业能力的重要抓手,也制定了培训计划,但在实施过程中,如果参加培训,尤其是一周以上的培训项目,会面临工作无法替代、无法脱身或者需要一边培训一边处理各类紧急突发情况的现实困境。这样带来的影响是不少高校辅导员以走不开为由,不参加培训或投入培训的精力严重不足。因而尽管教育部高度重视培训工作,但在执行的过程中出现了走样,培训预期打了不少折扣,专业化发展不平衡的矛盾依然存在。

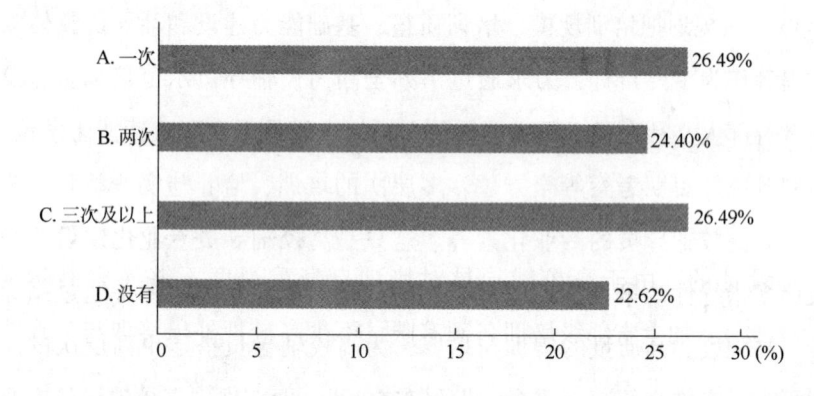

选项	比例
A. 一次	26.49%
B. 两次	24.40%
C. 三次及以上	26.49%
D. 没有	22.62%

图3-12 您作为高校辅导员最近五年参加省、部级以上学生工作培训情况

二是偏重理论,实践性不足。高校辅导员参与培训提升能力的初心毋庸置疑,然而,参与培训后,实效如何才是高校辅导员最为关注的。数据显示,如图3-13所示,除去时间较短(54.76%)的客观原因和高校辅导员自身重视度不够(35.71%)的因素外,

36.31%的受访对象认为培训形式单调，34.52%认为师资力量参差不齐。事实上，不少培训都采取集中授课、专题讲座的形式，主讲专家多为马克思主义理论家，侧重于理论修养的提升，对高校辅导员现实工作中面临的困惑与问题研究不够、理解不深、解答不透，难以引起共鸣。

选项	比例
A.时间较短	54.76%
B.内容脱离实际	17.26%
C.培训形式单调	36.31%
D.过程管理不严	12.80%
E.师资力量参差不齐	34.52%
F.辅导员自身重视程度不够	35.71%

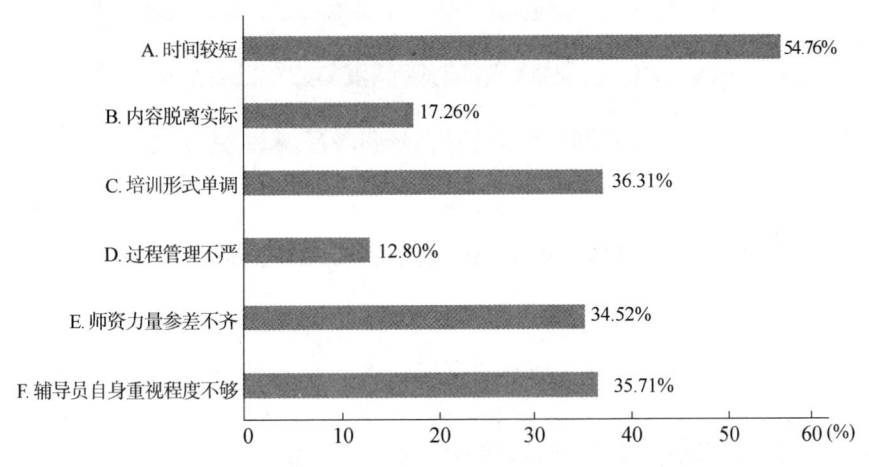

图3-13 您觉得影响高校辅导员培训效果的主要因素有哪些

三是高校辅导员主动性不足，培训内容时代感不强。高校辅导员培训如何做到理论性与实用性结合，既满足高校辅导员自身发展的需要，又体现培养时代新人的最新目标，是高校辅导员培训需要提前规划与设计的。由于高校辅导员对培训自身重视度不够（比例达到35.71%），加上省部级培训名额有限，不少高校把外出培训与工作效果挂钩，较少考虑高校辅导员的兴趣与需求点，往往把自认为优异的辅导员派出培训学习，使得这种被动式的培训方式影响了最终的效果，反映"内容脱离实际"达到了17.26%。高校辅导员培训究竟要侧重哪方面内容，如图3-14所示，20.83%的受访对象把选项投向了"理想信念与师德修养"，这也与新时代加强教师队伍建设，促进立德树人根本任务全面落实的要求高度一致。

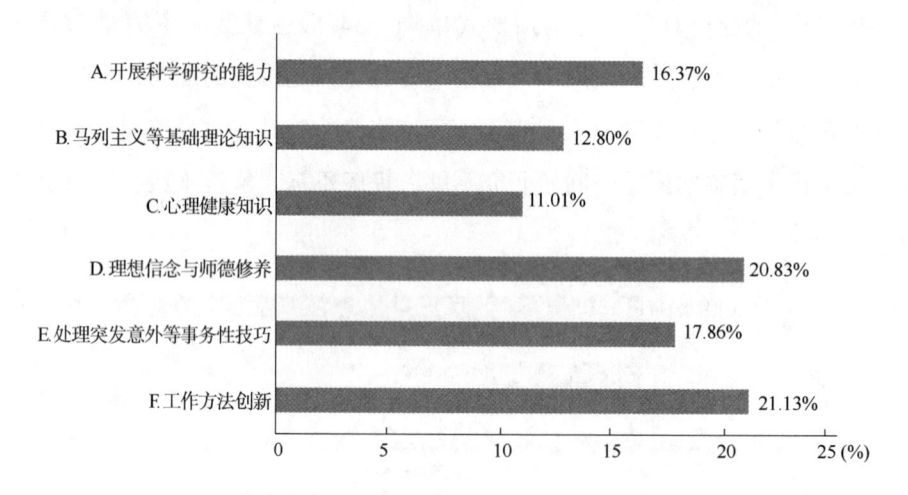

选项	比例
A.开展科学研究的能力	16.37%
B.马列主义等基础理论知识	12.80%
C.心理健康知识	11.01%
D.理想信念与师德修养	20.83%
E.处理突发意外等事务性技巧	17.86%
F.工作方法创新	21.13%

图3-14 您觉得高校辅导员专业化最应该加强哪些方面的培训内容

（二）专业化学科支撑体系滞后

郑永廷教授指出，"明确学科依托是辅导员工作专业化的前提。"[①] 高校辅导员专业化学科支撑体系，是指按照一定的学科化范式，界定高校辅导员的科学内涵和基本范畴，构建高校辅导员工作系统的理论知识体系，规划高校辅导员的专业发展路径，为队伍专业化发展奠定坚实的理论基础。高校辅导员的专业化发展，追根溯源，需要学科与人才培养体系的专业化。遵循学科化建设的一般框架和逻辑，设置辅导员相关的专业，按照专业化的培养方案去培养社会发展需要的人才，对于破解高校辅导员专业化发展需求与学生工作复杂性之间的矛盾具有重要理论与现实意义。

当前高校辅导员专业化学科支撑体系相对滞后体现在缺乏专业学科支撑。调查中发现，目前高校辅导员的专业结构多样，涵盖理工、

---

① 郑永廷：《高校辅导员工作专业化理论与方法探索》，《思想教育研究》2009年第3期。

农、医、文、史、哲、经管、法等诸多学科，石油、地质、中医、国际关系等学科也不少见。不容置疑，高校辅导员工作是理论性与实践性的统一，掌握系统的学生工作专业知识与技能并非短时间内可以速成的。在这种形势下，即便依托现有较为成熟完备的培训体系，也与教育部"培养和造就一批思想政治教育方面的专家、教授和理论家"的目标相去甚远。事实上，2011年，《教育部高校辅导员培训和研修基地建设与管理办法（试行）》曾明确提出，通过加强马克思主义一级学科和思想政治教育二级学科建设，"为辅导员职业发展提供有力的学理支撑"。在此理念指导下，有学者提出设立"高校辅导员专业"，也有部分高校进行了尝试，如沈阳师范大学挂靠思想政治教育本科专业设立了"辅导员工作"方向，山东大学在马克思主义一级硕士学科下设置了"学生事务管理与学生发展指导"专业，华中师范大学在博士专项中设立了"高校学生事务管理与实践"等方向。这些探索与实践以构建高校辅导员专业学科支撑为目标，力求为高校辅导员专业化发展提供学理支撑，因而备受关注和重视。当然，高校辅导员专业培养方案的设置与实施是一项系统工程，也需要经过相关部门的科学论证，加上当前高校辅导员工作的内容、职责与边界尚不完全清晰，且具有很强的复杂性与实践性特征，单独设立"高校辅导员专业"的专业基础并不牢固。因此，现行条件下，如何依托马克思主义一级理论学科点，参照专业教师培养模式，设置"辅导员学"等分支学科或研究方向，从而逐步探索一套有中国特色的科学化、规范化、专业化的人才培养体系，是新时代高校辅导员专业人才培养面临的一项新课题。

五　顶层设计日臻完善，保障机制还需健全

高校辅导员专业化发展离不开科学合理的体制机制，随着党中央对思想政治工作重视度不断提高，高校辅导员专业化建设的顶层设计

日臻完善，为培养一支思想素质过硬、战斗力强的高校辅导员队伍打下了坚实的基础。然而，尽管高校辅导员队伍建设的政策倾斜力度不断增大，但思想政治工作是一个系统而复杂的工程，一些机制的不健全制约了高校辅导员专业化建设与发展的进程。

（一）入口选聘机制不科学

一是缺乏统一的准入标准。事实上，不论是2006年的教育部24号令，还是2014年的《高等学校辅导员职业能力标准（暂行）》，包括2017年新版《普通高等学校辅导员队伍建设规定》，都对高校辅导员配备标准与选聘要求做出了规定，如"根据实际岗位需要确定具体选拔条件"等，但这些规定较为宏观，没有建立国家统一的职业准入制度或专门的职业资格考试。这也导致高校辅导员选拔标准看似严格，却也存在不少漏洞与问题。如55.36%的高校辅导员把"政治强"作为专业化最显著的特征，但在选拔时，仅把政治面貌作为考核依据，对高校辅导员思想政治道德素质，特别是是否具有坚定的共产主义理想信念、能否在重大问题上与党中央保持高度一致、政治敏锐性如何关注不多，对"为什么选择辅导员岗位"的思想追问不够，因而也就未能从根本上解决队伍不稳定的问题。二是选拔结构不合理。很长一段时间内，高校辅导员的来源多样，有专业教师不能胜任岗位要求被调离到此的，有教学管理员、图书管理员、实验员等"因辅导员配备不足"被转岗的，也有其他机关人员因为减员增效或机构改革转入的，甚至一度成为解决博士配偶就业问题的最佳岗位。如此一来，高校辅导员专业结构、年龄结构、性别结构、学历结构不合理，以及职称职务偏低、发展渠道不畅通等专业发展问题应运而生。

（二）考核激励机制不到位

一是考核指标未体现专业化素养。在调查中，67.27%的高校辅导员认为学校制定了专门的高校辅导员相关政策文件,高达79.46%的受访对象认为,"考核评价保障机制是否健全"是"制约新时代高校辅导员个体专业化发展的最重要因素",如图3-15所示。高校辅导员绩效考核的初衷毋庸置疑,但对考核指标是否合理却莫衷一是。部分高校把"思想政治工作""事务管理与服务工作""党务工作""教学与科研""日常工作落实"等作为考核指标,也有高校把"工作态度""工作过程""工作效果"作为一级指标,或将"为人师表""爱岗敬业""工作能力"作为指标依据,标准不一、目标各异。少数高校从事务型导向出发,把"服从领导、听从安排""上班会议考勤率""学生缴费率""安全稳定工作"作为重要考核指标,忽视了高校辅导员职业与专业能力培养,偏离了考核的本意,不利于建设一支政治素质高、业务能力强的专业化辅导员队伍。

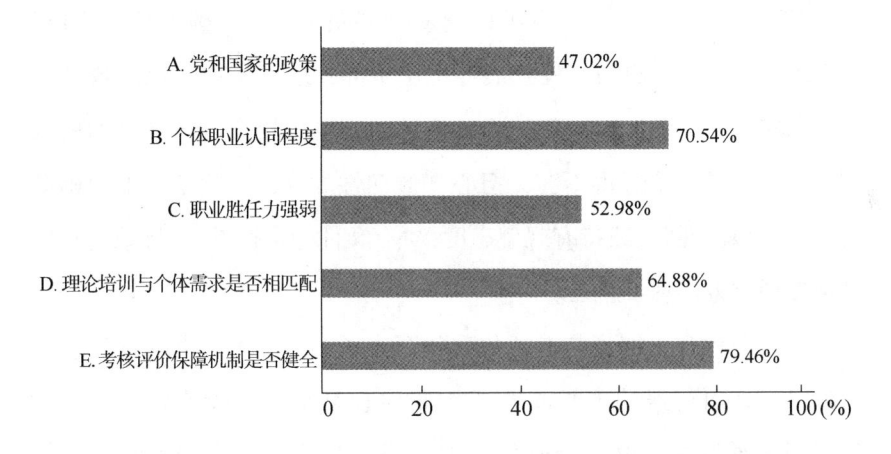

选项	比例
A. 党和国家的政策	47.02%
B. 个体职业认同程度	70.54%
C. 职业胜任力强弱	52.98%
D. 理论培训与个体需求是否相匹配	64.88%
E. 考核评价保障机制是否健全	79.46%

图3-15　您认为制约新时代高校辅导员个体专业化发展的因素有哪些

二是考核与激励相脱节。数据调查显示,"辅导员队伍专业化落实情况"上,对"评价、考核、激励机制合理"表示完全赞同的为9.82%,完全不赞同和不太赞同的分别为10.71%和20.54%。与此相对,72.92%的高校辅导员表示,"提高工资待遇、完善保障机制"是

"推动新时代高校辅导员专业化发展最有效的措施",在所有选项中占比最高。访谈中,即便是已经实现了"双线"晋升的"成功"辅导员,对于如何促进考核指标与激励体系的完美结合仍都表现出了相当的兴趣。但在现实中,由于机制的不健全,高校辅导员考核更多的是体现"程序化",对于那些难以胜任工作岗位或者造成重大过错的,取消辅导员资格或者调离辅导员岗位的较少,实质性的惩罚也不多见。对于那些综合表现优异、育人效果突出的辅导员,往往只从物质或精神上给予一定的奖励,并未纳入职称和岗位晋升的硬性指标。

(三)发展政策存在瓶颈

高校辅导员兼有"教师"与"管理人员"双重身份,理论上讲,既可以沿着"助教—讲师—副教授—教授"的职称方向发展,成为"思想政治教育理论家",也可以朝着"科员—科长—副处长—处长"的管理岗位发展,成为高校发展的中层干部,最终实现"双线晋升"。但在现实中,由于没有成熟的经验借鉴,一些高校或因为文件的解读不够深入,或步子迈得不够,担心"倾向性太强,影响了其他教师队伍的工作积极性",或持有观望态度,"有文件并未执行",导致高校辅导员发展政策出现了瓶颈。

一是职称政策制度与专业化现状存在矛盾。"辅导员对晋升制度的诉求排在对待遇的关心前面。"[①] 职称政策既是高校辅导员专业化发展的重要目标,也是专业化发展成果的现实检验。62.2%的高校辅导员认为"提升学历与职称、畅通发展出路"是推动高校辅导员专业化发展最有效的措施。辅导员在日常工作中承担了大量的教育管理工作,88.1%的高校辅导员认为"学生事务的繁杂性"是职业发

---

① 史仁民:《高校辅导员专业发展论》,中央编译出版社2018年版,第103页。

展的最大压力源。这些烦琐的事务占用了高校辅导员大量的时间与精力，在参与职称评审上，立德树人的效果有时难以量化，导致工作业绩在指标体系中占比较少，加上学历、学科背景的劣势，能同时达到高级职称要求的授课时数、科研项目、论文数量者，往往少之又少。调查问卷中，选择把"助教—讲师—副教授—教授的学术化体系"作为专业化发展方向的比重仅为19.94%，难以满足高校辅导员专业化发展的需要。

二是职务发展空间狭窄。学术发展体系要求高、难度大，那是否表明行政体系更有优势呢？不论是在调查问卷还是访谈中，不少高校辅导员表示，作为基层管理人员，更多的时间与精力均放在了服务与管理上，顺着职务晋升是"最顺理成章的"。究其原因，高校对政工干部培养与倾斜力度不断加大，不少高校在中层干部选拔时甚至把"担任过辅导员或班主任经历"作为必备条件，这显然为高校辅导员职务发展畅通了渠道。然而，在实际操作中，高校管理岗位设置有一定的规律性，辅导员能够胜任的岗位不少，但真正可供选择的岗位却十分有限。一方面，工作年限较短的辅导员管理岗位经验与人脉资源不足，竞争优势不明显；另一方面，一些工作年限较长（超过10年）的辅导员，家庭与工作压力持续叠加，疲于应付工作，加上"干部年轻化"思想的制约，职务晋升希望渺茫。这与仅有14.58%的高校辅导员把"科员—科级—处级的行政化体系"作为专业化发展方向的调研数据相吻合。

概而言之，年龄结构两级化、专业结构多元化、学历结构偏低化导致了现有高校辅导员高级职称比例与处级以上职务比例分别仅为13.4%与9.93%，极大打击了高校辅导员队伍工作的积极性，不利于高校辅导员队伍的专业化建设与发展。因此，畅通职业化、专业化发展机制，"适当降低科研要求、更多参考工作业绩、实施职称单评、单列、单聘、根据工作年限开展职务定级"等成为诸多一线专职辅导员的急切呼唤。

第三节 影响高校辅导员专业化发展问题现实归因

问卷和访谈结果表明，高校辅导员专业化建设和发展尚缺乏完备的知识体系和社会公认的评价标准，专业化身份始终没有获得社会的广泛认同，加之其教师身份也只是在"规定下"获得的，并未被当做真正意义上的教师，这在客观上导致高校辅导员队伍专业化发展一直处于边缘化的尴尬状态，难以适应新时代人民对美好教育生活的需要，也不能完全满足当代大学生成长成才的需求。究其原因，归纳起来，有以下几个方面。

一 专业化思想认识与时代客观要求有偏差

时代是思想之母。新时代不仅意味着中国特色社会主义进入了新的历史方位，还表明中国进入了获得感更多、社会发展更加全面协调的高质量时代。教师是立教之本，是建设教育强国、实现中华民族伟大复兴的基础性工程。教师专业化是教师在社会发展中的地位与作用不断提升的结果，也是时代发展到一定阶段的必然要求。美国教育学家杜威曾提出，"教师应该在他们时代的前面还是他们时代的后面？也许在思想上带有逻辑癖好的人将反对这个问题。或许还有第三种选择——教师们可以跟他们的时代并行，不前不后。"[①] 教师职业需要回首过去，总结人类创造的优秀文明成果，传播知识、传播思想、传播真理，更需要展望未来，传道授业解惑，培养社会道德良知，塑造灵

---

① [美]约翰·杜威：《人的问题》，傅统先、邱椿译，上海人民出版社1986年版，第12页。

魂、塑造生命、塑造新人。当教师发展方向与社会政治、经济发展客观要求相适应，教师的职责与使命才能得以更好地传承与实现。新时代对高等教育的需要比以往任何时候都更加迫切，对政治素质过硬、业务水平精湛的专业化教师队伍的渴求比以往任何时候都更加强烈。辅导员拥有教师和管理人员的双重身份，是高校立德树人的关键力量。新时代对高校辅导员专业化发展提出了更高的要求。以专业化的教育信念培植学生共产主义信仰，以专业化的素养适应精细化事务管理需要，以专业化的伦理厚植学生道德根基，是高校辅导员实现自我发展的现实需要，也是顺应时代发展需求的必然选择。

辩证唯物主义认为，内因是第一位的，对事物变化发展起决定性作用。党中央提出，要推进高校辅导员的职业化与专业化进程，保证高校辅导员队伍"工作有条件、干事有平台、待遇有保障、发展有空间"。对于高校辅导员而言，通过提升自我专业化素养、满足大学生成长成才需要，为中华民族伟大复兴培养德才兼备的高素质人才是新时代的期许，决定着辅导员在高等教育事业发展中的地位与作用。在调研和访谈中，超过六成的高校辅导员对"学生工作具有很强的专业性"的说法持肯定态度，认为高校辅导员专业化建设与发展"势在必行""大有可为"。但不少高校辅导员未把专业化发展置身于时代发展潮流之中，忽视自我能力与素养的提升，对于高校辅导员专业化的时代背景、丰富内涵、本质特征了解不深，对推进高校辅导员专业化的重要意义、基本要求、实现路径认识不足，把专业化发展内容简单等同于职称职位"双线晋升"，把专业化发展水平归结于现行的政策制度，影响了立德树人的实效，难以适应新时代更高水平人才培养的需要。

二 实然职业能力与专业化应然目标有差距

目标决定方向。党的十八大以后，宣传思想文化工作面临的挑战和困难前所未有，意识形态领域的风险不断增大，如何巩固壮大主流思想舆论、弘扬主旋律、培养担当民族复兴大任的时代新人是高校思想政治工作亟须解决的现实难题。围绕培养什么人、怎样培养人、为谁培养人这一根本问题，党和国家进行了一系列重大战略部署，尤其是队伍建设上，对高校辅导员寄予了更大的要求与期望，对高校辅导员队伍专业化发展的目标提出了更高的标准与要求。党中央把"政治强、业务精、纪律严、作风正"作为高校辅导员的职业特征，为初级、中级和高级不同层次辅导员设立了职业能力标准，要求高校辅导员主动提升专业素养和职业能力，在思想理论教育和价值引领等九个方面履职尽责，争当新时代大学生成长成才的人生导师和健康生活的知心朋友。根据这一目标，实现了专业化发展的高校辅导员，既具备深厚的专业化素养与技能，能解决大学生成长成才中的困难与困惑，是一名学识广博的思想政治教育理论家，又具有高尚的道德情操与人格魅力，能为学生树立正确的"三观"导向，是一名求真、向善、崇美的教育者。无疑，该目标的设定以时代需求为导向，契合了新时代社会主义大学发展的需要，但与此同时也对高校辅导员的职业发展能力与专业化素养提出了更高的要求。

正如马克斯·韦伯指出的，"每一位受着感情的驱策，想要从事学术的年轻人，必须认识到他面前的任务的两重性。他不但必须具备学者的资格，还得是一名合格的教师，两者并不是完全相同的事情。"① 高校辅导员职业发展历程与特点决定了其专业化发展水平与实际职业能力之间的不一致性。从该职业的诞生来看，辅导员职业源于中华人民共和国成立初期政治发展的需要，是特定历史背景的产物，政治性特征显著于专业化。从职责角色来看，当前的辅导员角色定位模糊，

---

① [德]马克斯·韦伯：《学术与政治》，冯克利译，生活·读书·新知三联书店2013年版，第21页。

工作职责泛化，其教师与管理人员的"双重身份"不是在社会分工中自然形成的，而是在中央文件中"规定出来的"。从培养选聘机制来看，辅导员学科支撑缺失，专门化的高深知识和能力储备先天不足。从专业化发展动机来看，与教师职业的自我驱动相比，高校辅导员专业化发展不完全是内生自觉的，而更多地表现为由外而内的推动。尽管教育部和高校制定了各级各类培养培训计划，但高校辅导员的工作环境日趋复杂化，工作内容更加多元化，工作方法也由过去的经验化向科学化转变。这些历史性、体制性、结构性、现实性问题相互交织，激发了高校辅导员队伍专业化发展的内在动力的同时，客观上也表明了高校辅导员实际职业能力与专业化发展目标之间存在差异性。

三 专业化理论与个体性发展需求不相匹配

专业化的理论能否促进高校辅导员队伍建设与发展，要看理论是否具有系统完备的体系，还要看理论是否与社会发展实践相适应，是否与人的个体性需求相匹配。西方对教师专业化发展与学生事务管理人员专业化发展理论的探索由来已久。以美国为首的西方发达国家高度重视学生事务管理人员职业发展，标准严格、分工细致、训练充分、组织完备，已经具备了显著的专业化特征，形成了一套较为成熟的专业化理论。国内部分学者借鉴并扩充、完善了我国高校辅导员专业化发展理论。这些理论或简单地把西方学生事务管理人员的专业化理论套用在我国高校辅导员身上，忽视了党情、国情、社情的不一致性；或把教师专业化理论移植于高校辅导员，忽视了辅导员职业的特殊性及其在立德树人上扮演的重要角色；或缺乏对辅导员岗位的深层次了解，把党和国家关于高校辅导员队伍建设的政策文件作为职业化、专业化发展理论，理论创新与研究不够；或理论脱离高校辅导员职业实际，过于抽象化，难以为高校辅导员专业化发展提供成熟的理论支撑与科学的理论指导。

　　人的认识、行为、利益与价值等隶属于人的主体性范畴的相关问题是调动人的积极性和激发人的自觉能动性的原动力。解决这些问题的根本在于是否坚持了以人为本，是否重视了人的主体性因素，是否尊重了人的个体性需求。根据马斯洛需求层次理论，人的需求包括生理、安全、社交、尊重与自我实现五大层面，这些需求从物质世界向精神世界转变，由低级向高级发展，是激励个体行动的主要动力来源。对于高校辅导员来说，需要着重满足至少三个层面的需求。一是满足生存层次的需求。2017年教育部43号令提出"应参照专任教师聘任的待遇和保障"，确保高校辅导员"待遇有保障"，但事实上，高校辅导员少有进入事业编制，长期超负荷工作仍然难以改变工资福利一直偏低的现状。二是满足自我能力素质提升的需求。绝大多数高校辅导员因为"科班出身"年龄较小，都渴求通过参加专业性的培养培训，规划职业生涯，提升自我的专业化素养，但不少培训由上至下，与高校辅导员真实意愿存在偏差，往往达不到预期效果。三是满足精神生活发展的需求。高校辅导员承载着巨大的社会期盼，却由于尚未真正走上专业化的道路，难以获得社会认可的职业地位与价值，难以找到被尊重感，进而习惯性地自我否定，产生了职业倦怠。思想政治教育是一门科学，也是一项系统的、科学的社会实践活动。高校辅导员专业化发展理论的提出，要借鉴西方教师专业化理论，还要立足于中国特色社会主义制度，把高校辅导员专业化发展置身于新时代教师队伍建设改革的大局之中，从为党和国家培养社会主义合格建设者与可靠接班人的高度，尊重高校辅导员的主体性需要，关切专业化理论与个体性需求不相匹配的矛盾，重点满足高校辅导员在生存、能力提升以及精神生活层面的需求。

四 专业化运行机制的供给与需求存在失衡

"机制是有机体事物各要素间相互适应、相互制约、自行调节的自组织,其功能是耦合的,其形式是动态的。"① 机制的工作机理是在一定作用力的影响下,促使系统中的各个因素相互协调、相互促进,形成稳定有序的结构方式,使系统的整体性作用得以发挥。高校辅导员专业化运行机制包括人口选聘、培养培训、日常管理、考核评价、保障激励等多方面内容。这些机制相互联系、共同作用,当不同机制形成了稳定有序的结构体系,高校辅导员专业化发展就成为现实,而当各个机制间形成排异,就会导致整体结构的失衡失序,影响着高校辅导员专业化发展的进程与效果。从现有情况来看,高校辅导员专业化机制还存在着供给与需求体系结构性失衡的矛盾。供给与需求是经济学领域研究的基本问题。马克思曾指出,"第一个历史活动就是生产满足这些需要的资料,即生产物质生活本身"②,这里的"生产物质生活本身"即为供给。供给具有自然属性,又受到人与人的社会关系的影响,具有明显的社会属性。需求是具有支付能力的需求,分为市场需求和实际社会的需求,两者存在一定的差异性。就马克思看来,供给是主动性的,决定并支配着需求,需求对供给具有反作用,决定着供给的实现,两者辩证而又统一,经常处于不平衡的状态,要实现供需的平衡,就要实施有计划的调控。供给侧是高校辅导员队伍建设现有的运行机制,需求侧是辅导员为服务更高水平人才培养体系所需具备的专业化能力与素养。

从运行机制上讲,要满足需求侧的发展需要,就要促进供给侧内

---

① 张耀灿、郑永廷、吴潜涛等:《现代思想政治教育学》,人民出版社2006年版,第258页。

② 《马克思恩格斯选集》第1卷,人民出版社2012年版,第158页。

部资源的不断优化组合，在动态运行中形成凝聚力，使得供给侧运行实现效率的最大化。如前文所示，高校辅导员的供给侧即专业化运行机制还存在诸多不顺畅之处，例如，人口选拔机制上，各校专业限制少，缺乏统一的选拔标准，学历结构、专业结构、知识结构存在短板，报名应聘人数选超实际招聘人数，造成了岗位供求的矛盾。培养机制上，缺乏学科支撑体系，上岗前基本没有专业性的学习与培养，岗位培训科学性、规范性、系统性、个性化不够。激励发展机制上，考核评价没有起到应有的激励作用，高校辅导员职业发展存在明显的瓶颈期，实现"双线晋升"的比例较小。这些负面因素不断叠加，影响、限制并干扰了其他要素功能的正常发挥，造成了供给侧内部发展的不协调、不充分，难以满足需求侧的需要，不能为大学生思想政治教育提供精准、有效、科学的供给，最终形成了当前高校辅导员队伍的专业化建设机制供给结构与需求结构间不平衡的矛盾。

第四章

高校辅导员专业化发展的主要任务

专业化发展是辅导员作为高校教师职业发展的重要目标，也是高校辅导员队伍建设的重要内容。相比教师专业化，高校辅导员的专业化发展更加强调辅导员作为一个发展中的专业人员，其发展的内涵既包括作为一名普通教育者所需具备的知识积累、娴熟技能、丰富情感，又要求以政治强、纪律严、作风正为标准。推进新时代高校辅导员专业化发展，必须真正走进辅导员的精神世界，把辅导员作为完整性生命的存在，视为一个不断成长的有精神发展需要的活生生的生命个体，在此基础上，通过提升其专业化信念、知识、技能、素养、情感、伦理等，造就"不可替代性"。要实现这个目标，必须确立高校辅导员专业化发展的主要任务，唯有如此，才能反过来更加深刻地理解什么是专业化发展，回答高校辅导员能否实现专业化发展的问题，才能顺应时代发展需要，找到推进其专业化发展之路径。新时代高校辅导员专业化发展的主要任务，概括起来说，即以坚定教育信念为核心、以掌握专业知识为基础、以培养专业能力为重点、以涵养专业伦理为关键。其中，教育信念是高校辅导员积累专业知识、发展专业能力、涵养专业伦理的内在精神动力。专业知识是高校辅导员专业化的基础；专业能力是高校辅导员专业知识和技能不断内化的产物,是高校辅导员专业化水平的表征;专业伦理则为专业化发展提供了伦理保障。四者相互联系、相互作用、相互影响,共同构成了高校辅导员专业化发展的主要任务,如图4-1所示。

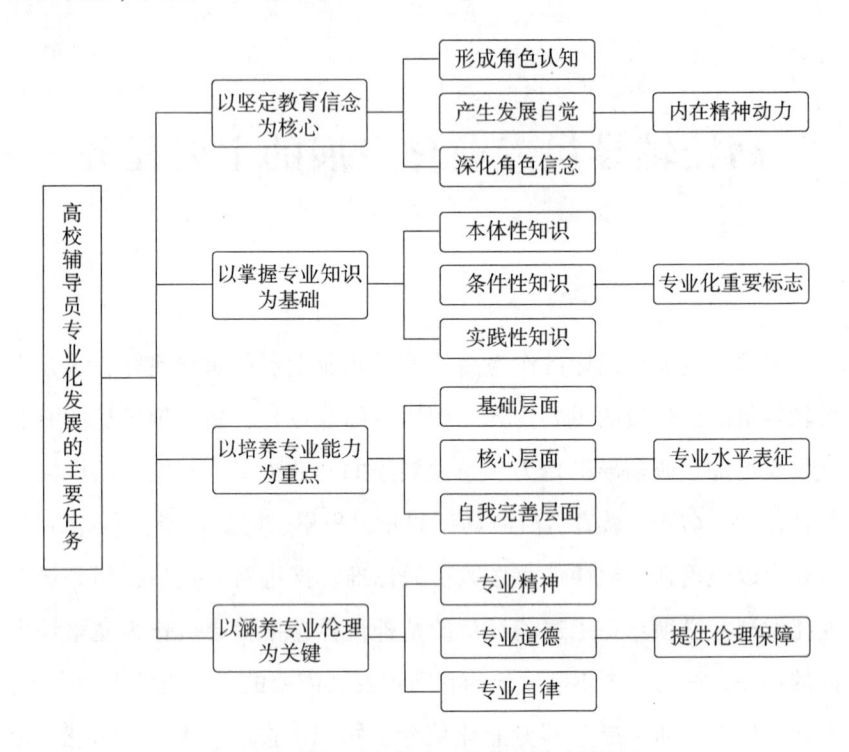

```
                            ┌─ 形成角色认知
              以坚定教育信念 ─┼─ 产生发展自觉 ── 内在精神动力
              为核心         └─ 深化角色信念

              以掌握专业知识 ┌─ 本体性知识
高校辅导员     为基础       ─┼─ 条件性知识 ── 专业化重要标志
专业化发展                    └─ 实践性知识
的主要任务
              以培养专业能力 ┌─ 基础层面
              为重点       ─┼─ 核心层面 ── 专业水平表征
                             └─ 自我完善层面

              以涵养专业伦理 ┌─ 专业精神
              为关键       ─┼─ 专业道德 ── 提供伦理保障
                             └─ 专业自律
```

图4-1 高校辅导员专业化发展的主要任务

第一节 以坚定教育信念为核心

习近平总书记把"有理想信念"作为"四有好老师"的首要要求,体现了党中央坚持"传道者要先明道、信道"的教育理念。高校辅导员要成为一名成熟的思想政治教育工作者,需要经过长期系统的专业培养培训,以及日常思想政治工作的实践锤炼。职业认同感不强、内驱动力不足成为高校辅导员专业化发展的障碍，固然有政策制度不完善等外部原因，自我教育信念缺失等内部因素的作用同样不可小觑。当高校辅导员对培养什么人、如何培养人以及为谁培养人的根本问题有了更高的认识，深刻理解并接受了高校辅导员角色承载的职业期待，就会把社会要求内化为个体的发展自觉，萌生对立德树人和铸魂育人工作的无限信仰和执着追求，更加自觉地担起学生健康成长指导者和引路人的责任，完成培养能担当民族复兴大任的时代新人的特殊使命。这一过程是高校辅导员从一名职场新手到一名成熟的思想政治教育工作者的过程，经历三个不同发展阶段，即形成角色认知、产生发展自觉、深化角色信念。

一 形成人生导师和知心朋友的角色认知

角色原指戏剧中演员扮演的人物。教育学理论认为角色是"个体符合社会期望实现其身份的权利和义务的特殊行为模式"[1]。社会学者将其加以引申拓展，提出角色是"与人们的某种社会地位、身份相一致的一整套权利、义务的规范，是人们对具有特定身份人的行为期待，它构成社会群体或组织的基础"[2]。角色是社会对个体职能的划分，在社会生活中，每一种社会身份都被赋予了特定的行为规范与行为模式，都充当并扮演着不同的职业角色，也承担着不同的职业期待。当从事某一职业的个体把社会对自我的期待内化为自身个性的一部分，形成与该职业高度适应的情感体验与角色认同，就会产生稳定而深层的角色信念，完成社会期许的职业职责。这就构成了职业角色发展三部曲——形成角色认知、产生角色认同、建立角色信念。传统意义上，

---

[1] 梁忠义：《实用教育辞典》，吉林教育出版社1989年版，第30页。
[2] 郑杭生：《社会学概论新编》第3版，中国人民大学出版社2003年版，第106—107页。

教师被视为"灵魂的工程师""辛勤的园丁""闪光而平凡的蜡烛""学生成长的铺路石、人梯""教育事业孺子牛"等，扮演着神圣、光辉、高尚的职业角色。这些强调了教师作为知识的传授者、文明的传承者、道德的示范者、行为的引导者等的职业形象，与其说是教师个体社会地位与身份的象征，不如说是社会对教师的职业责任、行为规范与行为模式的真实期盼。

　　高校辅导员职业角色的发展是由特定的社会需要决定的，随时代的变化而变化。辅导员诞生之初被称作"政治辅导员"，不久，由于主要承担政治方面的工作，辅导员成为"学生政治的领路人"，政治辅导员制度建立以后，又成为"专职思想政治工作者"。1980年《关于加强高等学校学生思想政治工作的意见》出台，既是党的政治工作队伍的一部分也是师资队伍的一部分的定位赋予了辅导员"双重"角色。进入21世纪，辅导员角色内涵不断丰富，先后被定位为"学生思想政治工作的组织者和指导者""思想政治工作的主体之一""思想上的引路人""生活中的体贴人""学习的指导者""心理的疏导者"以及"大学生健康成长的指导者与引路人""思想政治工作的骨干力量""思想政治教育和管理工作的组织者、实施者和指导者"等。党的十八大以来，高校辅导员干部与教师的"双重身份"被进一步明确，辅导员职业角色新的目标是"努力成为学生的人生导师和健康成长的知心朋友"。纵观辅导员角色嬗变历程，不难看出，辅导员职业的诞生与发展顺应了时代发展大势，是高等教育深化改革的需要，辅导员角色定位也已经从诞生之初的单一政治工作向思想政治工作教育者、组织者、实施者、指导者、服务者等多元化方向发展。然而，多重角色身份异化了高校辅导员思想政治教育工作职责，赋予了高校辅导员"救火队员""职场万金油"的另类称谓，也因此遮蔽了高校辅导员作为思想政治教育专门工作者的职业身份。

"成为学生的人生导师和健康成长的知心朋友"是高校辅导员新的角色定位。"人生导师"与"知心朋友"密切相连,要成为大学生的"人生导师",首先要成为他们"健康成长的知心朋友"。习近平总书记指出,"思想政治工作从根本上说是做人的工作,必须围绕学生、关照学生、服务学生"[①]。成为学生的知心朋友,对高校辅导员而言,就是要树立"以生为本"的理念,全面了解学生的成长需求,为学生的学业进步、心理健康、人际交往与职业发展提供专业性服务,解决他们学习、生活中的困惑,以此赢得学生的认同与尊重的同时增强职业的成就感与获得感。做"知心朋友"难,成为"人生导师"更难。习近平总书记指出:"教师重要,就在于教师的工作是塑造灵魂、塑造生命、塑造人的工作。"[②] "人生导师"之所以有别于"学业导师",就在于高校辅导员要从人生经验与人生智慧的高度,以人生发展引路者、领航员的身份,引导大学生树立明确的人生目标,坚定崇高的价值追求,以积极乐观的心态直面人生的挫折、困难与逆境,体悟人生真谛,习得做人做事的规矩和道理。

二 产生从普通教师到传道者的发展自觉

发展自觉是高校辅导员从角色认知向职业认同转变的结果。"自觉"原意是自我感觉、自我感知、自我觉悟,自己有所认识而主动去做,强调的是自我意识的觉醒,后来引申发展为自我觉醒状态下某种特定的成熟品质,如自制、自强、自立、自信等。人的主体性是界定自觉的基本前提,关注教师发展自觉是近年来随着教师专业化发展出现的新动向,它强调"在教师意识觉醒视域下,从意识上加强教师对

---

① 《习近平谈治国理政》第二卷,外文出版社2017年版,第377页。
② 习近平:《做党和人民满意的好老师:同北京师范大学师生代表座谈时的讲话》,人民出版社2014年版,第4页。

职业价值的认同"①。从本质上讲，高校辅导员专业化发展是一种内源性发展，其指向的是高校辅导员在自我更新基础上的不断进步与成长。"正是教师的专业自觉所扮演的对教师自身专业发展路线的调节、监控角色，方使教师的专业发展构成一个动态发展循环，促使其朝着积极的方向不断发展。"② 对高校辅导员来说，专业化发展是辅导员个体心理上对自我从事的思想政治工作的感受、接纳与肯定。高校辅导员专业发展自觉，是辅导员从时间的向度上把握过去专业发展过程的意识、现在专业发展状态的意识以及未来专业发展规划的意识。这些意识渗透于高校辅导员专业化发展过程的各个环节，帮助辅导员进一步明确自我角色，认同思想政治教育的意义与价值，接受并能够积极主动地、创造性地开展大学生思想政治教育活动。

专业发展自觉是高校辅导员自我专业化发展的需要。从1966年教师职业被视为具有"专业性"特征开始，关于"教师专业化"的议题一直是国内外学者关注的热点。随着2004年中央16号文件的发布，"辅导员专业化"研究也进入了研究者的视角。然而，尽管中央出台了一系列加强与保障高校辅导员队伍建设的政策性文件，学界关于高校辅导员专业化、职业化、专家化的理论模式研究也层出不穷，但从实际运用效果来看，真正对一线辅导员具有普适性的理论研究成果却不太多见。因此，尽管高校辅导员专业化发展的呼声越来越高，但真正有效的专业化发展模式很难实现，高校辅导员队伍专业化进程并不乐观。究其原因，固然有缺少科学有效的理论支撑的因素，外在的投入与关切甚于内在的主体意识觉醒已经是一个不争的事实。相比知识与能力，本源性的意识对个体的影响更具有决定性，一旦缺少

---

① 江世勇、代礼胜：《从自为到自觉：教师意识的觉醒与教师专业发展的内涵重构》，《教育理论与实践》2012年第26期。

② 郑洁：《教师专业自觉：胜任力发展的内在诉求》，《教育探索》2013年第5期。

主体自觉意识，高校辅导员自主自觉的精神就会缺位，纵使各类以提升专业化为目标的培训此起彼伏，成为外部行政指令执行者的高校辅导员对自我身份的意识却不断被虚化，难以满足时代提出的专业化发展需求。

正如美国批判教育学者亨利·吉鲁所指出的，"如果没有意识深处的变革，那么，制度的改革同样不可能发生。"① 作为内核要素，最终能够维系高校辅导员可持续专业化发展动力的不是完善的外部政策与制度，而是高校辅导员自我发展、自我完善、自我提升的意识，以及在这些自我觉醒意识支配下的专业精神、专业情感与专业态度。高校辅导员专业发展经历了从自为到自觉三个阶段。第一个阶段是自我觉醒。对大学生人生导师和健康成长知心朋友的角色认知唤醒了辅导员的职业认同，认识到专业发展的重要性，意识到实现专业发展不仅是自我发展的需要，更是社会与时代的需求，是一个肩负特色历史使命的传道者所必需。这种觉醒为高校辅导员发自内心维护自我的专业地位和专业尊严提供了动力源泉。第二个阶段是自我批判。专业自觉是对价值的反思与批评，实质上是一种生命自觉。作为一名成熟的高校辅导员，在觉悟到自我专业能力与素养对实现社会价值的意义后，对自我不可替代性的身份认同更加明确，必然会不断批判自我，调整、反思自己的理念与行为，为挖掘自身潜能、提升自我能力提供了可能。第三个阶段是自我超越。自我超越是高校辅导员专业化发展的最高境界。子曰："若圣与仁，则吾岂敢？抑为之不厌，诲人不倦，则可谓云尔已矣。"自我批判是为了追求更高的目标。高校辅导员在领悟、感悟与顿悟自我传道者专业角色后，萌生出自我满足感与价值感，这种精神上的富足激励着自己不断创造新的成就，不断追求

---

① ［美］亨利·吉鲁：《教师作为知识分子：迈向批判教育学》，朱红文译，教育科学出版社2008年版，序言第Ⅳ页。

更大的进步。

三 深化立德树人与铸魂育人的角色信念

　　信念（Beliefs）是理解教师专业化发展的重要概念。信念是对某人或某事信任、有信心或信赖的一种思想状态，"通过个体喜恶或言行表达出来"，是"所有简单的、有意识或下意识的主张"[①]。人类对"信念"的研究由来已久，早在古希腊时期，以柏拉图和亚里士多德等为代表的先哲们把信念表述为一些不属于知识的坚定的客观事实。现代哲学中，信念被视为"信以为真的理想追求"。作为"信念系统"的延伸，教师信念是一个灵活多变、层次纷繁的复杂体系，其概念界定尚无定论，在实际研究中经常与态度、观念、意识或情感等词汇互换使用。从20世纪60年代开始，心理学家们从认知视角对教师信念研究进行了积极的探索，研究内容从最初的行为转向了思维与决策的过程，从教师教学能力向内部隐性知识转变，由此创造了"一个以研究与人的认知和情感相关的信念研究领域"[②]。20世纪70年代以来，从心理学、政治学、人类学等视角对教师信念的研究全面兴起，以Bussis、Chittenden等为代表的西方学者从"生态文化理论"视域对教师信念进行研究，他们认为，教师信念源于教育实践，受价值观和文化制约，影响教师的自我认同与教学效果，又随社会文化环境在教学探索、试验与反思中发生变化，因而与教学行为具有双向互动的关系。[③] 进入20世纪90年代后，随着教师专业化发展研究的不断升温，

[①] Rocheach, M., *Beliefs, Attitudes and Values: A Theory of Organization and Change*, San Francisco, CA: Jossey-Bass, 1968, p.214.

[②] Robert P. Abelson, *Differences Between Belief and Knowledge Systems*, Cognitive Science, No.2, 1979, pp.355-366.

[③] Bussis, A., Chittenden, E., Amarel, M., *Beyond the Surface Curriculum: An Interview Study of Teachers' Understandings*, Boulder, CO: Westview Press, 1976, p.17.

第四章 高校辅导员专业化发展的主要任务

以"角色认知和职业情感"[①]为主要内容的教师信念被视为决定所教、怎样教的重要因素,是"教师变革的关键所在"[②]。在此基础上,部分西方学者对教师信念的内容进行了研究,Taylor 认为,教师信念包括教学目的、教学行为、有效学习、改进教学及自我信念等。Williams 等提出,教师信念包括学生、学习以及自我的信念。Calderhead 则认为教师信念包括"学习和学习者、教学活动、学科、怎样教学以及自我和教师角色的信念"[③]。这些研究是高校辅导员角色信念研究的起点。

高校辅导员的角色信念实质是一种教育信念,是辅导员在立德树人与铸魂育人实践中形成的关于教育与自我的观念、态度与价值观的综合,是对中国特色社会主义教育理念、主张与原则的确认与信奉。正如库姆斯指出的,使教师成为优秀教师的,"不是他们的知识或方法,而是教师对学生、自己、他们的目的、意图和教学任务所持有的信念"[④]。对于高校辅导员来讲,立德树人与铸魂育人的角色信念既是作为普通教师一员为党的教育事业鞠躬尽瘁的决心,为提高教书育人效能感的信心,为提升人才培养质量百折不挠的恒心,又是对人生导师和知心朋友自我角色的坚定确证,对促进自我发展与学生成长成才的强烈认同,为实现培养担当民族复兴大任时代新人的根本任务的执着情怀。基于信念的深刻性、持久性、明确目的性的特点,高校辅导

---

① Calderhead, J., "International Experiences of Teaching Reform", in Richardson V (ed.), *Handbook of Research on Teaching*, 4th Edn. American Educational Research Association, Washington, DC, 2001, pp. 777–802.

② Thompson, A. G., *Teachers', Beliefs and Conceptions: A Synthesis of the Research*, In A. D. Grows (Ed.). *Handbook of Research on Mathematics Learning and Teaching*, 1992, pp. 127–146.

③ Taylor, P., *The Influence of Teacher Beliefs on Constructivist Teaching Practices*. Paper presented at the Annual Meeting of the American Educational Research Association, Boston, MA, 1990, pp. 5–6.

④ Arthur, W. C., *New Assumptions for Educational Reform. Educational Leadership*, 1988, vol. 45, No. 5, pp. 38–40.

员信念往往具有专一性、执着性、相对稳定性等特征。它贯穿于高校辅导员立德树人实践的始终，是辅导员的内在精神状态，也是其专业化发展的核心要素。

　　面对教育环境复杂化、职责界限模糊化、专业化发展内驱力不足等内外困局，树立并深化角色信念对于高校辅导员来说显得格外重要。首先，是强化辅导员角色认知的心理基础。从心理学层面来讲，信念是个体在认识世界与改造世界过程中对于自然和社会的理论观点与思想见解，是深埋于内心深处的精神力量。"教师角色信念是指教师角色中的社会期望与要求转化为个体的心理需要"，对于辅导员而言，其坚定不移的角色信念转化为深厚的教育情怀与强烈的责任感与使命感，深刻影响着高校辅导员的角色认知与职业认同。其次，是促进高校辅导员专业成长的内驱动力。唯物辩证法认为，外因是事物变化发展的条件，内因是事物变化发展的根据，外因通过内因起作用。高校辅导员的专业化发展受制于外部的政策制度环境，更依赖于自我发展、自我提升的内在意识。作为专业化发展的核心内容与最高层面，角色信念以意识与精神的形式影响着高校辅导员的思想与灵魂，是辅导员坚持职业理想和专业化发展的精神支柱。坚定不移的角色信念为高校辅导员自发性、自主性、持续性的专业化发展提供强大的内驱动力，是高校辅导员实现教育成就感与幸福感的力量之源。最后，为高校辅导员开展立德树人实践提供正确的行为导向。"教育是一种基于信念的行为。"[①] 角色信念是内心的信仰，源自教育实践，诉诸教育行为，渗透育人行动，对高校辅导员的教育理念与教育行为产生着深远而又持续的影响。正确、坚定的角色信念萌发出因爱而生的教育责任感、铸魂育人的岗位认同感、自我实现的职业满足感，这些教育情感一旦深植

---

① 肖川：《教育与信念》，《人民教育》2004年第5期。

于思想教育、政治教育、日常管理、第二课堂活动中，就会对青年大学生产生正面的激励与引导作用，促进大学生的成长成才。

第二节 以掌握专业知识为基础

是否有一套完善的专门化知识体系是衡量某一职业专业化与否的重要标志。"做人的学问是一门具有综合性复杂性的学问，没有广博的知识和相关学科整体的支撑，是不可能完成教育的神圣使命的。"[1] 知识的价值判断标准在于实用性，作为一项高度复杂且有创造性的专业性职业，以"学高为师""学富五车"等著称的师者自古以来就有"智者"的美誉。"资之深"才能"取之左右而逢源"，要为学生提供专业性的服务，高校辅导员必须以掌握高度专门化的知识为前提。

专业知识对于高校辅导员专业化发展的作用体现在以下几点。首先，专业知识是高校辅导员专业化发展的基石与先决条件。"要推进教师的专业化，就必须确定保障专业属性的知识基础，阐明教师职业里发挥作用的专业知识领域和结构。"[2] 专业的知识素养和独特的知识结构是高校辅导员成为一项专门性职业的前提条件，也是高校辅导员区别于其他职业的基本依据。作为学生成长与发展的引路人，高校辅导员依靠的不是其职位本身，而是其专业的、广博的、深刻的知识体系。只有把自我的专业实践建立在专门的学科知识、学生及其特点知识、教育环境知识、教育目的与价值等知识的基础上，高校辅导员才能赢得专业的自主与权威，才能成为"不可替代"的专业性人员。其次，专业知识是高校辅导员专业化发展的调节剂。高校辅导员专业

---

[1] 杨芷英:《教师职业道德》，高等教育出版社2000年版，第149页。
[2] Shulman, L. S., "Those Who Understand Knowledge Growth in Teaching", *Educational Researcher*, Vol. 15, No. 1, 1986, pp. 4–14.

化发展是通过持续的专业训练和育人实践促使辅导员的专业水平与服务能力不断提升，从而使之更加符合专业化要求的动态开放过程。这一过程并非一蹴而就，而是在整合、更新内在知识体系的基础上，在"围绕学生、关爱学生、服务学生"的实践中总结与探索中形成的。当专业知识满足了学生成长与发展的需要时，其专业化地位得到巩固，社会的尊崇感更加凸显，进一步提升自我专业化的动力也愈加强烈。

习近平总书记指出，"做好老师，要有扎实学识。"[①] 在当前知识总量急剧扩张、知识更替周期不断缩短的时代背景下，深入探讨研究高校辅导员的专业知识结构，探索"建立辅导员职业相对独立的知识和理论体系"，是高校辅导员专业化发展的必然要求。根据教育部2014年发布的《高等学校辅导员职业能力标准（暂行）》，结合舒尔曼关于教师知识的理论，本书把高校辅导员专业化知识体系分为本体性知识、条件性知识和实践性知识三个层面内容。

一 精通思想政治教育专业本体性知识

本体性知识又称为"专业学科知识"，包括学科知识和教育理论，是有关本专业内部相互联系的主要事实、概念及其相互联系的知识。这些知识是"是什么"和"为什么是这样"的知识，是该学科内的成员为引导该领域研究而使用的准确依据。高校辅导员本体性知识主要体现为深厚的思想政治教育专业理论知识，这是辅导员开展思想政治工作强有力的理论武器。从本体论知识的概念出发，高校辅导员要精通的本体性知识包括以下四个层面内容。

一是深入学习关于思想政治教育专业的基本理论。大学生思想

[①] 习近平：《做党和人民满意的好老师：同北京师范大学师生代表座谈时的讲话》，人民出版社2014年版，第8页。

政治教育是高校辅导员工作的核心内容，深入了解思想政治教育学科的基本概念原理的内涵与外延、不同概念原理间的内在联系与逻辑关系等知识点，为高校辅导员树立正确的职业理想、坚定从事思想政治工作的决心提供了理论指引。思想政治教育专业的基本理论目前主要包括以马克思主义关于人的本质以及全面发展理论为核心的思想政治教育基础理论、以为人民服务为核心的思想政治道德观教育和以社会主义核心价值体系为核心的价值观教育等内容。这部分知识是高校辅导员履行思想理论教育与价值引领首要职责的理论基础，在专业知识结构基础上居于中心地位，是理解、熟练掌握思想政治工作专业化技能的前提。

二是认真研究思想政治教育史。任何一门学科都有自身的发展规律，从历时的视角对学科的过去史、现在史和未来史知识进行探究和理解，了解学科过去的发展历史、现在的发展前沿、未来的发展趋势以及该学科对于人类社会发展的价值及现实表现形态等相关知识，有助于从业人员明确学科的发展脉络，坚定学科的发展自信。思想政治教育史包括马克思主义诞生前的思想政治教育史、近现代资本主义的思想政治教育史、以中国共产党为领导的无产阶级思想政治教育史等。"明镜所以照形，古事所以知今。"深入学习以马克思主义唯物史观和唯物辩证法为理论基石的中国共产党思想政治教育史，为高校辅导员了解我们党思想政治的历史脉络和理论发展提供了根本依据。在西方价值观与社会思潮不断输入的背景下，了解以公民教育、价值观教育、宗教教育为主要内容的资本主义思想政治教育史，为高校辅导员引导大学生正确认识中国特色和国际比较提供了借鉴。

三是努力掌握思想政治教育方法论。每一门学科都有独立的知识架构、思维逻辑与评价标准。"思想政治教育方法是教育者为了实现教育目标、传递教育内容,对受教育者所采取的思想方法和工作方法。"①高校辅导员除掌握本学科基础的知识结构外,还需借助一定的教学方式和方法,运用该学科独特的视角与思维方法,展示自我的科学精神与人格力量及知识本身的生命力,发挥学科知识全面育人的价值。这是高校辅导员培养担当民族复兴大任时代新人、完成思想政治教育理论研究所必须掌握的重要工具。

四是熟悉运用其他相关学科知识。任何知识都不应该是孤立的,而应具有一定的深度与广度,掌握了与该学科相关联的、逻辑相近的学科知识,有利于从业人员深刻理解、灵活运用本学科知识。苏霍姆林斯基曾指出,"教师所知道的东西,就应当比他在课堂上讲的东西多十倍、多二十倍,以便能应付自如地掌握教材,到了课堂上,能从大量的事实中挑出最重要的来讲。"② 思想政治教育其他相关的学科知识包括教育学、心理学、政治学、哲学、管理学、伦理学、社会学以及比较思想政治教育学等外围辐射性知识。思想政治教育是科学性与价值性的统一,是合规律性与合目的性的统一,这种交叉渗透的多层复合性专业知识结构是高校辅导员深厚人文素养的体现,为提升立德树人的实效性提供了条件。

思想政治教育专业本体性知识是高校辅导员安身立命之本。正如邓小平同志指出的,"只靠坚持社会主义道路,没有真才实学,还是不能实现四个现代化。无论在什么岗位上,都要有一定的专业知识和业务能力。"③ 本体性知识对于高校辅导员专业化发展的重要意义体现在以下三点。第一,本体性知识是高校辅导员的专业化发展的基

---

① 万美容:《思想政治教育方法发展研究》,中国社会科学出版社2007年版,第12页。
② [苏]苏霍姆林斯基:《给教师的建议》下,杜殿刊编译,教育科学出版社1984年版,第156页。
③ 《邓小平文选》第2卷,人民出版社1994年版,第262页。

础。"一个专业既是一种高度复杂和熟练的工作,又是一种根植于知识的职业行为。"① 辅导员是高校坚持社会主义办学方向的重要依靠力量,是培养社会主义合格建设者与可靠接班人的最直接实践者。掌握以思想政治教育为核心的本体性知识是由高校辅导员的职业特性决定的,是夯实专业知识的理论起点。第二,本体性知识是高校辅导员专业化发展的需要。只有具有较高的理论水平,才能科学地认识思想政治工作的形成与发展规律,正确把握大学生的思想动向,有的放矢地解决他们思想中存在的困惑与迷茫,引导他们向马克思主义观点、立场方向发展。第三,本体性知识是高校辅导员专业化发展水平的展示。以思想政治教育学理论为基础的本体性知识是高校辅导员完成立德树人根本任务所必备的知识体系,是从事和胜任此项工作的前提条件,突出体现了职业特色,是高校辅导员实现专业化发展的基本特征。

二 完善马克思主义中国化条件性知识

条件性知识又称为学科教学知识(Pedagogical Content Knowledge),其概念源自认知心理学,是能够帮助学习者有效运用陈述性知识和程序性知识的第三种类型的知识。这种知识之所以被称为"条件性知识",究其根本,是因为其是先于某种状态的知识,是为实现本体性知识传授所必须具备的一种手段或工具。当教学活动被纳入认知活动的范围,条件性知识也随之成为教师专业知识结构的专门性术语。教师的条件性知识是本体性知识在教育学和心理学视角的重组与表征,有利于帮助学生建立自我内在知识体系,因而是教师成功开展教学的重要保障。教师的条件性知识可以分为一般教育学知识,包括教育史、课程论、教研方法、教育技术、教育心理学等内容;学科教育学知识,

---

① [美]李·S. 舒尔曼、王幼真、刘捷:《理论、实践与教育的专业化》,《比较教育研究》1999年第3期。

包括学科教育学、课程论、教材教法等。前者是扮演好教师角色所需要遵循的一般教育工作规律,后者是教师对教育本身以及学生特征的综合理解。

完善的条件性知识是高校辅导员完成立德树人根本任务所需掌握的马克思主义中国化相关理论及知识,是对高校辅导员本体性知识的重要理论补充。其内容包括以下四个方面。

一是深入学习毛泽东同志关于新民主主义革命、社会主义革命和社会主义建设、思想政治工作和文化工作以及党的建设等思想理论。毛泽东思想是马克思主义中国化的基石,正如习近平总书记指出的,毛泽东同志"为我们探索建设中国特色社会主义的道路积累了经验和提供了条件,为我们党和人民事业胜利发展、为中华民族阔步赶上时代发展潮流创造了根本前提,奠定了坚实的理论和实践基础"[①]。二是学习并掌握中国特色社会主义理论体系,即邓小平理论、"三个代表"重要思想、科学发展观及习近平新时代中国特色社会主义思想。马克思主义在中国具体化过程中形成的实践经验和历史经验是对马克思主义理论的创新与发展,尤其是习近平新时代中国特色社会主义思想,是高校辅导员武装头脑、全面提升思想政治工作质量的重要理论基础。三是学习并践行社会主义核心价值体系。通过培育和践行社会主义核心价值观,不断增强社会主义意识形态主导权和话语权,坚定民族精神与时代精神,提升文化自信,构筑中国精神、价值与力量,为大学生成长成才提供正确的精神指引。四是深入了解以探索、奋斗、创业为主线的中华人民共和国史以及中国共产党党史。以史为镜,可以知兴替。习近平总书记指出,"历史是最好的教科书,最好的清醒剂。"[②]

---

① 中共中央文献研究室:《十八大以来重要文献选编》上,中央文献出版社2014年版,第691页。
② 《习近平谈治国理政》,外文出版社2018年版,第405页。

辅导员不同于一般的教师，高校辅导员的使命是通过思想政治工作，提升大学生的思想素质、政治觉悟、道德品质与文化素养，引导大学生树立"四个正确认识"，成为又红又专、德才兼备、全面发展的时代新人。要完成角色赋予的这一历史重任，把学生引往未来的人生之路，广博的通识知识，尤其是深入了解并掌握党史与新中国史相关知识必不可少。

高校辅导员需要具备扎实的条件性知识首先是由辅导员的自我角色规定的。作为教师队伍的一部分，辅导员毫无疑问要具备一般教师所需掌握的教育理论与心理学相关知识；作为思想政治工作的组织者、实施者、指导者，高校辅导员开展任何一项思想政治教育活动，都不是本体性知识的简单单向传递，而是在遵循思想政治工作规律与教书育人规律的基础上，根据大学生心理成长与发展规律，运用合适的方法，以学生最能接受的方式实现思想教育与价值观引领的结果。要完成角色赋予的使命，仅掌握基本的思想政治教育专业基本理论、知识与方法显然不够。其次是由条件性知识在专业化发展中的地位决定的。条件性知识是高校辅导员实现专业化发展的通识知识，在解决复杂问题的过程中起着重要作用。以思想政治教育基本原理、方法为基础的本体性知识是高校辅导员开展立德树人工作的基础，但这些知识并不是孤立的存在，而是广泛依存于以马克思主义中国化相关理论为核心的条件性知识体系之中，两者紧密联系、互相依附、不可分割。面对日益复杂的思想政治教育环境，即便掌握了纯粹的本体性知识，不懂得如何运用，或者对于该知识上位与下位的条件性知识体系了解不多、涉猎不深，也会在实际工作中自信不足，难以满足社会价值引领的需求和青年学生成长的需求，势必影响工作实效性。

三 优化思想政治教育工作实践性知识

实践性知识（Practical Knowledge）是在教师日常生活中"经过不断

体验、感悟、反思而形成的知识，是在教育教学中真正采用的知识"[1]。

高校辅导员实践性知识是辅导员个体在对生活经验反思与提炼的基础上，通过对已有理论知识的理解与运用，形成的能真正指导大学生思想政治教育实践和学生事务管理工作的复合型知识。辅导员实践性知识内容丰富、层次分明，高校辅导员需优化的实践性知识主要包括以下几点。一是以习近平新时代中国特色社会主义思想为指导的大学生党建、团建及班集体建设为主要内容的相关理论教育知识。二是以认知自我、社会与职场为目标，以提升大学生核心竞争力为主要内容的职业生涯规划与就业指导相关知识。三是以"经济帮困"与"思想解困"相结合为原则的困难资助、奖罚管理等资助育人相关知识。四是以提升大学生责任感与实践能力为主要内容的实践育人相关知识。五是以实现以文化人、以文育人为核心的文化育人相关知识。六是以加强网络空间建设与提升学生网络文化素养为主要内容的网络育人相关知识。七是以促进学生心理健康和维护校园安全稳定为目标的危机事件、突发事件应对与管控的相关知识。八是《普通高等学校学生管理规定》等与大学生思想政治教育相关的法律法规条文规定。高校辅导员实践性知识源于直观的工作经验，却不止于纯粹的经验，是科学理论与生活经验的统一。一方面，学生事务管理是一门科学，基于生活经验反思形成的专业性理论知识是促进学生管理工作科学化的基础。另一方面，理论知识要能正确指导学生工作实践、真正成为"实际有用的知识"，离不开辅导员丰富的工作经验。

高校辅导员实践性知识具有鲜明的个体性、实践性、综合性与缄默性特征。实践性知识不是脱离于客观实践的抽象，而是辅导员育人经验在实际教育情境中不断反思与提炼后的积累和沉淀，体现出了辅

---

[1] 余文森、连榕：《教师专业发展》，福建教育出版社2017年版，第64页。

导员高度经验化后独有的思维方式、行为特征与人格品质。实践性是高校辅导员实践性知识的本质特征。辅导员实践性知识是关于"如何做"的知识，是高校辅导员在社会实践中习得，以不同的实践情境来表征，并建立于一定的实践反思基础之上，存在于高校辅导员的日常经历与个人体验中。不仅如此，实践性知识体现了高校辅导员对思想政治教育目标、对象和环境的把握程度，是高校辅导员认知、态度与技能的反映。它不是理论知识的简单运用，而是高校辅导员在自我经验基础上，对现有理论知识深化与提炼后形成的整体性认识，因而具有综合性特征。缄默性是相对于显性而言的。高校辅导员实践性知识之所以具有缄默性特征，是因为这些以经验、感悟、印象等形式存在的实践性知识往往镶嵌于高校辅导员具体的工作情境中，常常以无意识、自动化、内隐性的方式表现出来，故而"只可意会不可言传"。实践性知识与专业化发展始终紧密结合，随着时代的发展，更加注重实践性知识内涵的界定、性质的把握、影响的因素与形成的场所，是当前高校辅导员专业化发展的重要诉求。

　　高校辅导员之所以要优化实践性知识，原因如下。首先，思想政治教育是一种特殊的社会实践活动，有其内在的规律，需要综合多方面的理论知识与方法。实践性知识是高校辅导员对理论知识反思与研究后与不同情境间的良性互动，其工作情境不限于办公室、教室、寝室等实体性场所，其知识体系远超传统的书本知识观范畴，其内容也会随着环境及个体生活经历不断丰富而发展。事实上，实践性知识具有判断、选择与决策的功能，正是高校辅导员个人经验在思想政治教育与学生事务管理实践中的不断内化与建构，才使得高校辅导员能在不确定的复杂多变的工作环境中做出合理的决定并采取符合情境的行动。其次，是否具备丰富的实践性知识是专家型辅导员与新辅导员的区别，也是辅导员区别于其他职业群体的显著性特征。高校辅导员职业要发展成为具有不可替代性的专业，仅有思想政治教育专业相关的本体性知识与马克思主义中国化的条件性知识还远远不够。高校辅导员实践性知识不是传统观念中简单经验的积累，而是在实践基础上对影响自我决策与行为的特有理论知识体系的理解与转化，是高校辅导员在思想政治教育与学生事务管理工作中形成的相对固定、行之有效的核心知识体系。作为促进专业化发展的重要知识基础，这些具有明显"实践性"与"行动性"的特有知识体系早已不再是客观存在的简单知识的糅合，而是高校辅导员多元复合理论知识与实际工作经验的融会贯通，是内隐于精神世界中的教育信念与价值观的体现。

第三节 以培养专业能力为重点

能力是"在特定组织中为有效执行一个任务所必须具备的知识、技能和特性"①。教师专业能力是"从事教书育人活动的人所必须具备的带有教师职业特点的能力"②，表现为教师必备的技能、本领与个性心理特征等。教师专业能力不仅包括基础性与职业性能力，还包括自我完善的能力，是教师在掌握了本体性、条件性和实践性专业知识的基础上，在教育教学实践过程中不断完善发展而形成的一个合格教师所应具备的能力总和。作为教师专业化发展的重要组成部分与重要特质之一，专业能力是衡量与评价教师专业化程度的核心要素，是教师专业化发展过程中从职业走向专业的质的规定性。

习近平总书记在不同场合指出专业能力对于养成一名"四有好老师"的重要作用，强调"过硬的教学能力是老师的基本素质"，要建设

---

① [美] 詹姆斯·D. 克莱因：《教师能力标准》，顾晓清译，华东师范大学出版社2007年版，第11页。
② 范诗武：《新世纪教师专业能力与教育行动研究》，《外国教育研究》2003年第5期。

"业务能力精湛的高素质教师队伍"，就要遵循三个规律（思想政治工作规律、教书育人规律、学生成长规律），"不断提高工作能力和水平"。这些精辟论述为包括高校辅导员在内的教师队伍专业能力建设指明了发展方向。高校辅导员具有教师与管理者的双重身份，不仅需要具备普通教师作为教育者、管理者、服务者所拥有的一般性、职业性能力，还需要具备作为思想政治工作组织者、实施者、指导者所必需的特殊性、创造性能力。然而，在现实中，高校辅导员的专业能力尚不能完全满足新时代教育发展的需要，也成为制约个人专业化发展的瓶颈。基于此，本部分立足于高校辅导员特殊的育人职能，除常规的语言表达、人际沟通、组织管理等能力外，试图从基础层面、核心层面与自我完善层面，进一步明确高校辅导员专业能力的内涵，探析其内在逻辑结构及形成机制，为提升高校辅导员专业化能力提供借鉴与思考。

一 提升思想理论教育与价值引领的能力

思想理论教育与价值引领的能力是高校辅导员专业能力的基础层面。教育部第42号令确立了高校辅导员应当履行的九大职责，其中，"思想理论教育和价值引领"被视为首要的职业使命。思想理论教育是"马克思主义理论教育与思想政治教育的合称"[1]，首先是指包括高校辅导员在内的思想政治工作者开展的思想教育、政治教育、道德教育、价值观教育等静态内容，包括以塑造坚定理想信念为核心的政治教育，以塑造符合新时代需要的世界观、人生观和价值观教育，以涵养"明大德、守公德、严私德"为内容的道德教育，以增强文化自信、培养文化自觉为核心的科学文化教育，以提升法治素养为目标的法治教育

---

[1] 刘建军：《信仰教育：马克思主义思想理论教育的本质内容》，《中国人民大学学报》2000年第4期。

和以"培育理性平和的健康心态"为核心的心理健康教育等。不仅如此，思想理论教育还是一种社会实践活动。对于新时代的高校辅导员来说，思想理论教育是以辩证唯物主义和历史唯物主义为指导，用理论的彻底性去说服大学生、掌握大学生，在实践中把"批判的武器"转化为"武器的批判"，把马克思主义理论转化为改造大学生世界观、人生观与价值观的巨大物质力量。价值引领是教育者以满足与符合社会主流价值导向为目标，通过说服、教育、示范等显性或隐性的形式，影响、改变或强化受教育者的思想观念、政治素质与道德品质的社会实践活动。价值引领实质是一种思想政治教育，高校辅导员的价值引领，是通过语言说服、知识传授、以身示范等形式，"推动知识传授、能力培养与理想信念、价值理念、道德观念的教育有机结合"[1]，将社会主流意识形态与价值观融入日常教育管理工作，帮助大学生形成正确的价值判断与选择，培养正确的世界观、人生观、价值观与道德观。

思想理论教育与价值引领的能力是高校辅导员基础性层面的能力，是高校辅导员充当思想政治工作组织者、实施者、指导者角色所必须具备的基本工作能力。其形成经历了三个步骤，即开展社会动员、凝聚思想共识、提升价值追求。

开展社会动员。"所谓社会动员，是指一定的国家、政党和社会团体，通过各种方式影响、改变社会成员的态度、价值观和期望，形成一定的思想共识，引导、发动和组织社会成员积极参与社会实践，以实现一定的社会目标的活动。"[2] 开展社会动员的目的是要通过动员内化特定对象的价值观，使其行为符合社会发展的预期。高校辅导员的

---

[1] 中共教育部党组：《关于印发〈高校思想政治工作质量提升工程实施纲要〉的通知》（教党〔2017〕62号），中华人民共和国教育部政府门户网站，http://www.moe.gov.cn/srcsite/A12/s7060/201712/t20171206_320698.html，最后访问日期：2023年6月10日。

[2] 甘泉、骆郁廷：《社会动员的本质探析》，《学术探索》2011年第6期。

社会动员是开展思想政治教育工作的前置阶段，是指高校辅导员在明确了角色职责使命后，借助一定的方式或手段，影响、发动和引导青年大学生，促使其主动地接受思想政治教育的过程。习近平总书记指出，"能否有效进行社会动员，是对执政能力的现实考验。"社会动员能力是思想政治工作发展与进步的有效推动力量，是决定思想理论教育与价值引领能力大小的关键前提。

凝聚思想共识。思想是行动的先导。正如毛泽东同志指出的，"掌握思想领导是掌握一切领导的第一位。"[①] 高校辅导员是大学生思想政治教育的骨干力量，其职责是要通过有计划、有目的、有组织的手段和方式，把符合一定阶级需要的特定的政治观念、思想观点与道德行为规范施加于大学生，使其对党和国家的路线方针政策、社会主义意识形态等形成思想认同与价值共识。然而，随着社会变革的进程不断加快，大学生在思想上逐渐呈现出独立性、差异性与多样性的现代性特征。这些分歧分化的思想观念在潜移默化中解构着传统的社会共识，制约着大学生思想政治教育效力的发挥。社会动员为实现这一目标提供了可能后，高校辅导员还需要审时度势，用习近平新时代中国特色社会主义思想巩固主流意识形态，凝聚大学生为实现中华民族伟大复兴不懈奋斗的思想共识。

提升价值追求。对自我价值的追求是大学生精神追求的最终归宿，也是高校辅导员开展思想理论教育与价值引领的终极目标。提升大学生价值追求是指高校辅导员通过开展形式多样的社会动员，不断影响、改变、塑造大学生的思想与态度，逐步凝聚大学生的思想共识，最终实现对大学生价值观的教育与引导。当前，大学生的"价值选择务实多样，他们认同社会主流价值要求，选择其中与自身相关性较高的内

---

① 《毛泽东文集》第 2 卷，人民出版社 1993 年版，第 435 页。

容与自身的价值追求相整合,在此基础上追求自我价值,实现个体的发展。质言之,其价值标准就是个人需要与社会要求的双重标准的整合与兼顾"①。高校辅导员提升大学生价值追求的能力,就是要引导大学生在改造主观和客观世界中确立精神支柱,提升精神境界,确保个人的价值追求与国家的发展目标和社会的发展方向保持一致,在实现社会价值的过程中实现自我价值。

二 养成超越一般规则应用的实践智慧

实践智慧是高校辅导员专业能力的核心层面。实践智慧的概念来自哲学领域,其本质是解决问题的一种理性能力。从柏拉图开始,就把实践智慧看作"一种超越于一般规则应用的能力"。亚里士多德进一步指出,实践智慧不同于普遍性的知识,而是一种与善恶相关的实践推理的能力,是影响某一专门实践领域的智力凝结。持同样观点的还有罗伯特·哈里曼,他把实践智慧视为一种"特殊的理智模式","是实践推理的能力,这种推理通过慎思发生,在行动中完成"②。康德则认为实践智慧"是一种能够给予意志以影响力的能力,它的意图在于产生善良的意志"③。由此可见,哲学视域下的实践智慧是智慧地解决复杂问题的特殊能力。这种能力以意识形式存在于人的大脑中,又通过实践活动实现外化彰显。

实践智慧的概念被引入教育场域后,更加重视反思理性的作用,进一步被阐释为解决教育教学实际问题的能力。大学生思想政治教育不仅要关切"应当做什么",还要对"具体如何做"进行理性追问。

---

① 万美容、胡咚、叶雷等:《湖北省"90后"大学生思想行为特点实证分析报告》,《学校党建与思想教育》2013年第22期。
② [美]罗伯特·哈里曼:《实践智慧在二十一世纪》上,刘宇译,《现代哲学》2007年第1期。
③ [德]康德:《道德形而上学原理》,苗力田译,上海人民出版社1986年版,第45页。

作为联结理论与实际的重要桥梁，高校辅导员的实践智慧始于与学生交往的具体教育经验，常以"即席创作"或"临场发挥"的形式出现，是高校辅导员在复杂多变的教育情境中创造性地运用思想政治教育内容做出及时、有效、恰当的行动的综合能力，具有个体性、动态性、创新性、缄默性等特点。实践智慧是高校辅导员教育信念、专业知识、专业情感的高度凝结与相互融合，是高校辅导员思想政治教育实践转化的能力，因而通常被视为专业能力的重要标志。习近平总书记指出，"做好高校思想政治工作，要因事而化、因时而进、因势而新"[1]。作为新时代的高校辅导员，要顺应其中的"事""时""势"，就必须在不断变化的思想政治教育专业实践中养成审时度势、批判反思与有效行动的实践智慧，即养成审时度势的敏锐力、自我批判的反思力与求真向善的行动力。

养成审时度势的敏锐力。大学生思想政治教育是一个丰富多彩、复杂多变的动态过程，其教育情境的不确定性与突发性以及受教育对象的多样性与差异性，经常使得高校辅导员在工作中遇到各种不可复制的例外情况。指望某一项既定的理论或者方案"包打天下"，进而指导所有学生工作的想法，显然会在瞬息万变的实践中捉襟见肘，甚至四处碰壁。正如美国当代教育学家唐纳德·A. 舍恩指出的，"所有职业的从业者，当他们运用所学的理论解决实际问题时，都经常遇到'行不通'的困惑。根本原因在于，人们没有把问题解决看做特定情境下的任务"[2]。审时度势就是要把握具体情境中的"时"与"势"，即思想政治教育实践的实然图景。养成审时度势的敏锐力是高校辅导员基于专业知识与个人经验的积累，其在庞杂的学生工作中能科学运用思想政治工作规律，正确洞察时机与机遇，合理预判具体场域事件的

---

[1] 《习近平谈治国理政》第二卷，外文出版社2017年版，第378页。
[2] 邬志辉：《教育规律的三重本性》，《光明日报》2018年7月17日第13版。

发展趋向。

养成自我批判的反思力。反思与智慧相关，与思想相随，是个体通过自我意识觉察、审视、调控自身内心世界的心理活动，是对思维的思维。正如美国心理学家波斯纳指出的，"如果教师仅满足于获得经验而不对经验进行深入的思考，那他只能永远停留在新手教师的水准上"[1]。注重自我反思，是教师职业实现专业化发展的鲜明特征，为解决教育实践中的困难与问题提供了可能。高校辅导员的实践反思不是盲从于理论，而是基于经验对现实情境中的问题不断批判，形成适应情境发展的新模式，这是生成实践智慧的关键环节。养成自我批判的反思力是高校辅导员把思想政治教育具体实践场景作为反思对象，对自我教育理念、教育行为、教育方法、教育效果进行判断、分析与评价。这种实践智慧是专业自主的表现，高校辅导员通过不断解构、批判与重建自我，达到提升思想政治教育实效性与完善自我的目的。

养成求真向善的行动力。亚里士多德曾指出，实践智慧"是一种同善恶相关的、合乎逻辑的、求真的实践品质"[2]。实践智慧本质上是一种关于实践的伦理，其判断的标准是真与善。"真"是客观事物变化发展的客观规律，"善"是实践活动的合目的性。求真是知识的维度、是向善的基础，向善是价值的维度、是求真的价值取向，两者紧密联系，统一于社会实践。行动力是高校辅导员对立德树人教育实践的主动回应，具有实践性特征。辅导员实践智慧既要有专业的知识作为工具手段，还要具有明确的价值理性。求真向善的行动力镶嵌于高校辅导员的育人行为之中，是知识体系向价值体系转化的结果。当高校辅导员从提升大学生的道德品质与价值观念的目的出发，用广博的知识

---

[1] 刘岸英：《反思型教师与教师专业发展》，《教育科学》2003年第4期。
[2] [古希腊] 亚里士多德：《尼各马可伦理学》，廖申白译，商务印书馆2013年版，第172页。

和对世事的洞见去熏陶、影响、启迪学生的灵魂，引导他们常怀道德之心、常启善良心志，就实现了思想政治教育合规律性与合目的性的统一。

三 培养终身学习与跨界学习的能力

终身学习与跨界学习的能力是高校辅导员专业能力的自我完善层面。21世纪以来，人类已经迈入以智力资本为核心的知识时代。[①] 基于此背景，越来越多的教师主动地参与学习，以此满足自我发展的需要与时代对教师职业的要求。教师学习的领域也随之不断拓宽，既涉及内容、过程、途径与方法，还涵盖了学习后观念、态度、能力的转变，尤其注重发挥教师自我的积极性、主动性与创造性。由于经常被"教师教育""教师培训"等术语遮蔽，教师学习的概念使用并不广泛，但这并不意味着教师学习的能力不重要。与之相对，学习能力已经被广泛视为实现教师专业化发展的重要手段。不仅如此，更多的研究者认为，教师学习能力不应该来自外力，也不是随着年龄与阅历的增加自然产生的，而是"意识到专业发展的需要而进行的自我更新"[②]，是教师主动参与后不断自我革新、自我提高的过程。

习近平总书记高度重视学习能力的提升，多次强调学习对社会发展、民族振兴与个人成长的意义与价值，多次提出要通过学习克服"本领恐慌"。关于为何要学习，他指出，"只有加强学习，才能增强工作的科学性、预见性、主动性"[③]。学习内容上，他强调，要学习马克思主义理论，学习党的路线方针政策及国家的法律法规，还要学习历

[①] 钟志贤、邱婷：《终身学习的关键能力与培养》，中央广播电视大学出版社2015年版，第3页。
[②] 杨骞：《教师学习的应然分析》，《新课程研究》（教师教育）2007年第10期。
[③] 《习近平谈治国理政》第一卷，外文出版社2018年版，第404页。

史知识、传统文化以及唯物辩证法的知识。在怎么学方面，习近平总书记指出，首先要把握正确的学习方向，向书本学习、向实践学习、向群众学习。其次要崇尚"士以弘道"的价值追求，持之以恒地学习。最后，还要有三种境界，即志存高远静下心来学、勤学苦学真学、学用结合学有所悟。"中国共产党人依靠学习走到今天，也必然要依靠学习走向未来。"[①] 高校辅导员是培养时代新人的依靠力量，面对前所未有的挑战和机遇，唯有增强主动学习的意识，不断提高终身学习与跨界学习的能力，才能坚定教育信念、加强党性修养、提升精神追求，在完成时代赋予使命的同时实现自我的专业化发展。

　　培养终身学习的能力。欧盟把终身学习的能力定义为"个人自我实现与发展、具备良好公民意识、社会融入和充分就业所必需的知识、技能及态度等各方面相应能力的综合"[②]。这里所指的知识，是基于信息理论收集和处理的信息，不限于新知识的获取或新旧知识的融合，转而更加注重自我认知系统的建构。新时代的大学生思维活跃、创造性强，求新、求变、不安于现状，获取新信息、学习新事物的能力很强，获取知识的渠道更加丰富。高校辅导员要适应他们的成长成才需要，仅依靠传统的知识观念获取、归纳、反馈各类通识知识、学科知识远远不够，还要与时俱进，不断更新自我认知体系、去伪存真，形成与时代发展同频共振的知识结构与理论体系。终身学习所必需的技能是高校辅导员主动探索和研究、自我管理与自主学习的能力。相比过去，高校辅导员面临的不再是单一纯粹的思想工作，而是涉及教育引导、理论宣讲、事务管理、生涯规划、心理咨询等诸多方面的内容。高校辅导员如果局限于既定的思维模式，不从问题导向出发，主动寻

---

① 《习近平谈治国理政》第一卷，外文出版社2018年版，第407页。
② European Communities, *Key Competences for Lifelong Learning – A European Reference Framework*, Official Journal of the European Union, 2006, pp. 13–18.

求解决问题的新方法，就难以提升思想政治教育的亲和力与针对性。如果自我调节能力缺失、自主学习力不足，高校辅导员就不仅不能适应社会竞争的需要，自我专业发展也将成为空谈。态度是高校辅导员学会改变、保持学习的心态。学会改变的能力被联合国教科文组织誉为终身学习的第五大支柱，是个体通过学习发展适应改变和引导改变的能力，这对以开展思想理论教育与价值引领见长的高校辅导员来说必不可少。保持学习的心态则是高校辅导员在面对层出不穷的新变化、新情况时，以积极、正面的心态主动接受新变化、学习新知识的能力。

培养跨界学习的能力。随着"互联网+"的迅猛发展，人类社会的生产、生活与学习方式都发生了深刻变革。在当前"人人皆学、时时能学、处处可学、个个善学"的学习型社会里，要打破固化专业化发展的传统的"学科界墙"，高校辅导员不仅要有终身学习的能力，还需要参与跨界学习交流，以此扩大视野、更新知识结构，培养更具国际竞争力的全面发展型人才。所谓跨界学习，是"一种以边界资源为学习基础的学习方式"[1]，更多表现为非正式学习。高校辅导员跨界学习的能力以解决思想政治教育具体情境中的真实问题为核心，以跨多门学科观念为手段，"倡导理解本位的知识论和创造取向的方法论"[2]，旨在不断发展高校辅导员自我专业理论力和生活理解力。跨界学习基于个体学习经验，具有研究性、体验性、合作性与创造性等特征，是高校辅导员在思想政治教育实践过程中实践智慧不断发展的结果。高校辅导员跨界学习的能力包含两个核心理念。首先是有强烈的问题导向意识。是否具有解决问题的能力是衡量高校辅导员职业胜任力的重

---

[1] 何莉、张怡：《跨界学习：教师专业发展的新境界》，华东师范大学出版社2019年版，第6页。

[2] 何莉、张怡：《跨界学习：教师专业发展的新境界》，华东师范大学出版社2019年版，第10页。

要指标之一。跨界学习的能力要求高校辅导员坚持问题导向，主动进入未知领域，通过学习与借鉴"供给侧""区块链"等新的知识与经验，在跨界学习中寻求解决思想政治教育学科边界内无法解决的问题的途径。其次是以促进专业化发展为目标。跨界是为了更好地坚守。高校辅导员跨界的目的不是跨界本身，而是以异质化的方式优化自我专业知识结构与技能素养，更好地提升队伍专业化水平。

第四节　以涵养专业伦理为关键

自独立成为一门职业以来，社会对教师职业伦理的要求与期许便异乎寻常地严苛。所谓专业伦理，指的是"社会中所有牵涉专业角色与专业行为的哲理思想、价值体系、原则与标准"[①]。专业伦理是高校辅导员为提高职业声誉与社会地位所秉持的一整套自我约束的伦理规范与道德准则。专业伦理调控着专业化发展方向，体现着专业化价值，推动着高校辅导员职业由"半专业"向"完全专业"发展。作为主观世界的重要内容，专业伦理与高校辅导员的教育信念、专业知识、专业能力一起构成了对该职业的基本要求，是高校辅导员专业走向成熟的重要条件，也是推动、巩固、深化高校辅导员专业化发展的内在动力源。涵养以专业精神、专业道德、专业自律为核心的专业伦理，是完成高校辅导员专业化发展任务的关键。

一　强化以全面发展为目标的专业精神

精神是一种深刻而稳定的动力特征，具有相对独立性，对事物发展具有能动的反作用。精神的塑造能驱动个体的内在意识与生机活力，

[①] 徐震、李明政：《社会工作伦理》，（台北）五南图书出版公司2002年版，第537页。

为思想灵魂昂扬奋进提供精神导向与动力保障。正如毛泽东同志指出的，"人是要有一点精神的"①。作为专业性人员，高校辅导员的专业化发展不仅是专业知识的积累与专业技能的造就，也要有理性健康的心态与境界，还要关注人的灵魂、思想等专业精神的塑造。确立了具有时代意义的专业精神的高校辅导员，具有强烈的事业责任感、进取心、敬业与奉献精神，对学生工作有一种近乎疯狂的热爱，经常达到一种忘我的境界。强化高校辅导员的专业精神体现在以下几点。

升华以人为本的服务理念。"专业服务精神是教师专业伦理的内在要求。"② 一个专业首要的社会目的是服务。教育的最终目的是培养人，从利他性的服务理念出发，高校辅导员专业化的根本要义在于以崇高的伦理素养和高度的专业自律为学生提供高质量的专业化服务，这是高校辅导员专业走向成熟的重要标志。马克思主义把实现人的自由全面发展作为人的发展的最高境界，为"以人为本"教育理念提供了科学指导。学生是教育的出发点与归宿，升华以人为本的服务理念表现为高校辅导员在大学生思想政治教育实践中始终坚持以人为本的服务理念，始终把学生放在首要位置，以促进学生最充分、最全面与最自由的发展为根本目的。不仅如此，以人为本还表现为尊重每一个学生的个性与特点，充分开发学生的潜能，促进学生的主动性、内生性发展。

培养爱生如子的专业情意。情由意生，由意生情。正如罗素指出的，"凡是教师缺乏爱的地方，无论是品格还是智慧，都不能充分地或自由地发展"③。教师的专业情意是教师在深刻理解所从事职业的责任

---

① 《毛泽东文集》第7卷，人民出版社1999年版，第162页。
② 刘义兵：《教师专业发展》，高等教育出版社2017年版，第129页。
③ 王承绪、赵祥麟：《西方现代教育论著选·教育与美好生活》，人民教育出版社2001年版，第108—109页。

与意义基础上形成的认知、情感与行为倾向，是出于对教育事业负责的理性思考。相比而言，专业情意更能体现理想信念的价值，是高校辅导员高度认同立德树人根本任务后自觉产生的，并作为执着追求的专业情感、态度与价值观的融合。无论是陶行知倡导的"爱满天下"，还是"裴斯泰洛齐精神"，即教育的博爱精神，抑或苏霍姆林斯基所倾注于对儿童的热爱，都体现了教师对学生的深厚情意，即对教育事业的热爱和对学生的热爱。高校辅导员只有把爱的深厚情感潜移默化地融入思想政治工作实践，才能激起学生的亲近感，才能凝聚成高尚的人格魅力，满足学生精神成长的需要，影响学生的心智，引导学生成长成才。

秉持处事公正的工作原则。正义伦理学认为，处理问题要遵循"论理"逻辑，从普遍抽象的道德原则出发，经过逻辑推理和分析做出决定，即"以理服人"[①]。高校辅导员是大学生日常教育与管理工作的组织者与实施者，面对与学生利益息息相关的思想鉴定、评奖评先评优、就业推荐、党员发展等社会关注度高的工作，能否坚持公平、公正、公开的原则，做到以理服人，不仅关系到高校辅导员的职业形象，还会对思想政治教育活动效果产生立竿见影的作用。子曰："其身正，不令而行；其身不正，虽令不从。"作为大学生人生成长的指导者与引路人，秉持处事公正的工作原则，是指高校辅导员坚持言传和身教相统一，在面对学生发展利益相关的事务性工作时，把公平公正的价值观念贯彻于思想政治教育与日常管理的全过程，不以个人好恶为标准，不偏袒、不歧视困难与弱势群体学生，尊重个体的差异性与自尊心，客观公正地对待每一个学生的需求与评价，在以此维护自我正直的职业形象的同时，帮助学生塑造公平正义的伦理价值理念。

---

① 袁玲红：《关怀伦理与正义伦理的融通》，《社会科学辑刊》2007年第1期。

二 突出以角色伦理为核心的专业道德

角色与伦理有天然的关系，专业伦理本质上是基于角色的伦理。每个社会人都扮演着特定的角色，对应着相应的伦理关系、权利与义务，不同社会角色蕴含着不同伦理秩序的诉求。以孔子为代表的儒家思想认为，社会角色与人伦之理具有相通性，通过"正名"与"安伦尽分"，各个社会角色各司其职、各负其责、各尽本分，推动社会形成和谐有序的伦理秩序。相比之下，在现代社会中，个体扮演的社会角色更为丰富，对应的权责关系与伦理要求复杂得多，当然也更需要通过确定社会角色来规范职业行为、维护社会秩序。所谓角色伦理，是"与角色的身份地位相契合的，涵括角色权责伦理定位、伦理期待、道德规范的伦理行为模式"[1]。角色伦理是基于职业的一种社会期待，源于个人在社会分工中的地位，蕴含着"人伦之理"与"道德之应当"的价值诉求，通常通过个体能动的行为方式表现出来。

坚定立德树人的责任担当。马克思指出："作为确定的人，现实的人，你就有规定，就有使命，就有任务，至于你是否意识到这一点，那都是无所谓的。"[2] 责任担当意识属于专业伦理认知的范畴，是高校辅导员作为伦理主体，在大学生思想政治教育实践中理性而自觉地把培养时代新人作为专业伦理要求的意识。在从职业转向专业的过程中，高校辅导员要具备强烈的责任伦理精神与立德树人的担当意识是由其身份决定的。作为大学生思想政治教育的组织者、实施者和指导者，高校辅导员肩负着履行国家意志的使命，其工作的价值不仅是培养什么人、怎样培养人，更关系到为谁培养人的问题；作为大学生健康成长的引路人和人生导师，高校辅导员必须通过提升专业服务能力迎

---

[1] 田秀云等：《角色伦理——构建和谐社会的伦理基础》，人民出版社2014年版，第4页。
[2] 《马克思恩格斯全集》第3卷，人民出版社1960年版，第329页。

合社会、家长的期盼，满足学生全面发展的需求。因此，相比一般高校教师，社会对辅导员的要求与预期更加严苛，其专业行为不仅要符合普通师者的职业行为与道德规范，更要契合立德树人根本任务。

厚植孜孜以求的敬业精神。敬业精神是一种职业观或职业态度，是人们基于职业价值认知形成的对于从事该职业的虔诚、热爱、主动的心理和精神状态。当高校辅导员仅把职业作为一项谋生的选择时，事业感就会处于精神低谷，就会过多受外在因素和个人利益所左右，缺乏对学生工作事业的热爱。高校辅导员职业绝不仅仅是一项"良心活"。"凭良心工作"是一种尽本分的人生观与职业观。仅有"良心"，只是具备了高校辅导员作为教师起码的道德责任与职业操守，缺乏为党培养接班人的使命感和对学生成长成才的责任感，难以培养出德才兼备的人才。孜孜以求是一种高尚的精神境界，表现为对学生工作心无旁骛地付出和自觉自愿的投入，是高校辅导员对自我价值与使命自觉认知后形成的工作态度。孜孜以求的敬业精神突破了责任的本意，不是凭空而生的，而是高校辅导员把立德树人事业作为安身立命之本衍生出的坚定信念的行为实践，是对育人工作的敬畏之心，为克服艰难困苦、获得难以言喻的成就感提供了精神动力。

强化言传身教的道德示范。专业伦理不仅是角色的伦理，也是德行的伦理。亚里士多德主张，伦理学应把德行作为中心，更关注人的品质与动机。思想政治教育的重要功能是通过传授善恶的价值判断引导学生做出正确的价值选择，揭示道德品质的应然状态。从培养善的道德品质与教育行为的理念出发，高校辅导员的工作价值不能仅定位于应该解决"做什么"的问题，更应该关注"成为什么样的人"的问题。在日常教育、服务、管理工作中，规章制度固然为高校辅导员的职业活动提供了依据与保障，良好的职业操守、崇高的人格魅力、高尚的道德情操更能感化学生的心灵，撼动学生的精神世界。习近平总书记要求广大教师要坚持言传和身教相统一，做到以德立身、以德立学、以德施教。高校辅导员的言行对学生的成长起着耳濡目染的作用，其专业伦理既要符合社会角色赋予的职业道德，还要求内化外在的伦理规范，涵养高尚的道德素质和健全的道德人格，时刻以"有德之人"的形象，以身作则，言传身教，去教育和影响学生形成符合社会预期的道德伦理和规范。

三 加强以自我约束为重点的专业自律

没有规矩不成方圆。专业自律是指专业成员为维护专业地位和巩固专业声望所需遵循和秉持的内部契约精神。"没有道德纪律，就不可能有社会功能。"[①] 受美德、纪律等的影响，教师"更倾向于在工作中以更好的方式进行感知和行为"[②]。作为一种特殊的专业劳动，教师从职业到专业的过程中显然要受到专业道德的约束。这种约束既有社会对教师职业的外部道德期望，也有教师以专业自主和专业自觉表现出的自我规约。所谓教师专业自律，是"指教师按照专业道德的要求形成对自身职业的良好认知和自我调控"[③]，是教师个体专业自律与教师专业自律的结合。

加强高校辅导员专业自律首先表现为勤于自觉，哲学意义上的自律是人自觉地对个人自由进行自我约束。勤于自觉是高校辅导员对从事的专业活动的认同、接受与反思，是否拥有高度的专业自觉，是衡量高校辅导员专业化发展水平的重要精神维度。高校辅导员的专业自觉体现在坚守初心、主动律己，以坚定的信念自觉弘扬主旋律、主动

---

① [法]爱弥尔·涂尔干:《职业伦理与公民道德》，渠敬东译，上海人民出版社2006年版，第10页。

② Anne M. Phelan, The Ethical Claim of Partiality: Practical Reasoning, the Discipline, and Teacher Education, Curriculum Studies, Vol. 1, 2009, pp. 97.

③ 黎琼锋:《教师合作从教学分享到专业自律》，《教学与管理》2006年第11期。

践行神圣使命的担当。当前,一方面,高校辅导员还存在角色意识模糊、职业认同感缺失、专业素养不高等问题,专业化水平与时代发展需求之间的矛盾凸显,一定程度上弱化了立德树人的效果。另一方面,网络信息技术的迅猛发展、新媒体的强势来袭和智能手机的快速普及,消解了教育工作者的权威性,削弱了高校思想政治工作的话语权。这些负面影响不断叠加,对新时代落实立德树人根本任务提出了新的挑战。要解决好这一问题,必须建设一支有坚定的马克思主义信仰,能自觉肩负培养社会主义建设者和接班人的历史重托,乐于当好大学生健康成长的指导者和引路人的高素质专业化辅导员队伍。

其次表现为善于自控。自控区别于自制,是个体对外界诱惑与行为习惯的自我控制。自控是自我意识发展到一定程度的结果,是个体为满足社会期盼,自主排除困难,控制自我行为,从而保证目标实现的心理过程。自控是自动地自己限制自己、自己约束自己,与道德密切相关。当个体自觉接受道德的约束并使之与内心相融合,就会成为一个有德之人。从这个层面来说,自控是高校辅导员作为道德主体,基于对教育发展规律与学生成长规律的认识,在大学生思想政治教育实践中把外部的道德约束自愿地变为自动的律己,并自主地付诸行动的过程。德与才乃师道尊严之源泉。先善己德,后以扎实的专业素养传道授业解惑,树有远大理想、有真才实学、能担当大任的时代新人,是高校辅导员担负的重要历史使命。面对西方不同价值观与多元社会思潮的侵蚀,高校辅导员必须坚持正确的价值导向,以良好的道德修养引导大学生做好价值选择与价值判断,在原则问题上保持定力,做到线上线下一致、课上课下一致,更好地引导学生增强"四个自信"。

最后体现为严于自省。子曰:"吾日三省吾身。"又曰:"见贤思齐焉,见不贤而内自省也。"苏格拉底也指出,"未经省察的人生不值得一提。"可见自省对人成长的意义与价值。自省是一种优秀的品质,更是一种人生智慧，是促进教师专业化发展的重要内驱力。高校辅导员的自省体现为立德先立师，树人先正己，时刻严于律己，以堂堂正正的人格言传身教，用崇高的人格魅力做为学为人的表率，坚持引导受教者积小德养大德，努力为"拔节孕穗期"的大学生播撒真善美的种子。自省是高校辅导员认识自我、实现自我、发展自我的需要。高校辅导员要了解自我、定义自我，不被自己的内心所蒙蔽，进而将生命的本质在对象的世界中展示出来，就不能停止自我反省。高校辅导员专业化的实现，既不能完全寄希望于政策的倾斜，更不能仅仅归责于受限的环境与条件，而必须从反省开始，变被动为主动，认清自我的不足，不断总结经验，反思教训，规范自我、雕刻自我、完善自我、超越自我。

第五章

高校辅导员专业化发展的路径建构

马克思指出,"人的本质不是单个人所固有的抽象物,在其现实性上,它是一切社会关系的总和。"① 教师职业是社会分工的产物,其发展始终处于政治、市场、文化相交织的复杂专业情境中,因而不是一蹴而就的,也不存在固定不变的模式与标准。高校辅导员因其身份和使命的特殊性,其专业化也经历了一个随时代发展积小变到大变、由量变而质变、从半专业向专业性持续转变的过程。这个过程不是既定的、业已完成的活动,而是高校辅导员为适应时代变化发展需要不断主动地化解各类矛盾的结果,具体表征为其教育信念、专业态度、专业情感的不断调适和专业知识、专业能力、专业伦理的新旧更替。习近平总书记指出,加强和改进高校思想政治工作是一项重大的政治任务和战略工程,"要拓展选拔视野,抓好教育培训,强化实践锻炼,健全激励机制,整体推进……辅导员班主任……等队伍建设,保证这支队伍后继有人、源源不断"②。高校辅导员队伍建设是解决好培养什么

---

① 《马克思恩格斯选集》第 1 卷,人民出版社 2012 年版,第 139 页。
② 《习近平谈治国理政》第二卷,外文出版社 2017 年版,第 380 页。

人、怎样培养人、为谁培养人这个根本问题的重要着力点，事关党对高校的领导，事关时代新人的造就。高校辅导员队伍专业化发展要以习近平总书记关于建设教育强国、深化教师队伍改革、加强和改进高校思想政治工作等系列精辟论断为遵循，以教育部等八部门《关于加快构建高校思想政治工作体系的意见》为指导，增强发展自觉，提升专业素养，培植专业伦理，构建常态化发展机制，以满足人民美好生活对教育的需求。

第一节 激发自我效能感，增强辅导员专业化发展自觉

"人是一种'意义'的存在，正是'意义'决定了人的存在、生活和发展的方向，体现着生命的价值和人的尊严。"① 高校辅导员的职业意义是这一特定社会角色在践行立德树人使命中的自我确证感和自我实现感，是辅导员不断肯定自我、实现自我并超越自我的结果。这种意义是高校辅导员对自我能力的一种主观把握与感受，是对自己所能做的事情的一种信念或判断，通常以"自我效能感"为表达方式。自我效能感是高校辅导员专业化发展的内在动因，能为他们不断进取提供强大的精神支撑，是增强高校辅导员专业化发展自觉的重要途径。正如班杜拉所指出的，"效能感低的教师最可能离开教育行业"，且"如果必须全部重新来过，他们将不再选择教师职业"②。自我效能感一经形成，将直接影响高校辅导员的职业认同感、育人实效和自我评价，进而制约其专业化发展水平。筑梦人的角色信念、专业化的身份建构、充分的专业自主能有效激发高校辅导员职业效能感，增强其专

---

① 刘济良：《生命教育论》，中国社会科学出版社2004年版，第95页。
② ［美］班杜拉：《自我效能：控制的实施》，缪小春、李凌、井世洁、张小林译，华东师范大学出版社2003年版，第341—343页。

业化发展自觉。

一 以"梦之队"的筑梦人坚定角色信念

角色信念是一种奋斗目标,更是一种精神追求,是高校辅导员对自己所从事的立德树人和铸魂育人事业的确认与信奉。角色信念是高校辅导员职业角色发展的最高层次,也是激发其自我效能感的内驱动力。习近平总书记指出,教师是塑造灵魂、塑造生命、塑造人的工作,"是打造这支中华民族'梦之队'的筑梦人"①。培养造就一支师德高尚、业务精湛、结构合理、充满活力的高素质专业化高校辅导员队伍,必须笃信笃行,以"梦之队"的筑梦人角色坚定培养时代新人的角色信念。

(一)把牢理想信念的"方向盘"

高校辅导员既是大学生理想信念教育的主体,也是接受理想信念教育的客体,淡漠了理想信念,就会动摇思想根基,弱化精神追求,迷失发展方向,难以胜任培养时代新人的重任。面对当今世界的大发展、大变革、大调整,把牢理想信念的"方向盘",是高校辅导员胜任人生导师职责担当、完成立德树人历史使命的必然要求,也是高校辅导员提升政治认同和职业认同的首要任务。正如习近平总书记指出的,宣传思想工作的"重中之重是要以坚定的理想信念筑牢精神之基"②。高校辅导员把牢理想信念的"方向盘",首先要坚定马克思主义信仰。马克思主义揭示了人类社会发展的历史规律,其关于人的全面发展的

---

① 习近平:《做党和人民满意的好老师:同北京师范大学师生代表座谈时的讲话》,人民出版社2014年版,第14页。
② 习近平:《在全国宣传思想工作会议上强调 举旗帜聚民心育新人兴文化展形象 更好完成新形势下宣传思想工作使命任务》,《人民日报》2018年8月23日第1版。

学说既是高校辅导员培养德智体美劳全面发展时代新人的指导思想，也是他们实现自我完善、自我发展、自我提升的科学指南。高校辅导员的马克思主义信仰包括对唯物主义世界图景和共产主义远大理想的确证，也包含着对人的自由而全面发展的信奉，因而是辅导员理想信念的最高精神追求，是辅导员信仰体系的灵魂所在。其次是要树立共产主义远大理想和社会主义共同理想。高校辅导员的共产主义远大理想和社会主义共同理想是对未来理想社会的执着追求和现实发展形态的坚信不疑，既为辅导员坚定理想信念提供了方向和目标，也对辅导员锤炼人格和提升境界提出了明确要求。最后是明确培养时代新人的职业理想。高校辅导员主观上之所以出现角色认识偏差，主要是因为职业理想不明确导致角色信念的不坚定。对高校辅导员来说，其职业理想就是坚持以人为本，全心全意服务学生的自由全面发展，培养符合社会发展需要的时代新人。这是高校辅导员的职业价值所在，也是高校辅导员的职业道德要求。

（二）铸就思想理论的"压舱石"

先进理论不会自发产生和传播，无产阶级政党必须加强对工人阶级的思想理论灌输。高校辅导员开展工作的方式区别于普通教师的课堂讲授，往往体现在大量烦琐的事务性工作之中。但这并不意味着高校辅导员工作不需要理论素养，相反，思想政治教育要实现以情感人、以德示人、以行导人，必须靠科学先进的思想理论教育，做到以理服人。要履行思想教育与价值引领的首要职责，铸就思想理论的"压舱石"，首先要求高校辅导员必须具备一定的思想理论素养，主动学习马克思主义相关理论知识，包括马克思主义哲学、政治经济学原理等知识，尤其是思想政治教育专业本体性知识、马克思主义中国化条件性知识以及日常教育管理等实践性知识。通过深刻学习，高校辅导员进一步增强对马克思主义理想信念的信奉，更好地展示"政治强、业务精"的职业特征。其次要用习近平新时代中国特色社会主义思想武装头脑，指导实践。党的十八大以来，以习近平同志为核心的党中央举旗定向、审时度势，在深刻洞察世情、国情、党情、社情、民情后，着眼于时代和社会变化发展特征，创设了符合新时代中国特色社会主义国情的新的科学指导理论——习近平新时代中国特色社会主义思想，形成了马克思主义思想理论教育的最新成果。高校辅导员要立足于新时代教育事业发展的新方位，紧紧围绕立德树人根本任务，自觉成为马克思主义理论和党的创新理论的学习者、研究者、传播者和践行者，主动以习近平新时代中国特色社会主义思想武装头脑，把深入开展中华民族伟大复兴中国梦教育和社会主义核心价值观教育作为重要内容，增强"四个意识"，坚定"四个自信"，做到"两个维护"，并将之内化为追求真理的精神力量，做到真学、真懂、真信、真用，为练就扎实的专业化本领铸就"压舱石"。

（三）当好传道授业解惑的"主心骨"

古往今来，教师从来不只是纯粹的教书，还担负着授人以渔的育人职责。作为"梦之队"筑梦人的重要组成部分，高校辅导员不只是"教书匠"，还是大学生专业学习的指导者、人生发展的导航者、思想问题的解惑者、成长成才的"大先生"。当好传道授业解惑的"主心骨"，首先要求高校辅导员要传真理之道。习近平总书记指出，"'传道'是第一位的"，并强调，"传道者首先要自己明道、信道"。从高校辅导员职业特点出发，"传道"关乎"培养什么人、怎样培养人"的根本问题，关乎立德树人根本任务的具体落实。高校辅导员的传道，既强调"潜心问道"，更注重"科学传道"，要求高校辅导员在遵循思想政治工作规律、教书育人规律和学生成长规律的基础上，以"筑梦人"的高尚情怀，传授马克思主义真理之道，培养追寻远大理想的主力军。其次，授立身之业。正所谓"术业有专攻"，高校辅导员的授业，不同于普通教师课堂上的知识讲授，更强调为经师更为人师的责任情怀。打铁还需自身硬，授立身之业，要求高校辅导员掌握高度专门化的知识和过硬的专业化技能，坚持言传和身教相统一，为经师更为人师，以高尚的人格赢得大学生尊重，帮助他们扣好人生的第一粒"扣子"，为大学生发展自我、报效祖国打下牢固的思想根基。最后是解人生之惑。教育部部长陈宝生强调，要"从工作方法的角度深刻认识辅导员的'导'"①。解人生之惑就是让答疑解惑触及大学生的灵魂，要求高校辅导员帮助大学生学会正确的思维方法，明辨是非、恪守正道，引导大学生正确看待改革开放过程中的热点与难点问题，着力解答他们在政治、思想、情感等方面的困惑与问题，使学生真正将教育所带来的影响内化于心、外化于行。

二 以"育人者先育己"建构专业化身份

唤醒"育人者先育己"的专业化意识是提升高校辅导员自我效能感的关键所在。"道之所存，师之所存也。"师之所以为师，在于闻道在先。马克思主义经典作家指出："教育者本人一定是受教育的。"②"要做好先生，首先要做好学生。"③"传道者自己首先要明道、信道。高校教师要坚持教育者先受教育。"④ 育人者之所以要先育己，是因为只有率先闻道、先提升自我的知识水平与能力素养，而后修为人师，才能适应不断变化发展的形势，才能满足"拔节孕穗期"大

---

① 柴葳：《坚定使命与责任　提升辅导员队伍建设水平　全国高校辅导员优秀骨干培训班开班》，《中国教育报》2019年9月25日第1版。
② 《马克思恩格斯选集》第1卷，人民出版社2012年版，第134页。
③ 《毛泽东文集》第7卷，人民出版社1999年版，第271页。
④ 《习近平谈治国理政》第二卷，外文出版社2017年版，第379页。

学生成长发展的需求。这是高校辅导员实现立德树人根本任务的先决条件，也是唤醒高校辅导员专业化意识、建构自我专业化身份的有效途径。

（一）做顺势而为的明道者

明道是实现"育人者必先育己"的基础。"道"幻化无常。对于从事人的思想工作的高校辅导员来说，仅有专业性知识还不够，还要有博大的胸怀与宽广的视野。只有洞察"道"之根本、把握大局大势，才能更加坚定信仰，更好地引导学生。这里说的顺"势"而为，一是顺世界与中国发展之大势。唯物史观揭示了人类社会发展的根本规律，提出了"两个必然"的科学论断，也用"两个绝不会"指出了道路发展的曲折性。高校辅导员担有神圣的历史使命，更应坚定马克思主义信仰，深刻认识人类社会发展和中国特色社会主义的历史必然，为大学生认识世界与中国、做好"两个比较"指引正确的方向，坚定他们为共产主义奋斗的信念与信心。二是顺时代发展之大势。当前我们所处的时代，"各国相互联系、相互依存的程度空前加深，人类生活在同一个地球村里，生活在历史和现实交汇的同一个时空里，越来越成为你中有我、我中有你的命运共同体"[①]。尽管霸权主义、恐怖主义等不断威胁国际安全，但和平发展、合作共赢仍然是时代发展主流。辅导员要顺应这个大势，做到"胸怀大局、心有大我……坚守正道、追求真理"[②]，并以此引导学生正确认识时代责任和历史使命，为构建人类命运共同体做出贡献。三是顺教育改革发展之大势。党的二十大作出

[①] 中共中央文献研究室：《十八大以来重要文献选编》上，中央文献出版社2014年版，第259页。

[②] 习近平：《在知识分子、劳动模范、青年代表座谈会上的讲话》，人民出版社2016年版，第6页。

坚持教育优先发展，加快建设教育强国、科技强国、人才强国的重大部署，提出要培养高素质教师队伍，增强人民的教育获得感，为新时代教育事业吹响了改革的冲锋号。高校辅导员发展不能仅仅关注个体内部要素的变化，而要围绕新时代教育改革的新实践，从新时代高等教育和思想政治工作肩负的重要使命出发，把专业化发展置于时代发展的潮流之中。

(二) 做立场坚定的信道者

信道是实现"育人者必先育己"的关键。子曰："己欲立而立人，己欲达而达人。"也就是说，只有自己确立了人生追求、明确了发展方向，才能让别人与自己一样通达于天下。作为学生思想灵魂的守护者，高校辅导员必须有坚定的政治立场，明确自我角色的重要作用，把"道"融化于日常的思想政治教育管理工作中。一是要做好先进思想文化的传播者。文化是"根"。先进思想文化符合人类社会的发展方向，对改造主观世界具有重要的指导作用。对于当今时代的中国来说，马克思主义是社会主义核心价值体系的灵魂，是当今时代的思想与精神旗帜。做好先进思想文化的传播者，要求高校辅导员坚持马克思主义一元指导思想，积极传播马克思主义的思想、立场、观点和方法，用先进的思想文化尤其是习近平新时代中国特色社会主义思想凝聚学生共识、汇聚前行力量。二是要做好党执政的坚定支持者。辅导员制度是我们党在探索社会主义大学办学经验中发展起来的一项重要工作制度，其设立的初衷就是加强和改进高校党的思想政治工作。在70余年的发展历程中，不管辅导员的称呼、职责如何变化，其发展始终把坚持中国共产党的领导放在首要位置。做好党执政的坚定支持者就要求高校辅导员始终坚持正确的政治方向，自觉接受中国共产党的领导，与党同心同向同行，与中华民族伟大复兴同进,保证高校始终成为培养社会主义事业建设者和接班人的坚强阵地。三是做好大学生健康成长的指导者和引路人。为人师表者方可为师。高校辅导员坚守的"道",不仅是知识与理论之道,更是为人处世之道。要当好学生的指导者和引路人,就必须先修己心,先治己身,尔后以正确的价值观念、高尚的道德修养引导学生把握好人生发展方向,教会学生是非曲直、善恶得失,培育学生健全的人格,充盈学生的精神世界,为广大学生点亮理想的灯,照亮前行的路,成为他们的青春引路人。

(三) 做知行合一的行道者

行道是实现"育人者必先育己"的根本。知行合一是实践到认识再到实践的辩证发展的过程,是衡量思想政治教育合理化成效的重要指标。高校辅导员的立德树人工作不能仅仅停留在思想教育上,更要落实于具体的行动中,表征于学生的思想观念、价值取向与精神风貌,因而也是一个知行合一的螺旋式上升的过程。做知行合一的行道者,一是要深学笃行,慎思多悟。知行合一,知是基础、是前提,行是重点、是关键。"知之愈明,则行之愈笃。"高校辅导员要实现行道的目标,必须不断提升自我的理论素养,把马克思主义尤其是习近平新时代中国特色社会主义思想作为看家本领,在学深悟透、融会贯通上下功夫,通过理论联系实际,即自我的实践来验证理论的科学性,进而提高运用理论解决思想政治教育过程中实际问题的能力。二是坚持言传与身教的统一。高校辅导员的一言一行无不对大学生的思想观念、价值判断产生着潜移默化的深刻影响,"价值观教育最有效的手段是身教,以身作则,用实际行动向受众展示我们所要传播的'道'"[①]。高

[①] 沈冰清:《传道需要信道、明道、智慧》,《思想理论教育导刊》2018年第4期。

校辅导员既要通过面对面谈心、参加活动等显性方式传授做人做事的道理，还要身体力行，为人师表，为经师更为人师，以缄默的方式将正确的价值观渗透到与学生交往的各个环节。三是促进知行转化。知行转化是高校辅导员通过思想政治教育活动将符合社会预期的思想观念、政治观点、道德规范灌输给学生，使学生内化于心后将其纳入自己的价值体系，并自主进行输出、转化从而外化为行为习惯的过程。在这一过程中，高校辅导员要坚持以人为本、以知导行、化知为行，使学生做到知中有行、行中有知，促使学生将一时的外化行为变成持久的自觉行动。

三 以"赋权增能"提升辅导员专业自主性

外部环境是激发高校辅导员自我效能感、培养专业化自觉的助推器。自我效能感说到底是个体自我的一种主观评估，主张重视外部环境对个体行为的影响与作用。社会和学校等外部环境是影响高校辅导员自我效能感的重要因素。良好的政策氛围能增强高校辅导员从事教育工作的自信和热情，提升高校辅导员的自我效能感。"赋权增能"分为外在赋权和内在增能两个层面六个维度，前者包括教师参与程度、具备的影响力、专业地位等内容，后者指教师专业自主性、专业发展的机会与自我效能感。[1] 按照赋权增能理论，高校辅导员的专业发展是一个连续不断、周而复始的过程，不仅要通过外在的赋权参与学校的决策、管理与执行，并对学生产生影响力，还要掌握特定的知识与技能，具备一定的专业自主权，以此激发自我发展意识，促进自我效能感的提升，最终实现专业化的发展。

---

[1] Michalinos, Z., Elena C., *Papanastasiou*: *Modeling Teacher Empowerment*: *The Role of Job Satisfaction*, Educational Research and Evaluation, No. 5, 2005, pp. 433–459.

(一) 改善辅导员赋权增能的社会环境

外部赋权的核心在于通过政策层面的支持,创建有利于高校辅导员赋权的工作环境,提升其社会角色参与的积极性,减少其在专业工作中出现的"无力感",维护其专业自主性与地位。学校是一个开放的组织,高校辅导员赋权增能不能仅着眼于学校环境与条件的优化,还要考虑到学校系统外部环境的支持,要通过改善社会的支持环境,创设有利于高校辅导员赋权增能目标实现的愉悦环境和空间。一是继续营造尊师重教的社会氛围,将支持高校辅导员专业发展落实于行动之中。党的十九大报告提出要优先发展教育事业,并把建设教育强国作为实现中华民族伟大复兴中国梦的基础性工程,提出要培养高素质教师队伍,倡导全社会尊师重教。党的二十大报告继续强调要坚持教育优先发展,建设教育强国、科技强国、人才强国,体现出党中央对教育事业和教师发展的高度重视。辅导员职业的教化功能与立德树人使命是任何其他职业不可替代的。重教之心、尊师之意不仅需要礼赞与讴歌,还需要落细、落小、落实。各级党委和政府要动员全社会的力量,整合各种资源,支持包括高校辅导员在内的高素质专业化教师队伍建设改革。教育主管部门要严格按照《教师法》和《普通高等学校辅导员队伍建设规定》,制定保障高校辅导员专业化发展的政策条例,使高校辅导员赋权增能做到有章可循、有法可依,为高校辅导员专业化发展营造安心、舒心、静心的社会环境。二是建立专业权威性共同体组织,搭建赋权增能的有效平台。完善的专业组织是一个职业实现专业化发展的重要标志。可喜的是,目前已经建立了全国性的高等学校辅导员协会以及各省份的分协会。这些协会在承担了政府部门的行政职责的同时,也为高校辅导员提供了一些专业性服务,在辅导员群体中有一定的影响力。专业共同体为高校辅导员与政府、社会有效沟通，营造开放、共赢的社会环境提供了可能。高校辅导员群体要通过与政府和社会的沟通，及时准确地反馈诉求，吸纳社会对学生事务工作及自我建设的意见和建议，以此赢得政府机构和社会的支持，促进自身的专业化水平提升。

(二) 优化辅导员赋权增能的学校环境

尽管近年来党和国家对高校辅导员的重视度不断增强，专业化建设也在稳步推进之中，但从调查和访谈的结果来看，随着从业年限的增加，高校辅导员的职业倦怠感逐渐上升，职业认同度、幸福感呈现下降态势，其中重要原因在于高校辅导员工作的职责不清、边界不明、自主性不高。要优化高校辅导员赋权增能的学校环境，一是改革行政取向的科层制管理模式。"通过科层制向教师赋权，永远也不可能实现教师和学校真正需要的教师专业化。"① 要改变学校管理者"权力控制者"的角色，而将自己定位于高校辅导员专业化的服务者、促进者，多倾听高校辅导员队伍发展中的困难和问题，通过沟通交流创设科层取向和专业取向相结合的和谐关系，明确高校辅导员在学生事务管理中的专业权威性，为他们行使权力创设发展空间。二是明责减负，为高校辅导员赋权增能提供制度保障。当前高校辅导员工作职责界限模糊、精力分散，削弱了主体职责与功能，也使高校辅导员被贴上了"工作内容简单、可替代性高"的标签。要对照 2017 年新颁发的《普通高等学校辅导员队伍建设规定》，通过制度赋权，为党政干部、思政课教师、哲学社会科学课教师、专业教师、班主任等学校内部其他育人主体确立相应的职责权限，把原本游离于高校辅导员职责范围内的一般事务性工作剥离出来，为高校辅导员"明责减负"，为其职业化、

---

① [美] 约翰·E. 丘伯, 泰力·M. 默:《政治、市场和学校》, 蒋衡、俞映辉、杨芳莉译, 教育科学出版社 2003 年版, 第 39 页。

专业化发展确定清晰明确的制度目标。三是还权赋能，发挥高校辅导员决策管理作用。还权赋能的目的是最大限度开发高校辅导员在思想政治工作中的积极性、主动性与创造性。还权赋能，并不是让每位高校辅导员都参与学校发展的决策，而是注重发挥高校辅导员的主体性作用，根据思想政治工作规律和学生成长发展规律，在考量高校辅导员职业能力水平的基础上，赋予他们一定的参与权、自主权、决策权、评议权和监督权，培育和激发他们的权利意识，增强他们的职业声望。

（三）提升辅导员赋权增能的个体自觉

"教师赋权最终落脚点及核心是让教师成为自己，强调对教师自身能力的重视和提升。"[①] 外部赋权是一种手段，固然能为高校辅导员专业化发展创设一定的发展空间与氛围，然而，只有实现自我赋权，即通过外在的增能激活内在的权力，促使高校辅导员自觉自发地自我决策，才是激发他们自我效能感的核心所在。从这个层面来说，赋权增能的真正目的是借助外部权力的行使激活发展的动力，促使高校辅导员不断实现自我增能，并在肯定自我价值、相信自我能力后积极付诸行动，为实现专业自主发展提供机会。一是要开展自我反思。"反思在本质上就是一个教师赋权的过程，可以增强教师的主动性。"[②] 提升高校辅导员赋权增能的个体自觉，必须建立在对自我职业行为和专业发展过程思考的基础之上。它要求高校辅导员着眼于提升工作实效性和自我专业化能力的视角，既要对自我工作能力是否达到了预期目标进行反思，还要对教育管理工作中存在的失误、偏差以及自我的缺点进

[①] 胡洁雯、李文梅：《赋权增能：教师专业发展的新视角》，《中国矿业大学学报》（社会科学版）2011年第2期。

[②] 操太圣、卢乃桂：《伙伴协作与教师赋权——教师专业发展新视角》，教育科学出版社2007年版，第316页。

行不间断的反思，进而调控职业行为、评估育人效果，最终实现提升思想政治教育实效和促进自我专业发展的目标。二是倡导合作对话。教育工作本身就是一种集体智慧，需要协同合作。尽管不同高校辅导员的育人目标一致、主要职责相同、工作对象相似，但由于校情不一，工作经验与职业水平存在差异性，对于同一性质的思想政治教育工作思路迥异、采取的方法不同，导致最后的效果也不尽相同。高校辅导员要采取开放的工作方式，通过同伴互助或者专家引领的方式，以积极的心态、平等的身份就工作中的问题进行探讨交流，通过集思广益确定出最佳的工作方案，以此激发高校辅导员的自信心与专业意识，促进其自我增能的同时加快专业化成长步伐。

第二节　强化能力本位导向，提升辅导员专业化素养

能力是包括"知识、行为、技能、价值观、态度和自我感知等在内的一个复杂的整合体"[1]，是主体的潜在，蕴含着人的创造性、能动性与内发性。从专业化发展的视角出发，能力是最能体现某一职业专业特性的硬指标，过硬的专业能力是该职业从非专业向专业转变的标志与结果。"强调能力本位是实质性推进教师专业化进程的选择。"[2]具备了坚定教育信念后，评价高校辅导员专业与否的标准不在于储备了多少专业知识，而在于能否游刃有余地应对各种复杂多变的思想政治教育工作情境，这仅靠人情、关系或权力显然是行不通的。因此，高校辅导员能力本位中的能力不是一种简单的技能，而是一种"能力

---

[1] Diez, M., Rickards, W., Lake, K., *Performance Assessment in Teacher Education*, in T. Warren, *Promising Practices: Teacher Education in Liberal Arts Colleges*, Lanham, MD: University Press of America and Association of Independent Liberal Arts Colleges for Teacher Education, 1993, p.9.

[2] 杨洁：《能力本位：当代教师专业标准建设的基石》，《教育研究》2014年第10期。

至上""能者为师""能者优先"的专业价值观,它崇尚以能力作为裁决的准绳,强调以专业素养为核心的能力是专业发展的内核与归属,旨在通过增强适应力与表现力,实现高校辅导员由"万金油式"向"专业性"人才的转变。

一 探索适应时代发展的辅导员学学科体系

学科是知识和科学的分支,不同学科本身有着特定的研究对象、内容、方法和规律,具有相对独立的知识体系。在美国高等教育界,尽管学生事务管理工作已经形成了从本科到硕士、博士的培养体系,对于"学生事务是否是一个专业还是经历了很长时间的讨论"[1]。辅导员职业设立的本意就是要随时掌握教工和学生的"政治思想状况",在《高等学校辅导员职业能力标准(暂行)》中,"思想政治教育"出现了61处,足见高校辅导员的职业发展与思想政治教育学科建设间的密切关系。"思想政治教育学科或课程建设水平是高校辅导员专业化、职业化的支撑和标志。"[2] 也正是得益于思想政治教育学科的迅猛发展,高校辅导员队伍专业化发展才具备了最基本的学理基础。然而,随着高校辅导员队伍专业化发展进程的不断推进,对管理学、教育学、心理学、社会学等其他学科理论与实践知识的需求更加强烈,传统的以思想政治教育为核心和以人文、社会、教育学科为基点的"一主三辅"学科支撑体系不利于"培养和造就一批思想政治教育方面的专家、教授和理论家",也越来越难以适应新时代"能力本位"为导向的高校辅导员专业化发展要求,逐步探索设立高校辅导员学的学科支撑体系势在必行。

---

[1] 朱正昌:《高校辅导员队伍建设研究》,人民出版社2010年版,第73页。
[2] 彭庆红:《论高校辅导员队伍的专业化建设》,《北京科技大学学科》(社会科学版)2007年第4期。

（一）明确辅导员学的研究对象

研究对象是学科研究内容的抽象化，也是学科建立的本质依据。"一门学科的建立，首先要明确研究什么，这就需要建立学科研究对象范畴。"[1] 对于辅导员学来说，是否有自己独立的研究对象，是决定该学科存在与否的根本条件之一。然而，关于学科对象究竟是什么的话题在学术界一直存在种种争议，有学者提出"现象说"，即以一定的客观现象为研究对象，也有"问题说"，即以特定的问题为研究对象，还有"规律说"，即以一定的规律为研究对象。思想政治教育学就是"把人们思想品德形成发展的规律和对人们进行思想政治教育的规律"[2] 作为学科研究对象。毛泽东同志指出，"科学研究的区分，就是根据科学对象所具有的特殊的矛盾性。"[3] 这也成为确立研究对象的经典性名言。由此看来，确立辅导员学的研究对象，首先就要明确辅导员学能解决什么样的特殊矛盾。高校辅导员职业具有强烈的政治色彩，其首要使命是通过研究大学生现有的政治思想、道德品质、价值观念，提供必要的管理与服务，以达到社会发展预期的思想政治品德与价值要求，解决大学生"实然"与社会发展"应然"间的特殊矛盾。这个特殊矛盾是高校辅导员职业存在的根本目的，贯穿于高校辅导员工作的全过程。然而，要解决这一矛盾，不能局限于受教育者的视角，而要关注教育者自我的能力素养，弄清楚"实然"与"应然"间的差异性，以及采取何种方法实现"实然"到"应然"的转化。从这个层面来讲，辅导员学的研究对象不仅仅是大学生政治思想、道德品质、价值观念

---

[1] 孙绵涛：《学科论》，《教育研究》2004年第6期。
[2] 张耀灿、郑永廷、吴潜涛等：《现代思想政治教育学》，人民出版社2006年版，第7页。
[3] 《毛泽东选集》第1卷，人民出版社1991年版，第309页。

形成与发展的规律，还包括高校辅导员进行教育、管理和服务的工作规律。

（二）夯实辅导员学的理论基础

"学科的理论基础是一门学科形成价值判断、建立理论命题、研究现实问题所不可缺少的原理性、根本性的理论或学说。"① 由于辅导员学的发展还处于起步阶段，要明确辅导员学的理论基础，一是必须明确其学科定位与学科归属。准确界定"辅导员学"的学科定位与归属，是该学科建设与发展的逻辑起点。辅导员制度的诞生、探索与发展，是基于加强大学生思想政治教育的需要，尽管历经70余年的职业历程，高校辅导员的身份、地位和角色发生了很大变化，工作职责表述各异，但从根本上说，开展思想教育与价值引领，培养德智体美劳全面发展的社会主义合格建设者与可靠接班人、为党育人、为国育才始终是高校辅导员工作的首要职责，这也是辅导员制度存在的核心价值所在。因此，"辅导员学"无疑应归属于马克思主义一级学科，更具体来说，应成为思想政治教育的二级学科之下。二是要建立学科理论体系。高校辅导员专业化知识体系分为本体性知识、条件性知识和实践性知识三个层面，其中，思想政治教育学相关的本体性知识是辅导员学的根本性知识来源，但这并不意味着其他条件性知识与实践性知识不重要。相反，辅导员学是一门综合性学科，需要综合运用教育学、心理学、管理学、哲学、青年学、传播学等多门人文社科知识。不仅如此，辅导员学的最终目标是要实现"立德树人"，这就要求高校辅导员具备心理咨询、生涯规划、组织行为、党团知识等应用实践性知识。三是确立学科理论研究范式。库恩认为，一个成熟学科至少有

---

① 李晓娟：《高校辅导员工作学的基本问题研究》，西南师范大学出版社2018年版，第99页。

一个学术研究范式。辅导员学要借鉴思想政治教育学从经验化向科学化发展历程,以当前思想政治工作中存在的重点突出问题为研究基点,以辅导员学基本原理与方法、辅导员史、辅导员论、中外辅导员比较等为主要内容,深化辅导员学研究深度,提升辅导员学的科学研究水平。

(三)建立辅导员学的方法体系

方法是人类思维活动的产物,是"在给定的前提下,为达到一个目的所采取的活动方式、程序和手段的总和"[①]。作为研究目的和任务的具体化形式,研究方法规定着研究范围,指导着活动程序,制约着研究视角,是学科建设的重要内容。正是从这个意义上说,是否有相对独立的研究方法是判断一门学科是否成立的重要条件之一。思想政治教育方法,是"教育者为实现教育目标、传递教育内容,对受教育者所采取的思想方法和工作方法"[②]。辅导员学是思想政治教育学的分支学科,其研究方法以逻辑研究、理论演绎为主,是高校辅导员为达到立德树人目标而应遵循的步骤、程序、手段的集合,是连接高校辅导员学研究者与其工作对象的桥梁和纽带,体现着高校辅导员的思维方式、行为准则、价值取向。辅导员学的方法体系包括一般方法和具体方法,也具有时代发展的内容。其中,一般研究方法以马克思主义辩证唯物主义和历史唯物主义为基础,是辅导员学的基础性、普遍性、指导性方法,主要包括阶级分析法、矛盾性揭示法、空缺性检验法、量化与质化研究法、科学抽象法、分析与综合法等。具体研究方法是辅导员学学科使用的具体性、常规性方法,是反映该学科特色的常用

---

① [德]阿·迈纳:《方法论引论》,王路译,生活·读书·新知三联书店1991年版,第6页。
② 万美容:《思想政治教育方法发展研究》,中国社会科学出版社2007年版,第12页。

性方法，主要包括历史再现法、对比研究法、观察法、问卷调查法、个案访谈法等。此外，当前社会形势的深刻变革以及现代学科的交叉融合赋予了辅导员学研究方法新的时代内容，如大数据调查法、社会网络分析法、结构方程模型以及强调研究中的价值和意识形态因素的反实证主义研究法等。

二 完善分类分级分层次的专业化培训体系

能力是可以去情景化的存在，是一定政策环境与人际关系的产物。高校辅导员的专业能力是在一定先进理念的牵引下，在特定的教育情境中训练与生成的，是高校辅导员对于教育问题及教育情境策略化反应的结果。在能力至上观念的主宰下，要赢得行业的生存权利与地位，仅依靠高校辅导员个体的先天性知识与本领是远远不够的，还需要借助个性化、科学化的培养培训。调研数据显示，当前高校辅导员队伍培训还存在着培训机制不完善、培训内容偏重理论、实践性不足、时代感不强以及"被动式培训"等突出问题。这些问题与能力本位的目标相距甚远，不仅影响了培训的质量，也难以满足新时代高校辅导员队伍专业化发展的需要。《普通高等学校辅导员队伍建设规定》提出，要把高校辅导员培训纳入师资队伍和干部队伍培训的整体规划范畴，建立国家、省级和学校三级培训体系。完善面向能力的分类分层次专业化培训体系，是时代发展的需要，更是提升高校辅导员专业能力的迫切要求。

（一）以满足个性需求为导向

习近平总书记指出，思想政治工作要"因事而化、因时而进、因势而新"。每个区域、每所高校、每位高校辅导员专业起点不一、发展需求有别、专业能力各异，这就要求专业化培训体系不能千篇一律，不能简单地自上而下，而应该在遵循思想政治教育规律和人才培养规律的基础上，量体裁衣、因人而异、因材施教，成为对高校辅导员专业发展具有吸引力、牵引力与影响力的计划。以满足个性需求为导向，一是要遵循个性化的培养原则。当前高校辅导员培训力度大，涉及范围广，几乎涵盖了学科知识、工作方法和业务能力培养的方方面面，但仍然存在效果不突出、不明显的窘境，究其根本，与培训计划的过于普适性有关。事实上，部属、省属高校，本科、专科高校，综合性与专门性高校校情具有明显的差异性，不同工作年限、不同发展阶段、不同专业背景、不同学历层次的高校辅导员对培训的期待与需求也不一致。培训计划的制定者必须认真研判不同类别、不同层次、不同阶段高校辅导员专业化发展的现状、内在需求与能力缺陷，深入了解他们的个性化特征，关注他们的兴趣点和关注点，通过整合不同层面的培训资源，有针对性地打造专题化、主动化、精准化的培训方案，解决专业化培训与个体性发展需求不相匹配的矛盾，确保培训内容与个性化需求的相对一致性。二是为个性化发展提供多层次、多样化的培训服务。思想政治工作环境千变万化，新的问题层出不穷，新的机遇不断涌现，以个性化需求为导向的培养除了要通过专业化培训帮助高校辅导员解决能力不足的问题外，还要瞄准社会和时代的发展需求，对专业化发展的不同方向，如基础理论研究、心理咨询、学业辅导、生涯发展教育、"十大育人"体系等，有意识地进行细分，引导高校辅导员根据自我规划、专业素养就某一领域"深耕细作"，为高校辅导员专业能力提升提供多层次多样化的培训服务。

（二）以提升职业能力为重点

能力本位的最终目标是通过科学化的培养与个性化的培训，不断提升高校辅导员履职尽责的职业能力。《高等学校辅导员职业能力标准

(暂行)》把政治强、业务精、纪律严、作风正作为高校辅导员职业能力的主要特征,并分初级、中级和高级三个等级对高校辅导员应该具备的职业能力进行了明确的规定。高校辅导员的主要职业能力包括思想教育与价值引领的能力、求真向善崇美的实践智慧及终身学习与跨界学习的能力。专业化培训要适应高等教育发展的要求,一是坚持问题导向。高校辅导员专业化培训,不能局限于提供解决现有问题的办法,而应该着眼于通过启发思维、训练能力,为高校辅导员提供一套主动思考问题、研究问题、解决问题的方法。坚持问题导向,首先需要"立地",通过提升高校辅导员从业素质,解决大学生成长成才中产生的突出现实困惑与问题,增强思想政治教育的针对性与实效性;其次需要"顶天",要通过系统化的培训,帮助高校辅导员将零碎的经验上升为科学化的理论,引导高校辅导员不断总结工作规律,探寻新的工作途径与方法,提升思想教育与价值引领的能力。二是坚持系统性与层次性相结合。有效的培训建立在对培训需求的正确客观分析基础上。由于受训对象专业、能力、年龄等的差异性,培训必须坚持系统性与层次性相结合的原则,全面系统制定计划,科学合理配置师资,尊重个体差异,有针对性地开展分层分级分类的培训。三是坚持长期性与发展性相结合。正如高校辅导员专业化发展历程一样,其培养培训也并非一蹴而就的,而是一个循序渐进的螺旋式发展过程。要引导高校辅导员正确认识培训的长期性与持续性,正确认识专业化培训对于更新知识结构、提升职业能力的重要性,培养高校辅导员自觉树立终身学习的发展理念。

(三)优化培训的内容与方法

调查研究显示,认为培训"形式单调"的高校辅导员比例达到36.31%,而选择"内容脱离实际"的也占17.26%,这无疑制约着高校辅导员培训的效果。优化专业化培训的内容与方法，一是以提升网络素养为重点。网络新技术、新媒介深刻地影响着人们的思维习惯、精神面貌与价值追求，适应网络空间发展特点、认清网络环境发展规律，是新时代思想政治教育工作者应当具备的核心素养之一。要通过培训，培植高校辅导员的网络思维，帮助高校辅导员把握网络传播的动态性、多元性与开放性特征，提升高校辅导员网络舆情应对能力。要利用网络平台优势，引导高校辅导员主动建构网络化育人阵地，将中国梦、社会主义核心价值观等政治性话语融入网络空间，增强网络传播的思想性与价值性。二是更加注重培训内容的时代性。新时代赋予了思想政治教育新的内容。要通过培训，将党的二十大报告中关于习近平新时代中国特色社会主义思想、社会主义核心价值体系、思想道德建设、意识形态建设等新内容注入培训范畴，增加专业化培训的时代特色。三是培训方式多样化。要发挥高校辅导员协会和全国辅导员培训基地平台在访学交流、骨干研修、学位攻读、集中培训等方面的作用。要因时制宜、因地制宜，根据不同培训目标和培训需求，选择案例研讨、角色扮演、情景模拟、拓展训练等新型培训方式，增强培训对象的获得感。四是建立培训反馈与调适机制。科学的评价与反馈机制是构建能力本位型高校辅导员培训体系的必要环节。要通过评价，反馈培训效果，促使培训教师不断反思培训内容、改进培训形式、增强培训实效。要加大专业能力在师资选拔中的比例与权重，建立能力本位的选聘机制，确保教师培训水平与绩效考核正相关，形成有序、规范、流动的调适机制。

三 提高以胜任力为核心的专业化实践能力

高校辅导员实践能力既是提升思想政治教育育人实效的必然要求，也是衡量其专业化程度的重要尺度。所谓胜任力，是指"能将某一工作中卓有成就者与表现平平者区分开来的个人的潜在特征"①。这种潜在的特征包括某一动机、某种领域的知识、态度或者价值观、认知或行为技能等，是衡量或区分优秀与一般的个体特征。高校辅导员胜任力建立在专业性基础之上，反映高校辅导员对于思想政治教育工作的驾驭能力，通过立德树人的实效加以检验。在"以能力正确发挥为价值导向的能力社会"②，胜任力是高校辅导员为更好完成职业使命所应具备的性格、认知、动机、知识与技能的个体特征的集合。

（一）以提升实践能力为目标

以提升实践能力为目标，一是把实践能力作为提升岗位胜任力、评判高校辅导员专业化的重要检验标准。"专业实践能力才是教师专业发展的终点与归宿。"③ 注重实践性是高校辅导员专业能力形成的关键环节，是能力本位型教育形态的显著特征。思想政治教育本质上是一项社会实践活动，其实践性特征决定了高校辅导员专业化培养要把实践能力的生成与提升作为重要目标。从这个层面来讲，即使通过专业性的培养培训习得了专业知识、获得了专业技能，但如果缺失了真实教育场景的实践修炼，并不等于形成了专业能力，而只有经历实践锻炼、经过了实践检验、生成了专业胜任力，才有可能被"点石成金"，熔炼成具有专业化品质的教育者。二是创设高校辅导员实践锻炼平台。理论培训可以帮助高校辅导员掌握思想政治工作规律与大学生成长发展规律，但只有亲历实践环节，才能升华教育情感、积淀专业精神。要注重学以致用，充分发挥理论功底与实践经验优势，鼓励高校辅导

---

① Spencer L. M., Spencer S. M., *Competence at Work: Models for Superior Performance*, New York: John Wiley & Sons, Inc., 1993, pp. 222-226.
② 彭贇:《能力本位·社会本位·发展本位——关于"社会主义价值观核心理念"的思考与对话》,《北京大学学报》（哲学社会科学版）2001年第5期。
③ 杨洁:《能力本位:当代教师专业标准建设的基石》,《教育研究》2014年第10期。

员开设形势与政策、职业发展规划、就业指导、思想道德修养、心理健康教育等课程，支持高校辅导员在马克思主义学院兼职，讲授"毛泽东思想和中国特色社会主义理论体系概论""思想道德修养与法律基础"等思想政治教育学相关课程。要创造实践机会，为一线专职辅导员提供更为充分的观摩、学习、研修、挂职机会，支持高校辅导员将所学理论与社会需求、学生需求相结合，促使他们在实践中增长才干。三是提升高校辅导员教育智慧。"教师的教育智慧使他的工作进入到科学和艺术结合的境界，充分展示出个性的独特风格。"[1] 高校辅导员教育智慧源于实践，其本质是解决问题的一种理性能力。要引导高校辅导员在具体的教育情境中灵活运用不同教育方法，审时度势地帮助学生化解各种困难与问题，感染、激励、引导学生成长成才。

（二）注重实践性反思

反思是一种自省，是主体对自我言行的思考与评价。高校辅导员的实践性反思是基于经验对思想政治教育现实情境中问题的检查、审视与批判，指引着高校辅导员不断提升和发展其专业能力。一是对自我进行反思。"反思含有对行动方案进行深思熟虑、选择和作出抉择的意味。"[2] 高校辅导员是立德树人实践活动的主体，自我反思要求高校辅导员对照辅导员职业能力标准，对自身的职业目标和定位进行反思，对自我教育理念、教育行为、教育方法、教育效果进行判断、分析与评价，通过自我反思，认清自我、找准定位，达到提升思想政治教育实效性与完善自我的目的。二是对工作进行反思。首先要反思工作方

---

[1] 叶澜：《新世纪教师专业素养初探》，《教育研究与实验》1998年第4期。
[2] ［加］马克斯·范梅南：《教学机智——教育智慧的意蕴》，李树英译，教育科学出版社2001年版，第131页。

法。"不解决方法问题，任务也只是瞎说一顿。"① 要认真研究大学生的心理及行为特点，反思工作方法是否有创新，灵活运用反思总结、行动研究、案例分析等研究方法，实现教育的优化。其次要反思教育情境。每一次教育实践活动都有特定的环境与氛围，策略也不尽相同。高校辅导员要在实践中不断反思、探索、审时度势，以敏锐的判断，把握正确的教育时机，合理化解不同的矛盾与危机。最后要反思工作效果。高校辅导员要不断反思得失成败、总结教训，为更好地培养时代新人积累有益的经验。三是对反思进行反思。高校辅导员专业化发展的过程是通过教育实践对自我不断反思并重新解构和建构的过程。要了解实践性反思的效果是否合理有效，还要对反思后的结果加以验证。为此，高校辅导员不仅要以批判的眼光审视自我专业化发展过程与实施的教育行为，还要将反思后的结果付诸未来的教育实践，并与预期进行对比验证，通过修正与完善，实现螺旋状提升。

（三）坚持理论与实践相结合

理论与实践紧密联系、相互促进是高校辅导员实践能力提升的内在逻辑。坚持理论与实践相结合，就是要通过培养、培训与锻炼，使高校辅导员认识和理解岗位的职责与需求，主动调动自身专业知识与能力，经由实践，练就能力，适应学生成长成才需要的同时不断谋求自我的发展和完善。一要加强理论研究。理论研究对实践发展具有指导意义。高校辅导员要着眼于新时代的社会背景，适应新形势的发展要求，坚持以习近平新时代中国特色社会主义思想为指导，通过理论研究找寻工作规律，为解决现实问题提供科学的理论指导和可靠的分析逻辑，为大学生解疑释惑、阐明道理的同时，不断促进综合胜任力

---

① 《毛泽东选集》第1卷，人民出版社1991年版，第139页。

的发展。二要增强实践自觉。高校辅导员的专业实践能力是在新旧能力运用与更新的具体实践中修炼形成的。要加大对实践研究的扶持力度，鼓励高校辅导员加大理论研究的实践取向，引导高校辅导员通过面对面谈心、实地调查访谈等，准确把握当前思想政治教育实践中的热点、难点、焦点问题，更好地服务于大学生思想政治教育的实践需要。三要促进理论研究与实践发展相互转化。理论的生命力在于指导实践，实践反过来是检验理论正确性和生命力的重要向度。以胜任力为核心，要求高校辅导员善于挖掘思想政治教育工作中新的资源，主动转变工作思路，积极开展实践创新，优化研究成果价值，及时回应学生的思想困惑与现实迷惘，提高理论研究的实践转化效率。

四 厚植以高尚师德为目标的专业伦理素养

专业伦理是高校辅导员体现专业自我、实现专业价值的支撑与见证。党的十八大以来，以习近平同志为核心的党中央高度重视师德师风建设，"把提高教师思想政治素质和职业道德水平摆在首要位置"[1]，强调"师德是深厚的知识修养和文化品位的体现"[2]，"评价教师队伍素质的第一标准应该是师德师风"[3]，要求广大教师保持定力，执着于教书育人，自律要严、人格要正，不断提高道德修养，提升人格品质，做以德立身、以德立学、以德施教的楷模。这些重要论述吹响了新时代教师队伍专业化建设的集结号，也为高校辅导员顺应时代潮流、发展专业伦理指明了方向。

---

[1] 中共中央、国务院：《关于全面深化新时代教师队伍建设改革的意见》（中发〔2018〕4号），中国政府网，http://www.gov.cn/zhengce/2018－01/31/content_5262659.htm，最后访问日期：2023年6月10日。

[2] 习近平：《做党和人民满意的好老师：同北京师范大学师生代表座谈时的讲话》，人民出版社2014年版，第7页。

[3] 习近平：《在北京大学师生座谈会上的讲话》，人民出版社2018年版，第9页。

（一）着力塑造专业精神

党的二十大报告中指出，要加强实践锻炼、专业训练，选拔忠诚干净担当的高素质专业化干部。辅导员是高校思想政治工作队伍的重要组成部分，具备什么样的专业精神对培养什么人、如何培养人具有直接的影响。事实证明，过于崇尚工具理性而忽视价值理性就会把高校辅导员异化为思想政治工作的"工具"。专业精神具有丰富的内涵，其培育与塑造并非一日之功。首先，要以坚定的教育信念涵养专业精神。高校辅导员是立德树人育人实践的实施主体，要以"梦之队"筑梦人的坚定信念培植自身对大学生思想政治教育工作的执着态度、深厚感情与热情投入的品质。其次，专业精神的塑造还是一种自我导向性的实践活动。要引导高校辅导员珍惜职业荣誉，激发自我发展意识，以"四有好老师"为目标，自觉树立师者形象，以专业精神担当时代责任，实现以精神培育精神，以人格塑造人格，用心灵感化心灵。最后，专业精神的塑造是高校辅导员丰盈精神生活的重要内容。要把高校辅导员作为有血有肉、有思想、有感情的人，注重健全高校辅导员人格，把实现精神成长与精神成人作为重要目标，关切高校辅导员的价值与尊严，引导高校辅导员以崇高的职业理想不断超脱世俗的功利与浮躁，为追求专业发展与生命价值提供持续的精神动力支撑。

（二）坚持自律与他律相结合

一是以专业自律维护职业形象与专业地位。高校辅导员的专业自律不是一般教师伦理规范的简单复制，而是在积累专业知识、培养专业能力、提供专业服务、彰显专业精神过程中的自我管理、自我约束与自我规制。专业自律是高校辅导员赖以生存的一种专业伦理，自律不严，高校辅导员的专业行为就会失去相应的规范与约束，作为专业人员的社会地位和职业形象也很难维护。要以习近平总书记关于思政课教师的"自律要严"为标准，引导高校辅导员做到为人正直坦诚、处事公平公正，以高尚的道德人格担负起立德树人的神圣使命，以此维护崇高的职业形象。二是以制度规范强化专业自律。自律的关键是培养从业人员的职业意识，这仅靠自觉远远不够，还需要发挥制度的作用。要以《关于全面深化新时代教师队伍建设改革的实施意见》《高等学校辅导员职业能力标准（暂行）》等制度文件为准绳，引导高校辅导员准确把握职业角色定位，牢固树立职业价值底线，自觉按照新时代教师职业伦理要求，强化自我管理与控制。三是促进他律向自律转化。专业伦理与一般职业道德的根本区别在于，作为专业化发展的精神支撑，专业伦理更倚重于专业人员的自律而不是他律。对于高校辅导员个体来说，专业自律是一种专业内组织与成员的他律。高校辅导员的工作职责是通过思想政治教育实践，培养德智体美劳全面发展的时代新人。要实现这一目标，仅有专业知识与专业技能还不够，还要求高校辅导员在以提供专业服务为核心的意识的驱动下，把专业内的他律内化为个体的专业自律，做到"规约"和"德行"的统一，为促进专业化发展提供坚实的伦理保障。

（三）关注专业伦理的时代发展

高校辅导员的专业伦理不是一成不变的，而是紧跟时代步伐，不断地革新与发展。一是正确认识市场经济发展对高校辅导员专业伦理的影响。作为社会意识的一部分，高校辅导员专业伦理无疑受到社会发展的制约与影响。面对市场经济的诱惑，要高度重视由此带来的价值多元倾向，更加强调恪守职责、无私奉献、言传身教，并赋予严于律己、廉洁从教新的时代内涵，发挥师德负面清单的正向效应，引导高校辅导员严格遵守道德规范，自觉抵制不良风气，主动预防师德滑坡。二是正视网络信息化带来的专业伦理挑战。信息化正在广泛而深刻地影响和改变着人类社会，也对固守传统师德规范、自恃为道德权威者的高校辅导员发起了有力挑战。面对网络虚拟世界广泛存在的"去伦理化"生存方式，高校辅导员要以更具开放性、发展性和包容性的心态，理性看待基于不同理念的新的价值选择与判断，自觉坚守正确的价值取向，努力践行以生为本的伦理信条，以平等自由的身份与大学生开展心灵的互动，以思想的魅力唤醒学生的潜能，以灵动的智慧赢得学生的尊重。三是警惕专业自主口号下的伦理失衡。专业自主是维护专业伦理、保障高校辅导员专业化地位的必然要求，但不应成为部分高校辅导员简单粗暴管教和禁、卡、压行为的借口。要基于平等公正的原则，尊重学生思想，维护学生尊严，顾及学生感受，聆听学生心声，确保育人行为契合专业价值取向，符合德行伦理。

第三节 以不可替代性为目标，构建专业化发展长效机制

教师专业化不是简单的知识性传授的技术性活动，高校辅导员专业化要解决的根本性问题也不仅是为了应对日常烦琐教育管理工作而掌握的某一工具性的技术或方法，而是要培养和造就一支能完成特定历史使命的、具有一定教育智慧的、具有"不可替代性"的高素质专业性人才队伍。作为具有双重身份、接受双重管理的新时代高校辅导员，其专业化发展固然依赖于个体信念、知识、技能、情感、伦理等内部能力与素养的提升，国家政策、社会氛围、学校制度等外部力量与因素的作用更不可小觑。特别是要解决当前高校辅导员队伍面临的职责不清、待遇不高、出路不畅、专业自主不足等机制体制问题，高校辅导员个体的力量显然是有限的。因此，正如习近平总书记在庆祝改革开放40周年大会上的讲话中指出的，"制度是关系党和

国家事业发展的根本性、全局性、稳定性、长期性问题。"① 要保障这支队伍"后继有人、源源不断",构建长效化的协同发展机制迫在眉睫。

一 优化选聘机制,严把政治关、作风关与能力关

辅导员制度设立至今,选聘标准与门槛不断提升,一定程度上优化了高校辅导员的素质结构,有效促进和巩固了高校辅导员专业化发展进程。然而,正如调查研究显示,这些标准看似严格,但实际工作效果却值得商榷。要通过严把政治关、作风关与能力关,确立高校辅导员专业标准,建立高校辅导员准入制度,完善高校辅导员选拔办法,达到优化选聘机制的目的。

第一,确立高校辅导员专业标准。专业标准是高校辅导员专业化发展方向和目标的具体化,是辅导员职业发展到一定阶段后的规范与要求,也是高校辅导员实现从职业到专业的标志。一是确立辅导员职业整体专业标准。要按照"政治强、业务精、纪律严、作风正"的职业能力要求,分别从教育信念、专业知识、专业能力和专业伦理等维度构建辅导员职业的专业标准,即至少应该具备以下要求——坚定的教育信念、广博的专业知识、过硬的专业技能、特有的实践智慧、崇高的专业伦理、终身学习的理念等。二是确立不同类别辅导员专业标准。鼓励高校辅导员选取 9 项工作职责的某 1—2 项内容深耕细作,在整体专业标准基础上,对承担不同职责高校辅导员进行细分,设立政治辅导员、心理辅导员、学业辅导员、生活辅导员、就业指导与职业规划辅导员等岗位,并依此建立不同类别和等级的行为规范、伦理准则等,推动高校辅导员专业化向纵深方向发展。

---

① 习近平:《在庆祝改革开放 40 周年大会上的讲话》,人民出版社 2018 年版,第 28—29 页。

第二，建立高校辅导员准入制度。专业化是针对职业应该具备的特有的知识、技能、素养与伦理而言的。高校辅导员的专业化发展，意味着其不再只是普通教师的一部分，而是一种自成体系的、新的社会职业。一是建立职业从业资格制度。要在教育部规定的"逐步建立辅导员持证上岗制度"的基础上，根据辅导员专业标准，规定拟从业者的身份门槛，通过严格系统的职前培训，对能初步掌握该职业知识与技能的从业人员进行考核，合格者由政府部门颁发入职资格证书，以实现严把入关。二是建立资格认证制度和资格等级制度。参照教师资格证再认定做法，在从业资格证有效期届满前，通过职后学习交流、培养培训、进修挂职等，参照工作业绩，对从业资格证书进行复核，以此满足个性化发展需求，保证队伍的合理流动。还要按照《高等学校辅导员职业能力标准（暂行）》规定，对不同工作年限高校辅导员进行考核，颁发相应的初级、中级和高级辅导员等级资格证书，并探索不同等级对应相关职称、享受对等待遇津贴制度。

第三，完善高校辅导员选拔办法。高校辅导员选拔要站在解决培养什么人、怎样培养人、为谁培养人这一根本问题的高度，做到优中选优。一是坚持德才兼备、以德为先原则。要将思想道德素质摆在首要位置，选拔政治素质过硬、理想信念坚定、职业道德崇高、心理素质良好的青年才俊，将其充实到高校辅导员队伍中来。二是遵循高校辅导员专业发展规律。高校辅导员专业化发展具有主体性、阶段性、动态性和连续性等特征。要从职业未来发展方向出发，选拔爱好学生工作、善于学习、乐于奉献、敢于超越、富有教育智慧等发展潜力大的优秀青年充实到高校辅导员队伍。三是严格选拔程序。根据高校辅导员队伍建设规划，遵照高校辅导员专业标准和准入制度要求，不断拓宽选拔渠道，秉承公平、公开、公正的原则，依法合规地规范选拔程序，达到人尽其才、才尽其用的良好效果。"严格落实专职辅导员人事管理政策，按规定签订聘用合同。"①

二 完善激励机制，增强认同感、荣誉感和责任感

合理的利益诉求是满足个体生存需求、协调不同社会关系的必然要求，是促进个体持续发展的恒久动力。正如马克思指出的，"人们奋斗所争取的一切，都同他们的利益有关"②，"'思想'一旦离开'利益'，就一定会使自己出丑"③。当前高校辅导员积累机制还存在考核与激励相脱节、物质激励水平较低、荣誉激励不足、发展激励不到位等诸多问题，要"在政策和待遇方面给予适当倾斜"，增强高校辅导员对立德树人事业的认同感、荣誉感和责任感，为推进高校辅导员的专业化发展提供必要的激励。

第一，突出精神激励。物质需要是人的最基本层次需要。通过优化薪资待遇、完善晋升渠道等经济手段满足高校辅导员的物质生活需要，以此激发他们的工作积极性无疑是必要的。但高校辅导员崇高的职业使命决定了其更需要信仰信念、理想、价值观、荣誉、情感等精神性激励的支撑。要积极关注高校辅导员的精神生活世界，引导高校辅导员反思生活的意义、探寻生命的价值，培养崇高的精神志趣、向上的精神价值和高尚的信仰追求，为实现专业化发展提供正确的精神指引。要尊重高校辅导员的主体性地位，激发其专业自主意识，促进其自我教育能力的形成，通过尊重、成就、自我实现等高层次的精神追求，引导高校辅导员从实现自我提升、价值实现和人格完善等满足自主性需要的视角来追求专业化发展，增强其确定人生奋斗方向和找

---

① 教育部等八部门：《关于加快构建高校思想政治工作体系的意见》（教思政〔2020〕1号），中华人民共和国中央人民政府网，http://www.gov.cn/zhengce/zhengceku/2020－05/15/content_5511831.htm，最后访问日期：2023年6月10日。
② 《马克思恩格斯全集》第1卷，人民出版社1956年版，第82页。
③ 《马克思恩格斯全集》第2卷，人民出版社1957年版，第103页。

到生存发展价值后的职业认同感。

第二，体现个体差异。处于不同阶段的高校辅导员对于激励的需求具有明显的差异性。要达到激励的效果，必须与高校辅导员的个性化需求相匹配。对于入职时间较短的初级辅导员来说，要帮助他们找准角色定位，培养他们的思维能力、组织协调能力、处理复杂问题的能力，引导他们做好职业规划，为更高平台的发展起好步。对于中级辅导员，要以专业化发展为目标，通过进修培训，帮助他们建立完备的专业知识结构和专业技能，培养他们的专业精神与专业伦理，引导他们向专业自我发展。对于工作年限较长、职业倦怠感较强、发展处于瓶颈期的高级辅导员来说，除必要的物质奖励外，还要发挥多种激励的合力作用，如以面对面谈心、情感激励、期望激励等人文关怀与精神奖励释放他们的负面情绪，通过"博士专项计划""海外交流"等高层次培养交流及打造"学习共同体""工作室"等组织和平台，为其未来发展营造良好的成长空间。

第三，确保公平公正。一是要改革不公平的薪酬体制。要以优化薪酬结构为目标，改变以津贴分决定高校辅导员岗位身份与工作绩效的做法，参照职务职称基础薪酬标准，探索按照岗位职责、工作业绩及贡献大小制定奖励性绩效办法，激励高校辅导员把更多的时间与精力投入本职工作。二是营造公平公正的竞争环境。要合理利用考评结果，在职务晋级、职称晋升、评奖评优、学位攻读、出国研修等事关高校辅导员重大利益面前，扩大民主参与程度，培育公平的竞争观念，建立良性的竞争机制，让高校辅导员在激烈的竞争实践中理解竞争，接受竞争带来的"优劳优酬""高能高薪"，并将此转化为促进自我专业化发展的理性自觉，达到有效激励的目的。

三　健全考评机制，提升幸福感、成就感与获得感

考评是对高校辅导员工作表现、能力、智慧以及立德树人效果的

评估与评价，是高校辅导员专业化发展机制的重要组成部分。受工作覆盖面广、见效周期长等影响，高校辅导员考评工作一直存在量化难、无所不包、多重考核、结果模糊等诸多弊病，成为高校辅导员专业化发展进程中的难题和焦点。科学化的考评体系、多样化的考评方式和明确化的考评结果，对高校辅导员专业化发展具有重要的导向作用，不仅能激发高校辅导员个体的内在潜力，还可以提升高校辅导员队伍的幸福感、成就感与获得感，保证队伍永葆生机活力。

第一，考评体系科学化。一是坚持价值引领。要把高校辅导员视为"具体的人"，以考评彰显高校辅导员的生命意义，以考评引导高校辅导员实现主体价值。通过考评规范日常事务工作、明确工作边界，引导高校辅导员更多开展思想教育与价值引领。二是坚持客观性原则。要从思想政治工作是一项系统性工程的视角出发，把考评作为激励高校辅导员成长进步的手段，按照德、能、勤、绩、廉的维度，保证考核指标的完整性、统一性、逻辑性和严谨性，既注重育人的实际业绩与成果，更注重过程的关键事件与重要环节，做到准确诊断、客观评价。三是体现发展性。要从推动高校辅导员职业化、专业化发展的高度，既关注高校辅导员整体队伍的专业化建设，更注重高校辅导员个体的专业化发展。要通过考评，体现高校辅导员的专业化素养，抓住阻碍高校辅导员队伍建设与发展的主要矛盾，为推动专业化发展提供决策性参考与指导。

第二，考评方式多样化。一是定量与定性相结合。要运用现代测评学等理论，充分吸收关键绩效指标（KPI）、全方位绩效考核法（360°）等可量化方法的科学性，确保考核指标的具体化、直观化和可操作性。要通过同事互评、学生评价等方式，对工作中不可量化的内容进行定性考评。二是日常考核与年度考核相结合。结果不是过程的简单堆砌。这种考核方式既要杜绝考核的形式主义，也不能通过简单的"痕迹管理"给高校辅导员增加负担，而是要弥补育人周期长等非线性因素带来的结果性偏差。三是奖惩性考核与发展性考核相结合。既要通过目标性评价惩罚难以胜任者，更要帮助高校辅导员发现自我，并激发发展的动力，实现职业价值与生命价值的统一。

第三，考评结果明确化。"评价最重要的意图不是为了证明而是为了改进。"[①] 评价不是目的，通过对评价结果的反馈与应用，实现以考评促进建设、促进专业化发展才是根本目的。一是及时反馈考评结果。考评结果的模糊性使得考评的意义大打折扣。要加强考评结果反馈，引导高校辅导员发扬成绩、改进不足，激励高校辅导员更加担当作为。二是合理、有效运用考评结果。要发挥考评的杠杆性作用，依托考评建立流动、晋级和退出机制。将考评结果与高校辅导员个人素质能力、工作业绩、职务晋升、职称评聘、进修培训、绩效奖励等挂钩，对于不达标者处以批评或调岗的处分，对考评优秀者除给予物质奖励外，还要将其作为"双线晋升"的重要参考指标，保证高校辅导员努力有方向、上升有渠道、发展可持续，增强职业成就感与获得感。

四 建立保障机制，促进规范化、制度化和常态化

制度完善的最终旨归是保障高校辅导员专业化发展的长效性。高校辅导员专业化发展是一项复杂性、系统性工作，实践证明，高校辅导员专业地位的提升绝非颁布几项政策或文件就能实现，高校辅导员专业化发展也绝非提出口号式的倡议就能落实。选聘、考评、激励机制要落实奏效，高校辅导员专业化要实现规范化、制度化和常态化发展，还要通过强化领导管理、完善政策制度和加强专业组织等来保障。

第一，强化领导管理保障。强化高校辅导员领导管理体制是辅导

---

① 瞿葆奎:《教育学文集·教育评价》，人民教育出版社1989年版，第289页。

员队伍长期稳定的坚实基础。一是不断提高重视程度。各级党委要切实把加强和改进高校思想政治工作摆在重要位置，不断提升高校辅导员队伍专业化发展对落实立德树人根本任务的认识，加强对高校辅导员队伍建设的领导和指导，通过整合各类资源，逐步形成政府、社会、高校齐抓共管同促进的良性领导管理机制，为高校辅导员专业化发展形成合力支撑。二是优化"双重管理"和"双重身份"管理体制。要进一步理顺辅导员工作的领导层级，完善"校院二级管理体制"，从不同层面建立领导责任制度，明确领导责任分工，形成校级统筹、协调、监督，院级执行、反馈、考评的两级管理、联动发展机制，避免多头领导、多头管理制约高校辅导员工作效能的发挥。

第二，完善政策制度保障。一是继续完善顶层设计。国家在制定新的高校辅导员队伍建设的政策文件时，要站在为高水平人才培养体系服务的高度，既从战略角度着眼于高校辅导员队伍专业化建设与长远发展，如构建"辅导员学"学科、明确辅导员专业特点与专业归属等，避免短暂性、临时性甚至违背思想政治教育规律、辅导员发展规律的规章出台，也要从一线辅导员专业化发展的现状与困境出发，维护高校辅导员的合法权益，顾及高校辅导员的切身利益，提高高校辅导员的实质性话语权，还要监督学校落实相关配套政策文件，避免有制不依。二是完善"双线晋升"政策。要以教育部等八部门发布的《关于加快构建高校思想政治工作体系的意见》为指导，合理设计高校辅导员职称评审条件，严格落实职称单列单评单聘制度。在职务晋升方面，参照职称评审制度，探索内部职级评聘单列，形成副科级、正科级、副处级和正处级辅导员职级制，并建立相对应的薪酬体系。三是推动实施辅导员津贴制。高校辅导员专业化发展绝不是提高地位和待遇的代名词，但针对其在事关时代新人培养的伟大事业中付出了更多的努力和更大的贡献，必须给予相应的回报。要参照思政课教师特殊津贴制，根据考评情况，结合岗位性质、工作业绩等对优秀高校辅导员给予政策倾斜、分配激励。

第三，加强专业组织保障。除政府组织外，"高校辅导员""辅导员协会"等专业组织的发展是高校辅导员专业走向成熟并保持相对强势地位的标志，为保证辅导员专业水准、提升专业地位、维护专业信誉提供了重要保障。一是为高校辅导员专业化发展提供外部支持。要发挥各级各类专业化组织在处理高校辅导员与国家、高校等资源分配，争取高校辅导员职级改革、职称评定以及促进高校辅导员专业自主方面的作用，推动、打通明确高校辅导员职责权限、完善保障机制、优化职业形象、提高社会专业认同度等制约高校辅导员专业化发展的关键环节。二是规范约束高校辅导员专业化内部发展。专业组织不仅体现在外部环境的支持，还体现在对组织内成员伦理道德规范的约束。专业组织要在提升高校辅导员专业精神、培育专业伦理、规范职业道德上起到关键作用，引导高校辅导员自我管理、自我教育、自我监督、自我规范。将严重违反师德师风、辅导员职业道德者及时纳入黑名单，维护高校辅导员专业信誉和形象。三是引领高校辅导员队伍专业化发展。通过组织职业技能大赛、岗位交流、举办学术研究论坛、编印专业辑刊、组织课题申报、论文著作评审等，以专业化的发展平台引领并推动高校辅导员专业化发展进程。

结 语

推动高校辅导员专业化的深入发展

加强高校辅导员队伍建设、促进高校辅导员专业化发展是一项具有长期性、基础性的重大工程。中国特色社会主义进入新时代后，国内社会主要矛盾转化、世界百年未有之大变局的新方位，建设教育强国、办好人民满意的教育的新征程，培养担当民族复兴大任时代新人的新使命，都对高校辅导员队伍专业化发展提出了更高的期盼与要求。高校辅导员队伍专业化必须伴随高等教育事业的发展继续得到提升和完善，这既是中国特色社会主义大学坚持办学正确政治方向的必然要求，也是造就党和人民满意的高素质、专业化、创新型教师队伍的现实需要，还是形成高水平人才培养体系的重要内容，更是高校辅导员个体实现自我革新、自我超越的必由之路。

专业化是个体不断提升专业能力成为专门人才的过程，是某一普通职业朝着专业工作演变发展的过程。推进高校辅导员专业化，是知识与社会发展的需要，是教育改革创新的要求，也是教育行业与辅导员职业发展的必然结果。高校辅导员职业群体的专业化，不仅需要高校辅导员个体专业技能的提升，还要把高校辅导员的发展置于社会变化发展大势中，审视如何通过规范的训练体系及完善的社会保障机制使之成为符合专业化标准的专门性职业。本书把高校辅导员置于教师之列，认为高校辅导员具有教师的身份，教师是高校辅导员的上位概念，当前关于教师专业化发展的一系列理论是高校辅导员专业化发展的直接理论基础。高校辅导员专业化包括静态的结果，也包括动态的发展过程。高校辅导员的专业化既指向辅导员个体的专业化认知、专业化知识、专业化素养、专业化技能、专业化精神、专业化伦理等不断提升与完善的过程，也指向高校辅导员职业群体经过发展后，准入门槛提升、培养机制健全、学科支撑机制完善、考核评价机制合理，符合作为专业的标准，成为一种专门的职业且获得社会认可相应地位的过程。但是，高校辅导员个体专业化不能代表辅导员职业的专业化，要立足时代特点，通过个体的专业化促进整个职业组织的专业化、标准的专业化与服务的专业化，以科学化、规范化、制度化的体制机制保障高校辅导员的专业化地位。当然，这一地位的获得不是一蹴而就的，而是一个长期演变发展的过程。

思想政治工作具有鲜明的时代特征，不同时期的高校思想政治工作都被打上了时代的烙印。新的历史时期，高校辅导员专业化深入发展可以从以下方面着手。

第一，推动理论建构科学化。高校辅导员专业化发展需要不断丰富的理论作为支撑。从发展趋势来看，以现有的"一主二辅"理论来源，即以思想政治教育学科为核心、以人文社科类学科（哲学、伦理学、政治学、青年学、法学、管理学）及教育类学科（教育学、心理学等）为辅助的理论体系，无疑难以适应新时代社会发展及大学生成长成才的需要。科学化理论的建构从两个维度为高校辅导员专业化发展奠定坚实的理论依据。宏观上，从整个学科发展的视角看，以创建思想政治教育二级学科——"辅导员学"为目标，深入研究高校辅导员队伍建设的发生本源、组成要素、地位功能、目标任务、原则方法、内容结构、发展过程等基本理论，揭示辅导员工作的本质特征与发展规律，形成系统完整的理论与方法体系，建立辅导员职业独立的学科体系、教学体系、教材体系、管理体系等人才培养体系，提升辅导员职业地位和职业公信力，增强社会对辅导员工作的专业认同。微观上，对思想理论教育与价值引领、学生事务管理等职责与大学生自由全面发展的关系等进行全面的理论阐释，为如何开展党团学风建设、心理健康咨询、职业生涯规划、网络思想政治教育、应对校园危机等提供可行的理论方法。

第二，推进内部分工专门化。在"以生为本、以服务促发展"理念的推动下，以美国为代表的西方发达国家高校学生事务工作者已经经历了从半专业到专业化的发展历程，其职能也逐渐分化为学业指导、职业辅导、环境适应、心理咨询等多项工作范畴。纵观我国高校辅导员职业化、专业化发展历程，除去政策体制因素外，当前队伍建设中出现的角色冲突、自身定位困惑、专业素养不高、职业能力不足等问题与高校辅导员"术业不专攻"有密切的关联。内部分工专门化即在高校辅导员专业标准的指导下，根据九项职责，将高校辅导员细分为思想理论教育辅导员（思想理论教育与价值引领、网络思想教育、理论与实践研究）、学生事务管理辅导员（党团班级建设、日常管理、危机应对）、学业咨询发展辅导员（以学习能力和学习方法为核心的学风建设）、社会能力和情感发展辅导员（就业发展与职业规划、心理健康教育与咨询）等四大类别，根据不同类别职责制定分类指导标准、培养方案、工作细则，引导高校辅导员综合个人兴趣、专业特长、能力素养、发展定位、职业规划等指标，选择其中1—2个领域开展持续的理论与实践研究，成为这一领域的"行家里手"、专家型人才。

第三，促进能力标准国际化。随着中国国门越开越大，国际化已经深刻影响并渗透到高校人才培养的方方面面。要完成"培养具有国际视野、通晓国际规则、能够参与国际事务和国际竞争的国际化人才"[①]的任务，将国际化视野与国际化能力纳入高校辅导员专业化发展能力标准已是大势所趋。能力标准国际化即以提升国际化视野、掌握国际化语言、习得国际化知识与技能、有效开展国际化实践等为目标，通过自我发展、专门培养、实践交流等综合支持途径，培养高校辅导员的国际化观念意识、知识水平、技术能力，引导高校辅导员吸收国际经验，整合国际优秀资源，了解国际惯例规则，提升国际发展能力，主动占据外语类网络优势阵地，做中华文化的传道者、文化交流的领航者、文化冲突的化解者，为维护马克思主义意识形态的一元指导地位、培养适应国际竞争法则的高素质人才贡献智慧。

高校辅导员专业化发展是一个深刻的理论问题，更是一个复杂的实践问题。本书建立在10余年一线辅导员工作实践基础上，对高校辅导员专业化发展做了一些理论性的阐释与探讨，但限于时间、精力和能力，本书尚存在诸多不完善之处。比如，更多从高校辅导员自身进行论述，缺乏从政策体制设计的宏观把握；样本仅限于省内高校，调研对象未涉及学生、教师等，问卷设计对专业化考察指标的系统设计不够，未体现部分高校职级制度的差异性；对高校辅导员个体专业化发展与群体专业化建设的互动关系研究不够；对制约高校辅导员专业化发展的因素研究不深入等。

习近平总书记指出："要有强烈的问题意识，以重大问题为导向，抓住关键问题进一步研究思考，着力推动解决我们发展面临的一系列突出矛盾和问题。"[②] 关于高校辅导员专业化发展研究这一课题，我们

---

① 《国家中长期人才发展规划纲要（2010—2020 年）》，中华人民共和国中央人民政府网站，http://www.gov.cn/jrzg/2010-06/06/content_1621777.htm，最后访问日期：2023 年 6 月 10 日。

② 《习近平谈治国理政》，外文出版社 2018 年版，第 74 页。

认为，专业化发展研究不仅要聚焦良好的发展态势，更要树立问题导向意识，至少可以对以下问题进行科学的追问。高校辅导员究竟能否作为一个独立的职业从教师群体中剥离出来？聘用制身份背景（或B类C类身份人员）下辅导员如何实现身份认同？这又是否与其不可或缺的角色定位相悖离？西方关于学生事务工作者的专业化理论对于培养担当中华民族复兴大任时代新人究竟是否有借鉴意义？网络新媒体冲击下高校辅导员如何应对其权威的被消解？在教育学等人文学科危机背景下，"辅导员学"学科范式该如何构建才能实现突围，其队伍专业化发展又将何去何从……这一系列问题是新时代高校辅导员专业化发展不可回避的焦点，需要在未来的学习研究与工作实践中不断研究和探讨、尝试与探索。

附录1

高校辅导员队伍专业化发展调查问卷

尊敬的各位同行：

您好！

非常感谢您抽出宝贵时间填写此问卷。辅导员是促进高等教育事业持续健康发展不可或缺的重要力量。辅导员专业化具有丰富的内涵，体现在信念、素养、伦理等诸多方面。为了深入了解高校辅导员专业化发展的现状与问题，以便更好地推进新时代高校辅导员队伍专业化发展，特设计该调查问卷。

本问卷采取不记名方式，所有数据仅用于科学研究，请您按照实际情况和真实想法回答。衷心感谢您对本次调查的大力支持！

"高校辅导员专业化发展研究"课题组

说明：请按照要求在您认为符合的选项前面画"√"或在（ ）中填写选项前的标号。

1. 您的性别是（ ）。【单选题】

A. 男　　　　　　　　B. 女

2. 您的年龄是（　　）。【单选题】

A. 30 岁及以下　　　　　　B. 31—40 岁

C. 41—50 岁　　　　　　　D. 50 岁以上

3. 您所在的学校类别为（　　）。【单选题】

A. 高职高专　　　　　　　B. 省属普通本科高校

C. 世界一流学科建设高校　D. 世界一流大学建设高校

4. 您的最高学历是（　　）。【单选题】

A. 专科及以下　B. 大学本科　C. 硕士　　D. 博士

5. 您现在的行政级别为（　　）。【单选题】

A. 副科及以下　　B. 正科　　C. 副处　　D. 正处

E. 其他

6. 您现在的职称为（　　）。【单选题】

A. 助教　　　B. 讲师　　　C. 副教授　D. 教授　E. 无

7. 您从事辅导员工作的时间为（　　）。【单选题】

A. 1—3 年　　B. 4—8 年　　C. 9—14 年　　D. 15 年及以上

8. 您主持过何种级别的学生工作相关研究项目？（　　）【可多选】

A. 校级相关课题　　　　　B. 地厅级社科项目

C. 省部级人文社科基金项目　D. 国家社科基金项目

E. 没有主持过任何研究项目

9. 您公开发表了（　　）篇与学生工作相关的中文核心期刊及以上论文。【单选题】

A. 一篇　　　B. 两篇　　　C. 三篇及以上　　　D. 没有发表

10. 您最近五年参加省、部级以上学生工作培训的情况？（　　）【单选题】

A. 一次　　　　　　　　　B. 两次

C. 三次及以上　　　　　　D. 没有

11. 您觉得影响培训效果的主要因素有哪些？（　　）【多选题】

   A. 时间较短　　　　　　　　B. 内容脱离实际

   C. 形式单调　　　　　　　　D. 过程管理不严

   E. 师资力量参差不齐　　　　F. 辅导员自身重视程度不够

12. 您作为高校辅导员最大的感受是什么？（　　）【单选题】

   A. 人生价值得到体现　　　　B. 纯属工作需要

   C. 轻松稳定　　　　　　　　D. 压力太大，如有机会立即转岗

13. 您认为高校辅导员在新时代立德树人中扮演什么角色？（　　）【单选题】

   A. 关键主体　　　　　　　　B. 一般作用

   C. 无关紧要　　　　　　　　D. 说不清楚

14. 您认为高校辅导员职业（请在相应空格内打√）

选项	A. 完全不赞同	B. 不太赞同	C. 说不清楚	D. 基本赞同	E. 完全赞同
属于教师系列					
具有很强的专业性					
很有社会地位					
个人能力提升很快					
感觉很有成就感					
工作职业界限分明					
上升发展空间很大					
工作要求不太高					
基本没有职业倦怠感					

15. 您觉得高校辅导员职业发展的压力主要来自哪些方面？（　　）【限选五项】

A. 党和政府、社会的期望　　B. 学生事务的繁杂性

C. 学生和家长需求的多样化　D. 家庭是否理解与支持

E. 学生突发意外的处理　　　F. 学位、职称、论文与科研的压力

G. 人际交往的复杂性　　　　H. 职位上升渠道模糊

I. 待遇保障机制不畅

16. 您如何看待高校辅导员职业队伍建设取得的成绩？（请在相应空格内打√）

选项	A. 完全不赞同	B. 不太赞同	C. 说不清楚	D. 基本赞同	E. 完全赞同
准入门槛不断提高					
人员配置日趋合理					
整体结构更加优化					
条件待遇逐步改善					
制度建设不断完善					
育人效果更加突出					
理论研究不断深入					
发展前景更加广阔					

17. 您觉得当前高校辅导员队伍积极性、主动性不强的主要原因在于（　　）。【单选题】

A. 身份是"规定"出来的，重要性体现在文件中

B. 工作压力大，薪酬不高

C. 职务发展与职称晋升渠道狭窄

D. 陷于事务性工作，个人价值不被认可

18. 您认为高校辅导员最重要的工作职责是（　　）。【单选题】

A. 党团和班级建设　　　　　B. 校园危机应对

C. 学风建设　　　　　　　　　　D. 日常事务管理

E. 心理健康教育　　　　　　　　F. 网络思想政治教育

G. 思想政治理论教育和价值引领　H. 职业规划与就业创业指导

I. 理论和实践研究

19. 您对高校辅导员专业化的态度是（　　）。【单选题】

　　A. 完全可行、大力支持　　　　B. 很有必要、可以尝试

　　C. 无关紧要、可有可无　　　　D. 象征意义、难以实行

20. 您认为高校辅导员专业化的发展方向是（　　）。【单选题】

　　A. 科员—科级—处级的行政化体系

　　B. 助教—讲师—副教授—教授的学术化体系

　　C. 初级—中级—高级辅导员能力递升体系

　　D. 行政和学术双肩挑

　　E. 说不清楚

21. 您认为以下哪个方面最能代表高校辅导员的职业性特征？（　　）【单选题】

　　A. 政治强　　　　　　　　　　B. 业务精

　　C. 纪律严　　　　　　　　　　D. 作风正

22. 您认为高校辅导员专业化发展包括哪些内容？（　　）【多选题】

　　A. 强烈的角色认知　　　　　　B. 坚定的教育信念

　　C. 过硬的专业素养　　　　　　D. 崇高的专业伦理

23. 您认为高校辅导员的专业信念包括哪些方面？（　　）【多选题】

　　A. 促进自我专业发展的意识　　B. 强烈的职业角色认知

　　C. 深厚的专业化情感　　　　　D. 立德树人的坚定意志

24. 您认为高校辅导员要具备哪些专业化素养？（　　）【多选题】

　　A. 崇尚专业化发展的理念　　　B. 扎实的理论修养

C. 良好的组织管理能力　　　　D. 勇于创新的思维理念

E. 广阔的教育视野

25. 您认为高校辅导员要具备哪些专业化伦理？（　　）【多选题】

A. 不忘初心的教育坚守

B. 全心全意服务学生的奉献意识与敬业精神

C. 健全的人格　　　　　　　D. 严格的自律性

E. 强烈的社会公德意识与责任感

26. 贵校辅导员队伍专业化落实情况？（请在相应空格内打√）

选项	A. 完全不赞同	B. 不太赞同	C. 说不清楚	D. 基本赞同	E. 完全赞同
制定了专门的辅导员发展相关政策文件					
选拔门槛高、培训机制科学					
工作作风正、师德师风好、有敬业精神					
评价、考核、激励机制合理					
科学研究氛围较好					
职称晋升渠道畅通，单评、单列					

27. 您认为当前高校辅导员专业化发展存在哪些问题？（　　）【多选题】

A. 职业认同度低、队伍稳定性差

B. 思想认识不高、自我提升动力不足

C. 理论素养有限、专业化技能不够

D. 培训体制不健全、培养效果不理想

E. 敬业奉献精神不够、师德修养有待提升

F. 工作方法单一、信息化手段落后

28. 您认为制约高校辅导员专业化发展的因素有哪些？（　　）
【多选题】

    A. 党和国家的政策

    B. 个体职业认同程度

    C. 职业胜任力强弱

    D. 理论培训与个体需求是否相匹配

    E. 考核评价保障机制是否健全

29. 您认为高校辅导员专业化最应该加强哪一项培训？（　　）
【单选题】

    A. 理想信念与师德修养

    B. 马克思列宁主义等基础理论知识

    C. 心理健康知识

    D. 开展科学研究的能力

    E. 处理突发意外等事务性技巧

    F. 工作方法创新

30. 您认为推动高校辅导员专业化发展最有效的措施是（　　）。【限选四项】

    A. 解决中央政策重视与高校落实不够的矛盾

    B. 提高准入门槛、发挥协会作用

    C. 明确角色定位、坚定职业理想

    D. 明确学科支撑、加强理论修养

    E. 加强业务培训、提高专业素养

    F. 提高工资待遇、完善保障机制

    G. 提升学历与职称、畅通发展出路

附录 2

高校辅导员队伍专业化发展访谈提纲

尊敬的老师：

您好！

我们课题组正在做一项有关高校辅导员队伍专业化发展状况的调查，需要您的帮助和参与。我们的访谈内容仅限于课题研究，您只要根据问题谈一谈您的真实情况就可以了，对您的个人信息我们将会严格保密。为了方便后期整理，我们需要对本次谈话进行录音，希望您不要介意。非常感谢您的支持和理解！

性　别：　　年　龄：　　工作年限：　　学　历：
专　业：　　职　称：　　职　务：

1. 您的学校选聘辅导员的标准有哪些？您为什么选择（离开）辅导员岗位？
2. 您对辅导员待遇满意吗？您的学校辅导员晋升空间有多大？
3. 您如何规划自己的职业生涯？您是否有转岗打算？
4. 您的学校是否有针对辅导员的专门培训，效果如何？

5. 您认为新时代的高校辅导员工作与以往有区别吗？主要体现在哪些方面？

6. 您认为目前大学生有哪些优点和缺点？您觉得您的工作能满足学生的思想政治教育需求吗，工作效果怎么样？

7. 您认为什么是专业化，新时代的辅导员能实现专业化吗？如果能，需要具备哪些知识、能力与素养？

8. 您觉得阻碍高校辅导员专业化的因素有哪些，如何克服？

9. 您认为高校辅导员考核评价体系是否合理，存在哪些突出问题？

10. 您觉得哪些措施能促进高校辅导员队伍专业化发展？

附录 3

普通高等学校辅导员队伍建设规定

中华人民共和国教育部令第 43 号

《普通高等学校辅导员队伍建设规定》已于 2017 年 8 月 31 日经教育部 2017 年第 32 次部长办公会议修订通过。现将修订后的《普通高等学校辅导员队伍建设规定》公布,自 2017 年 10 月 1 日起施行。

第一章 总则

第一条 为深入贯彻落实全国高校思想政治工作会议精神和《中共中央 国务院关于加强和改进新形势下高校思想政治工作的意见》,切实加强高等学校辅导员队伍专业化职业化建设,依据《高等教育法》等有关法律法规,制定本规定。

第二条 辅导员是开展大学生思想政治教育的骨干力量,是高等学校学生日常思想政治教育和管理工作的组织者、实施者、指导者。辅导员应当努力成为学生成长成才的人生导师和健康生活的知心朋友。

第三条 高等学校要坚持把立德树人作为中心环节,把辅导员队伍建设作为教师队伍和管理队伍建设的重要内容,整体规划、统筹安排,不断提高队伍的专业水平和职业能力,保证辅导员工作有条件、干事有平台、待遇有保障、发展有空间。

第二章　要求与职责

第四条　辅导员工作的要求是：恪守爱国守法、敬业爱生、育人为本、终身学习、为人师表的职业守则；围绕学生、关照学生、服务学生，把握学生成长规律，不断提高学生思想水平、政治觉悟、道德品质、文化素养；引导学生正确认识世界和中国发展大势、正确认识中国特色和国际比较、正确认识时代责任和历史使命、正确认识远大抱负和脚踏实地，成为又红又专、德才兼备、全面发展的中国特色社会主义合格建设者和可靠接班人。

第五条　辅导员的主要工作职责是：

（一）思想理论教育和价值引领。引导学生深入学习习近平总书记系列重要讲话精神和治国理政新理念新思想新战略，深入开展中国特色社会主义、中国梦宣传教育和社会主义核心价值观教育，帮助学生不断坚定中国特色社会主义道路自信、理论自信、制度自信、文化自信，牢固树立正确的世界观、人生观、价值观。掌握学生思想行为特点及思想政治状况，有针对性地帮助学生处理好思想认识、价值取向、学习生活、择业交友等方面的具体问题。

（二）党团和班级建设。开展学生骨干的遴选、培养、激励工作，开展学生入党积极分子培养教育工作，开展学生党员发展和教育管理服务工作，指导学生党支部和班团组织建设。

（三）学风建设。熟悉了解学生所学专业的基本情况，激发学生学习兴趣，引导学生养成良好的学习习惯，掌握正确的学习方法。指导学生开展课外科技学术实践活动，营造浓厚学习氛围。

（四）学生日常事务管理。开展入学教育、毕业生教育及相关管理和服务工作。组织开展学生军事训练。组织评选各类奖学金、助学金。指导学生办理助学贷款。组织学生开展勤工俭学活动，做好学生困难帮扶。为学生提供生活指导，促进学生和谐相处、互帮互助。

（五）心理健康教育与咨询工作。协助学校心理健康教育机构开展心理健康教育，对学生心理问题进行初步排查和疏导，组织开展心理健康知识普及宣传活动，培育学生理性平和、乐观向上的健康心态。

（六）网络思想政治教育。运用新媒体新技术，推动思想政治工作传统优势与信息技术高度融合。构建网络思想政治教育重要阵地，积极传播先进文化。加强学生网络素养教育，积极培养校园好网民，引导学生创作网络文化作品，弘扬主旋律，传播正能量。创新工作路径，加强与学生的网上互动交流，运用网络新媒体对学生开展思想引领、学习指导、生活辅导、心理咨询等。

（七）校园危机事件应对。组织开展基本安全教育。参与学校、院（系）危机事件工作预案制定和执行。对校园危机事件进行初步处理，稳定局面控制事态发展，及时掌握危机事件信息并按程序上报。参与危机事件后期应对及总结研究分析。

（八）职业规划与就业创业指导。为学生提供科学的职业生涯规划和就业指导以及相关服务，帮助学生树立正确的就业观念，引导学生到基层、到西部、到祖国最需要的地方建功立业。

（九）理论和实践研究。努力学习思想政治教育的基本理论和相关学科知识，参加相关学科领域学术交流活动，参与校内外思想政治教育课题或项目研究。

第三章　配备与选聘

第六条　高等学校应当按总体上师生比不低于1∶200的比例设置专职辅导员岗位，按照专兼结合、以专为主的原则，足额配备到位。

专职辅导员是指在院（系）专职从事大学生日常思想政治教育工作的人员，包括院（系）党委（党总支）副书记、学工组长、团委（团总支）书记等专职工作人员，具有教师和管理人员双重身份。高等学校应参照专任教师聘任的待遇和保障，与专职辅导员建立人事聘用关系。

高等学校可以从优秀专任教师、管理人员、研究生中选聘一定数量兼职辅导员。兼职辅导员工作量按专职辅导员工作量的三分之一核定。

第七条 辅导员应当符合以下基本条件：

（一）具有较高的政治素质和坚定的理想信念，坚决贯彻执行党的基本路线和各项方针政策，有较强的政治敏锐性和政治辨别力；

（二）具备本科以上学历，热爱大学生思想政治教育事业，甘于奉献，潜心育人，具有强烈的事业心和责任感；

（三）具有从事思想政治教育工作相关学科的宽口径知识储备，掌握思想政治教育工作相关学科的基本原理和基础知识，掌握思想政治教育专业基本理论、知识和方法，掌握马克思主义中国化相关理论和知识，掌握大学生思想政治教育工作实务相关知识，掌握有关法律法规知识；

（四）具备较强的组织管理能力和语言、文字表达能力，及教育引导能力、调查研究能力，具备开展思想理论教育和价值引领工作的能力；

（五）具有较强的纪律观念和规矩意识，遵纪守法，为人正直，作风正派，廉洁自律。

第八条 辅导员选聘工作要在高等学校党委统一领导下进行，由学生工作部门、组织、人事、纪检等相关部门共同组织开展。根据辅导员基本条件要求和实际岗位需要，确定具体选拔条件，通过组织推荐和公开招聘相结合的方式，经过笔试、面试、公示等相关程序进行选拔。

第九条 青年教师晋升高一级专业技术职务（职称），须有至少一年担任辅导员或班主任工作经历并考核合格。高等学校要鼓励新入职教师以多种形式参与辅导员或班主任工作。

第四章　发展与培训

第十条　高等学校应当制定专门办法和激励保障机制，落实专职辅导员职务职级"双线"晋升要求，推动辅导员队伍专业化职业化建设。

第十一条　高等学校应当结合实际，按专任教师职务岗位结构比例合理设置专职辅导员的相应教师职务岗位，专职辅导员可按教师职务（职称）要求评聘思想政治教育学科或其他相关学科的专业技术职务（职称）。

专职辅导员专业技术职务（职称）评聘应更加注重考察工作业绩和育人实效，单列计划、单设标准、单独评审。将优秀网络文化成果纳入专职辅导员的科研成果统计、职务（职称）评聘范围。

第十二条　高等学校可以成立专职辅导员专业技术职务（职称）聘任委员会，具体负责本校专职辅导员专业技术职务（职称）聘任工作。聘任委员会一般应由学校党委有关负责人、学生工作、组织人事、教学科研部门负责人、相关学科专家等人员组成。

第十三条　高等学校应当制定辅导员管理岗位聘任办法，根据辅导员的任职年限及实际工作表现，确定相应级别的管理岗位等级。

第十四条　辅导员培训应当纳入高等学校师资队伍和干部队伍培训整体规划。

建立国家、省级和高等学校三级辅导员培训体系。教育部设立高等学校辅导员培训和研修基地，开展国家级示范培训。省级教育部门应当根据区域内现有高等学校辅导员规模数量设立辅导员培训专项经费，建立辅导员培训和研修基地，承担所在区域内高等学校辅导员的岗前培训、日常培训和骨干培训。高等学校负责对本校辅导员的系统培训，确保每名专职辅导员每年参加不少于16个学时的校级培训，每5年参加1次国家级或省级培训。

第十五条　省级教育部门、高等学校要积极选拔优秀辅导员参加国内国际交流学习和研修深造，创造条件支持辅导员到地方党政机关、企业、基层等挂职锻炼，支持辅导员结合大学生思想政治教育的工作实践和思想政治教育学科的发展开展研究。高等学校要鼓励辅导员在做好工作的基础上攻读相关专业学位，承担思想政治理论课等相关课程的教学工作，为辅导员提升专业水平和科研能力提供条件保障。

第十六条　高等学校要积极为辅导员的工作和生活创造便利条件，应根据辅导员的工作特点，在岗位津贴、办公条件、通讯经费等方面制定相关政策，为辅导员的工作和生活提供必要保障。

第五章　管理与考核

第十七条　高等学校辅导员实行学校和院（系）双重管理。

学生工作部门牵头负责辅导员的培养、培训和考核等工作，同时要与院（系）党委（党总支）共同做好辅导员日常管理工作。院（系）党委（党总支）负责对辅导员进行直接领导和管理。

第十八条　高等学校要根据辅导员职业能力标准，制定辅导员工作考核的具体办法，健全辅导员队伍的考核评价体系。对辅导员的考核评价应由学生工作部门牵头，组织人事部门、院（系）党委（党总支）和学生共同参与。考核结果与辅导员的职务聘任、奖惩、晋级等挂钩。

第十九条　教育部在全国教育系统先进集体和先进个人表彰中对高校优秀辅导员进行表彰。各地教育部门和高等学校要结合实际情况建立辅导员单独表彰体系并将优秀辅导员表彰奖励纳入各级教师、教育工作者表彰奖励体系中。

第六章　附则

第二十条　本规定适用于普通高等学校辅导员队伍建设。其他类型高等学校的辅导员队伍建设或思想政治工作其他队伍建设可以参照本规定执行。

第二十一条 高等学校要根据本规定，结合实际制定相关实施细则，并报主管教育部门备案。

第二十二条 本规定自 2017 年 10 月 1 日起施行。原《普通高等学校辅导员队伍建设规定》同时废止。

参考文献

一　经典文献

《马克思恩格斯文集》第1—10卷，人民出版社2009年版。

《马克思恩格斯选集》第1—4卷，人民出版社2012年版。

《列宁选集》第1—4卷，人民出版社1995年版。

《毛泽东选集》第1—4卷，人民出版社1991年版。

《毛泽东文集》第1—8卷，人民出版社1999年版。

《邓小平文选》第1—3卷，人民出版社1993年版、1994年版。

《江泽民文选》第1—3卷，人民出版社2006年版。

《胡锦涛文选》第1—3卷，人民出版社2016年版。

《毛泽东邓小平江泽民论青少年和青少年工作》，中国青年出版社、中央文献出版社2000年版。

《毛泽东邓小平江泽民论教育》，中央文献出版社、人民教育出版社、北京师范大学出版社2002年版。

《习近平谈治国理政》第一卷，外文出版社2018年版。

《习近平谈治国理政》第二卷，外文出版社2017年版。

《习近平谈治国理政》第三卷，外文出版社2020年版。

习近平：《决胜全面建成小康社会　夺取新时代中国特色社会主义伟大

胜利——在中国共产党第十九次全国代表大会上的报告》，人民出版社 2017 年版。

习近平：《高举中国特色社会主义伟大旗帜　为全面建设社会主义现代化国家而团结奋斗——在中国共产党第二十次全国代表大会上的报告》，人民出版社 2022 年版。

习近平：《做党和人民满意的好老师：同北京师范大学师生代表座谈时的讲话》，人民出版社 2014 年版。

习近平：《在北京大学师生座谈会上的讲话》，人民出版社 2018 年版。

《中共中央文件选集（1949 年 10 月—1966 年 5 月）》，人民出版社 2013 年版。

中共中央文献研究室：《十八大以来重要文献选编》上，中央文献出版社 2014 年版。

中共中央文献研究室：《十八大以来重要文献选编》中，中央文献出版社 2016 年版。

中共中央党史和文献研究院：《十八大以来重要文献选编》下，中央文献出版社 2018 年版。

中共中央党史和文献研究院：《十九大以来重要文献选编》上，中央文献出版社 2019 年版。

中共中央文献研究室：《习近平关于全面建成小康社会论述摘编》，中央文献出版社 2016 年版。

中共中央文献研究室：《习近平关于社会主义经济建设论述摘编》，中央文献出版社 2017 年版。

中共中央宣传部：《习近平总书记系列重要讲话读本》，学习出版社、人民出版社 2016 年版。

中共中央宣传部：《习近平新时代中国特色社会主义思想三十讲》，学习出版社 2018 年版。

中共中央宣传部：《习近平新闻思想讲义（2018年版）》，人民出版社、学习出版社2018年版。

二　中文专著

《国务院批转教育部〈面向21世纪教育振兴行动计划〉的通知》（国发〔1999〕4号），1999年1月13日，载教育部思想政治工作司《加强和改进大学生思想政治教育重要文献选编（1978—2014）》，知识产权出版社2015年版。

《教育部关于加强高等学校思想政治教育进网络工作的若干意见》（教社政〔2000〕10号），2000年9月22日，载教育部思想政治工作司《加强和改进大学生思想政治教育重要文献选编（1978—2014）》，知识产权出版社2015年版。

教育部思想政治工作司组编：《加强和改进大学生思想政治教育重要文献选编（1978—2014）》，知识产权出版社2015年版。

教育部课题组：《深入学习习近平关于教育的重要论述》，人民出版社2019年版。

《思想政治教育学原理》编写组：《思想政治教育学原理》，高等教育出版社2018年版。

柏杨：《改革开放以来高校辅导员队伍建设》，西安交通大学出版社2018年版。

陈万柏、张耀灿主编：《思想政治教育学原理》，高等教育出版社2001年版。

陈文心、彭征文：《教师专业发展》，北京师范大学出版社2016年版。

冯刚：《探索思想政治教育发展的内生动力》，人民出版社2019年版。

冯刚主编：《辅导员队伍专业化建设理论与实务》，中国人民大学出版社2010年版。

冯刚主编：《改革开放以来高校思想政治教育发展史》，人民出版社 2018 年版。

国家职业分类大典和职业资格工作委员会：《中华人民共和国职业分类大典》，中国劳动社会保障出版社 1999 年版。

何登溢：《高校辅导员职业发展研究》，高等教育出版社 2018 年版。

何莉、张怡：《跨界学习：教师专业发展的新境界》，华东师范大学出版社 2019 年版。

教育部师范教育司编：《教师专业化的理论与实践（修订版）》，人民教育出版社 2003 年版。

刘宏达、万美容、祝鑫等：《高校思想政治工作前沿问题研究》，人民出版社 2019 年版。

刘济良：《生命教育论》，中国社会科学出版社 2004 年版。

刘捷：《专业化：挑战 21 世纪的教师》，教育科学出版社 2002 年版。

骆郁廷：《精神动力论》，武汉大学出版社 2003 年版。

瞿葆奎：《教育学文集·教育评价》，人民教育出版社 1989 年版。

史仁民：《高校辅导员专业发展论》，中央编译出版社 2018 年版。

台湾师范教育学会编：《教育专业》，（台北）师大书苑有限公司 1992 年版。

田秀云、陶艳华、张钦等：《角色伦理——构建和谐社会的伦理基础》，人民出版社 2014 年版。

万美容：《当代青年发展研究》，湖北人民出版社 2006 年版。

万美容：《思想政治教育方法发展研究》，中国社会科学出版社 2007 年版。

翁铁慧：《高校辅导员队伍建设论纲》，人民出版社 2014 年版。

徐震、李明政：《社会工作伦理》，（台北）五南图书出版公司 2002 年版。

杨建义：《高校辅导员专业成长研究》，社会科学文献出版社 2014 年版。

叶澜、白益民、王枬等：《教师角色与教师发展新探》，教育科学出版社2001年版。

于胜刚：《教师专业发展导论》，北京大学出版社2015年版。

余文森、连榕：《教师专业发展》，福建教育出版社2007年版。

臧乐源：《教师学》，天津人民出版社1997年版。

张耀灿、徐志远、梁建新等：《思想政治教育学前沿》，人民出版社2006年版。

张耀灿、郑永廷、吴潜涛等：《现代思想政治教育学》，人民出版社2006年版。

张耀灿主编：《中国共产党思想政治教育史论》，高等教育出版社2014年版。

赵昌木：《教师专业发展》，山东人民出版社2011年版。

郑杭生主编：《社会学概论新修（第3版）》，中国人民大学出版社2003年版。

周家伦：《高校辅导员——理论、实务与开拓》，同济大学出版社2011年版。

朱仁宝：《现代教师素质论》，浙江大学出版社2004年版。

朱正昌：《高校辅导员队伍建设研究》，人民出版社2010年版。

三　中文译著

[德] 阿·迈纳：《方法论引论》，王路译，生活·读书·新知·三联书店1991年版。

[德] 赫尔巴特：《论世界的美的启示为教育的主要工作》，张焕庭译，人民教育出版社1964年版。

[德] 黑格尔：《小逻辑》，贺麟译，商务印书馆2016年版。

[德] 卡尔·雅斯贝尔斯：《什么是教育》，邹进译，生活·读书·新

知三联书店 1991 年版。

［德］马克斯·韦伯：《学术与政治》，冯克利译，生活·读书·新知三联书店 2013 年版。

［法］涂尔干：《社会分工论》，渠敬东译，生活·读书·新知三联书店 2000 年版。

［荷］杜玛·塞特斯、斯赖德·海因：《组织经济学》，袁磊、王磊译，华夏出版社 2006 年版。

［美］班杜拉：《自我效能：控制的实施》，缪小春等译，华东师范大学出版社 2003 年版。

［美］赖特·米尔斯、塔尔考特·帕森斯：《社会学与社会组织》，何维凌、黄晓京译，浙江人民出版社 1986 年版。

［美］塞缪尔·亨廷顿：《变化社会中的政治秩序》，王冠华、刘为等译，生活·读书·新知三联书店 1999 年版。

［美］苏珊·R. 考米斯、达德利·B. 伍达特：《学生服务：高校学生事务工作手册》，本书译委会译，中国青年出版社 2008 年版。

［美］温斯顿、克里杰、米勒：《学生事务管理者专业化论》，储祖旺、胡志红译，科学出版社 2010 年版。

［美］约翰·E. 丘伯、泰力·M. 默：《政治、市场和学校》，蒋衡、俞映辉、杨芳莉译，教育科学出版社 2003 年版。

［美］约翰·罗尔斯：《正义论》，何怀宏、何包钢、廖申白译，中国社会科学出版社 2009 年版。

四　中文期刊

蔡红生：《移动互联网背景下高校学生事务管理的创新》，《学校党建与思想教育》2018 年第 21 期。

冯刚：《治理视域下高校思政队伍专业化建设的理论与实践》，《学校党建与思想教育》2020年第5期。

冯刚：《高校辅导员队伍专业化、职业化建设的发展路径》，《思想理论教育》2016年第11期。

甘泉、骆郁廷：《社会动员的本质探析》，《学术探索》2011年第6期。

顾明远：《教师的职业特点与教师专业化》，《教师教育研究》2004年第6期。

韩庆祥、杨建坡：《习近平新时代中国特色社会主义思想的哲学基础》，《山东社会科学》2019年第7期。

郝立新、王丽丽：《论习近平新时代中国特色社会主义时代观及其当代价值》，《江汉论坛》2019年第3期。

胡洁雯、李文梅：《赋权增能：教师专业发展的新视角》，《中国矿业大学学报》（社会科学版）2011年第2期。

江世勇、代礼胜：《从自为到自觉：教师意识的觉醒与教师专业发展的内涵重构》，《教育理论与实践》2012年第26期。

蒋立峰：《新时代高校辅导员队伍专业化专家化路径探索》，《思想理论教育》2019年第4期。

李贵平：《高校辅导员专业化建设的途径》，《教育评论》2010年第6期。

[美]李·S.舒尔曼、王幼真、刘捷：《理论、实践与教育的专业化》，《比较教育研究》1999年第3期。

刘从德、郭巧云：《论习近平新时代观的文化底蕴》，《社会主义研究》2019年第4期。

刘宏达、潘开艳：《十年来我国高校辅导员制度的顶层设计及其实践创新》，《思想政治教育研究》2017年第1期。

刘建军：《论"时代新人"的科学内涵》，《思想理论教育》2019年第2期。

刘建军：《信仰教育：马克思主义思想理论教育的本质内容》，《中国人民大学学报》2000年第4期。

马玉海、夏小华、张月：《分类管理推进青年辅导员专业化发展——以高校主体为视角》，《中国青年研究》2014年第2期。

南亚娟：《新时代大学生思想理论教育和价值引领的路径探索》，《理论导刊》2018年第9期。

彭举鸿：《论教师专业的不可替代性》，《临沧师范高等专科学校学报》2012年第2期。

彭庆红、耿品：《新中国成立70年来高校辅导员队伍建设的历史进程、总体趋势与经验启示》，《思想理论教育导刊》2019年第8期。

彭赟：《能力本位·社会本位·发展本位——关于"社会主义价值观核心理念"的思考与对话》，《北京大学学报》（哲学社会科学版）2001年第5期。

秦在东：《新时代高校思想政治工作者的特殊使命》，《学校党建与思想教育》2017年第23期。

沈壮海、董祥宾：《论新时代高校思想政治工作质量的提升》，《思想理论教育》2018年第8期。

沈冰清：《传道需要信道、明道、智慧》，《思想理论教育导刊》2018年第4期。

陶富源：《中国特色社会主义新时代之"新"的内涵解析》，《社会主义研究》2019年第6期。

田心铭：《用马克思主义为思想理论教育导航》，《思想理论教育导刊》2019年第2期。

万美容、胡咚、叶雷等：《湖北省"90后"大学生思想行为特点实证分析报告》，《学校党建与思想教育》2013年第22期。

万美容、李芳：《师德建设：新时代振兴教师教育的基础工程》，《思想理论教育》2018 年第 7 期。

王珩：《实践智慧：辅导员专业化发展的新向度》，《当代青年研究》2010 年第 4 期。

王戎：《新形势下高校辅导员专业化发展路径探析——高校辅导员分类分级发展模式构建》，《思想理论教育》2015 年第 12 期。

王显芳、任雅才、亓振华：《新时代高校辅导员队伍专业化发展的理论逻辑和现实路径》，《思想教育研究》2019 年第 4 期。

邬小撑、楼艳、陈泽星：《基于学生发展需求的辅导员队伍专业化建设》，《思想理论教育》2017 年第 5 期。

肖慧：《高校辅导员思想政治教育话语权建构研究》，《学校党建与思想教育》2018 年第 9 期。

谢成宇：《新时期我国意识形态安全研究综述》，《学校党建与思想教育》2014 年第 9 期。

谢守成：《以科学思维引领高校思想政治工作创新发展》，《中国高校社会科学》2017 年第 3 期。

叶澜：《新世纪教师专业素养初探》，《教育研究与实验》1998 年第 4 期。

杨素萍：《教师专业化的哲学研究》，《上海教育科研》2010 年第 9 期。

杨洁：《能力本位：当代教师专业标准建设的基石》，《教育研究》2014 年第 10 期。

杨建义：《高校辅导员队伍专业化建设的回顾与展望》，《思想理论教育》2016 年第 8 期。

曾荣光：《教学专业与教师专业化：一个社会学的阐释》，《香港中文大学》（教育学报）1984 年第 12 期。

曾裕华：《从美国经验看我国高校辅导员的专业化发展》，《高校辅导员学刊》2012 年第 4 期。

赵康：《专业、专业属性及判断成熟专业的六条标准——一个社会学角度的分析》，《社会学研究》2000 年第 5 期。

赵康：《专业化运动理论——人类社会中专业性职业发展历程的理论假设》，《社会学研究》2001 年第 5 期。

周琪：《高校辅导员专业化发展研究述评》，《学校党建与思想教育》2008 年第 8 期。

赵宏：《辅导员专业化发展的伦理困境及其应对——基于辅导员主体性视角》，《西南科技大学学报》（哲学社会科学版）2014 年第 1 期。

郑永廷、林伯海：《教书育人规律及其遵循对策研究》，《思想教育研究》2017 年第 6 期。

张耀灿：《推进思想政治教育学科创新发展的若干思考》，《思想理论教育》2017 年第 7 期。

张艳斌：《青年网络表情包的文化逻辑及其规制》，《思想理论教育》2018 年第 1 期。

左殿升、刘伟、张莉：《新时代高校辅导员专业化建设三维透视》，《思想政治教育研究》2019 年第 3 期。

五　学位论文

李晓楠：《美国高校学生事务从业者专业标准研究》，中国地质大学（武汉），博士学位论文，2019 年。

苏亚杰：《高校辅导员职业能力研究》，哈尔滨师范大学，博士学位论文，2019 年。

杨亚庚：《我国高校辅导员职业发展研究》，东北师范大学，博士学位论文，2014 年。

六　中文报纸

《习近平主持召开学校思想政治理论课教师座谈会强调　用新时代中国

特色社会主义思想铸魂育人　贯彻党的教育方针落实立德树人根本任务》，《人民日报》2019年3月19日第1版。

《习近平在全国教育大会上强调：坚持中国特色社会主义教育发展道路　培养德智体美劳全面发展的社会主义建设者和接班人》，《人民日报》2018年9月11日第1版。

七　中文网站

《关于加强和改进思想政治工作的若干意见》，共产党员网，https://news.12371.cn/2018/10/30/ARTI1540892046797647.shtml，最后访问日期：1999年9月29日。

《中共中央国务院发出〈关于进一步加强和改进大学生思想政治教育的意见〉》中发〔2004〕16号，中华人民共和国教育部政府门户网站，http://www.moe.gov.cn/jyb_xwfb/gzdt_gzdt/moe_1485/tnull_3939.html，最后访问日期：2004年10月15日。

《国家中长期教育改革和发展规划纲要（2010—2020年）》，中华人民共和国教育部政府门户网站，http://www.moe.gov.cn/jyb_xwfb/s6052/moe_838/201008/t20100802_93704.html，最后访问日期：2010年7月29日。

《中共教育部党组关于印发〈普通高等学校辅导员培训规划（2013—2017年）〉的通知》（教党〔2013〕9号），中华人民共和国教育部政府门户网站，http://www.moe.gov.cn/srcsite/A12/moe_1407/s3017/201305/t20130506_151815.html，最后访问日期：2013年5月3日。

《教育部关于印发〈高等学校辅导员职业能力标准（暂行）〉的通知》（教思政〔2014〕2号），中华人民共和国教育部政府门户网站，http://www.moe.gov.cn/srcsite/A12/s7060/201403/t20140327_167113.

html，最后访问日期：2014 年 3 月 25 日。

《中共中央 国务院印发〈关于加强和改进新形势下高校思想政治工作的意见〉》，中国政府网，http：//www. gov. cn/zhengce/2017 - 02/27/content_ 5182502. htm? trs = 1，最后访问日期：2017 年 2 月 27 日。

《中共教育部党组关于印发〈高校思想政治工作质量提升工程实施纲要〉的通知》，中华人民共和国教育部政府门户网站，http：//www. moe. gov. cn/srcsite/A12/s7060/201712/t20171206_ 320698. html，最后访问日期：2017 年 12 月 4 日。

《普通高等学校辅导员队伍建设规定》（教育部令第 43 号），中华人民共和国教育部政府门户网站，http：//www. moe. cn/srcsite/A02/s5911/moe_ 621/201709/t20170929_ 315781. html，最后访问日期：2017 年 9 月 21 日。

《中共中央 国务院〈关于全面深化新时代教师队伍建设改革的意见〉》，中国政府网，http：//www. gov. cn/zhengce/2018 - 01/31/content_ 5262659. htm，最后访问日期：2018 年 1 月 31 日。

《教育部等五部门关于印发〈教师教育振兴行动计划（2018—2022 年）〉的通知》（教师〔2018〕2 号），中华人民共和国教育部政府门户网站，http：//www. moe. gov. cn/srcsite/A10/s7034/201803/t20180323_ 331063. html，最后访问日期：2018 年 2 月 11 日。

《教育部等八部门〈关于加快构建高校思想政治工作体系的意见〉》（教思政〔2020〕1 号），中华人民共和国教育部政府门户网站，http：//www. moe. gov. cn/srcsite/A12/moe_ 1407/s253/202005/t20200511_ 452697. html，最后访问日期：2020 年 4 月 22 日。

《中共中央 国务院印发〈关于新时代加强和改进思想政治工作的意见〉》，中国政府网，http：//www. gov. cn/xinwen/2021 - 07/12/content_ 5624392. htm，最后访问日期：2021 年 7 月 12 日。

八 外文文献

Anne, M. P., "The Ethical Claim of Partiality: Practical Reasoning, the Discipline, and Teacher Education", *Curriculum Studies*, 2009.

Arthur, W. C., "New Assumptions for Educational Reform", *Educational Leadership*, 1988.

Bussis, A., Chittenden, E., Amarel, M., *Beyond the Surface Curriculum: An Interview Study of Teachers' Understandings*, Boulder, CO: Westview Press, 1976.

Calderhead, J., "International Experience of Teaching Reform", in Richardson. V (dir.), *Handbook of Research on Teaching*, 2001.

Creamer (ed.), *Student Development in Higher Education: Theories Practices and Future Directions*, Washington DC: ACPA, 1980.

Diez, M., Rickards, W., Lake, K., *Performance Assessment in Teacher Education*, in T. Warren, *Promising Practices: Teacher Education in Liberal Arts Colleges*, Lanham, MD: University Press of America and Association of Independent Liberal Arts Colleges for Teacher Education, 1993.

European Communities, "Key Competences for Lifelong Learning – A European Reference Framework", *Official Journal of the European Union*, 2006.

Hoyle, E., "Professionalization and De – professionalization in Education", in Eric Hoyle & Jacquetta Megarry (eds.), *World Yearbook of Education 1980: Professional Development of Teacher*, London: Kogan Page, 1980.

Hoyle, E., "Teachers as Professionals", in L. W. Anderson (ed.) *International Encyclopedia of Teaching and Teacher Education*, Oxford: Pergamon, 1995.

Linda, E. , "What is Teacher Development?", *Oxford Review of Education*, 2002.

Meissel, K. , Parr, J. M. , Timperley H. S. , "Can Professional Development of Teachers Reduce Disparity in Student Achievement?", *Teaching & Teacher Education*, 2016.

Michalinos, Z. , Elena, C. , "Papanastasiou: Modeling Teacher Empowerment: The Role of Job Satisfaction", *Educational Research and Evaluation*, 2005.

Perry P. , "Professional Development: the Inspectorate in England and Wales", in Eric Hoyle & Jacquetta Megarry (eds.), *World Yearbook of Education 1980: Professional Development of Teachers*, London: Kogan Page, 1980.

Robert, P. A. , "Differences between Belief and Knowledge Systems", *Cognitive Science*, 1979.

Rocheach, M. , *Beliefs, Attitudes and Values: A Theory of Organization and Change*, San Francisco, CA: Jossey-Bass, 1968.

Shulman, L. S. , "Those Who Understand Knowledge Growth in Teaching", *Educational Researcher*, 1986.

Spencer, L. M. , Spencer S. M. , *Competence at Work: Models for Superior Performance*, New York: John Wiley & Sons, Inc. , 1993.

Svitlana, L. , Oksana, M. , "Professional Development of Teachers Using Cloud Services during Non-formal Education", Arxiv, https://arxiv.org/abs/1807.05987, 2018.

Taylor, P. , *The Influence of Teacher Beliefs on Constructivist Teaching Practices*, Paper Presented at the Annual Meeting of the American Educational Research Association, Boston, MA, 1990.

Thompson, A. G., "Teachers' Beliefs and Conceptions: A Synthesis of the Research", in A. D. Grows (ed.), *Handbook of Research on Mathematics Learning and Teaching*, 1992.

Zhang, A. Y., University, B., "The Professional Development of Teachers", *Journal of Jiamusi Vocational Institute*, 2017.

后　　记

　　我出生在一个并不富足的农村家庭，从儿时记事开始，每天一放学，就会不自觉地去找寻正在劳作的父母，插秧、割稻、锄草、点豆子、掰玉米、摘花生、挖红薯、栽油菜。初中后，开始学着大人的样子，肩挑背驮，穿行于田间地头。暑假的每个傍晚，与弟弟一起，或去水田埂上给玉米苗浇水，或抬着篮筐辗转于不同旱地摘丝瓜，有时也会被草丛中的蛇吓得打个寒噤。这些在山间田野里的撒欢连同没有完成作业被老师责骂的情景交织在一起，至今仍会时不时出现在梦中。那时的我，尚不明白"天将降大任于斯人也，必先苦其心志，劳其筋骨，饿其体肤"的道理，却在多年的农活中磨炼了不怕苦、不怕累、坚强执着的意志，尤其是受父母耳濡目染，让我通过读书改变命运的决心更加强烈。

　　与华中师范大学结缘，师从万美容教授门下，实乃三生有幸。认识万老师，纯属机缘巧合。当年因一份学生推荐材料，万老师谦和的人格魅力和严谨的治学态度让我折服，由此萌生了拜读万门名下的念头。为实现这个夙愿，记不清度过了多少个不眠之夜。揭榜的那一刻，感觉已经用尽了此生所有的好运，也因此以《漫漫考博路》为题，写下万字文，纪念这段心路历程。万老师为经师更为人师。学业上，万老师领我入门、导引我、鞭策我、鼓励我。从微信群里海量的学习资料到每周四下午图书馆9楼的读书报告会，从专门的课题论证会到每年暑期读书交流会，从江城武汉到古城荆州，万老师诲人不倦，倾囊相授。他以广阔的视野和渊博的学识，帮助我明确学习目标，培养我的学术思维，指导我掌握研究方法。论为人，万老师为人师表的崇高风范，谦逊低调的生活作风，无微不至的人文关怀，严于律己、宽以待人的处世态度，令人如沐春风，倍感温馨。不仅如此，他还多次以自身阅历指导我的职场发展，给我莫大的鼓舞与帮助，这些已经成为我不断前行的动力和标杆。相比严师，师母洪星老师则更像一位慈母，对待每一个学生永远都是那么和颜悦色、体贴入微。印象中的师母经常会"挺身而出"，袒护着每一个可能会受到老师"责备"的学生们。我想即使毕业多年，回想起在华中师范大学的这段生活，一定都会被洪老师当年一个鼓励的眼神或一个会心的微笑所温暖。

亚里士多德曾言，教育的根是苦的，但果实是甜的。我的博士生涯是无比曲折的，用万老师的话来说，"克服了在职学习的种种困难"。犹记得第二次上"思想政治教育原理与方法"专业课，万老师请同学回答上次布置的任务，即什么是思想政治教育的问题。对于这个问题，我是自信满满的，因为头一天已经提前花了整整一个小时，认认真真地组织了五句话，自认为概括出了精髓。但接下来的一幕我被深深地震撼了。同学们谈古论今、引经据典，把这一概念的内涵与外延演绎得淋漓尽致。其间，无意抬头看到了正襟危坐的万老师，当眼神与他对视的一瞬间，内心一阵从未有过的慌乱与不安，很快从满头大汗到后背发凉再到如坐针毡。这一刻，也让我深刻明白了，对于思想政治教育专业，我真的是一个彻彻底底的门外汉。为了学好专业，我认真规划了脱产学习的这一年，读文献，写论文，投稿，参会，准备各种报告会、读书会、交流会，忙碌而又无比充实。不得不承认，博士学习太苦了。至今仍然记得有篇文章，从构思到成文，再到数易其稿后投稿，通过初审后又四易其稿，最后出刊，前后历时三年半，几乎伴随了整个博士学习阶段。这篇文章也让我保持着单日写论文最长的纪录——十八个小时，至今尚未打破。博二下半年那段回忆更是难以忘怀。为了完成老师交办的学习任务，每天下午从幼儿园接完孩子，送回家中后，为身怀六甲的妻子做好晚饭，匆匆吃上几口后，背着书包赶往学校图书馆查阅资料，再回到家已是深夜。周五晚上则要乘动车转地铁来到华中师范大学的宿舍，去图书馆借书，参加周六的读书会，提出研究思路，拿出文章框架供老师和同学们"批判"，周日晚上再回到荆州。这种生活持续了近3个月。其间，给学生授课时突然两眼昏花，天旋地转，死命撑住讲台才没有晕倒。最难的是博士论文的写作。与其说是因为论文本身很难，倒不如说是克服惰性每天坚持写作太难了。来自内心的坚守给了我无穷的力量，支撑着我跌跌撞撞地完成了本书。无数次端坐于电脑前冥思苦想却毫无思路，也记不清多少次因为第二天要早起不得不在文思如泉涌的深夜合上电脑。确实，"放弃"只是简单的两个字，"坚持"却要找一千个理由说服自己。每当找不到感觉想偷懒时，脑海里总有一个小人会敲打着自己，"走得太久，别忘了当初为什么出发"。

我要以此著作祭奠并深刻缅怀已经逝去多年的父亲。这句话也是弟弟当年博士论文致谢里的一句话。我的父母都是地地道道面朝黄土背朝天的农民，他们没有多少文化，从来没有辅导过我们一天作业，却教会了我许多做人做事的道理，比如不怕吃亏，要以诚待人，要知恩图报等。他们经常挂在嘴边的一句话是，读书是唯一的出路，就算是砸锅卖铁都要把你们供出来！为了供我和弟弟上学，他们不辞辛劳、夜以继日地做着苦力，可怜的父亲甚至付出了生命的代价！印象中的父亲从来都是一个豁达乐观的人，唯一一次愁得睡不着觉、喝不下酒却是因为我当年的大学学费没有着落。为了借学费，他带着弟弟不知道跑了多少冤枉路，忍受了多少白眼。一些原本夸下海口的亲戚，或像躲瘟神一样躲着我的父亲和弟弟，或非常不屑地甩下几百块钱，叫嚷着赶快离开。走投无路之时，一个父亲自认为交往不深的朋友送来了6000元钱。为了偿还欠下的人情，即使借款都已经还完了，父亲和母亲每年都还要挑上几担粮食，步行好几公里送到恩人家里，即使到现在，每年春节，母亲都会带上我去恩人家里走一走、看一看。然而，当一切正走向正轨的时候，父亲却因为一次工地事故永远地离开了我们，他走得那么惨烈、那样匆忙，甚至连半句话都没有留下！子欲养而亲不待，这成为我此生最大的遗憾！我的母亲，在现场目睹了父亲的惨状，从此一蹶不振，精神和身体完全垮掉，调养多年仍不得恢复。在此之前，为了供我们读书，她像男人一样疯狂地干活。先天性近视1000多度的她，怕人嘲笑从不戴眼镜，但因为没有任何手艺，不得不选择了和父亲一起去附近的选矿池，砸着矿石，拉着板车，吃着咸菜，干最苦最累的活。为了多点收入，她每月都顶别人的班，经常整夜整夜地劳作，很多时候到天快亮才趴在窗户上喊我和弟弟开门，睡上两个小时后又下田干农活。至今犹记得每个周六高中放假回家，她都会在昏黄的灯光下，从米坛子里面摸出一个手帕，笑盈盈地看着我，然后沾着口水，把一张张毛票数给我们。这是我们下周的生活费。每次从这伤痕累累、满是老茧的手中接过血汗钱时，我的内心都在颤抖。关于母亲印象最深的却是同村一个大哥的转述："一天早上五点多，我就听见有人在池塘边搞得砰砰响，起来一看，原来是你妈妈为了早点赶去上工，不得不起早砸开冰面洗衣服，当时她的脸和手已经冻得通红，却对我说不冷不冷。"他顿了顿，补了一句，说："以后你们一定要对妈妈好……"没等他说完，转过身去，我的眼泪像决了堤的江水一样奔涌而出。就这样，这个大字不识的农村妇女，凭着一股不服输的韧劲，硬是培养出了两个博士儿子。即使到现在，她还不得不舍弃熟悉的老家，辗转杭州、荆州、广州多地，继续为孙辈操劳着。

后 记

　　家是心灵的港湾，我的妻子是此著作得以完成的精神支柱。从准备报考博士开始，她就默默地给了我巨大的支持，几乎没有半句怨言。印象中只有在复习备考期间，因为不着家，她很生气地说了句"你的眼里只有书"。说归说，求学这几年，没有哪一个完整的周末是在家里，即使是寒暑假和节假日，都会早早买好去武汉的车票，此时的她，一般什么都不说，等我到宿舍，会发现书包里多了几个苹果或者几包零食。著作交稿前，又经历了好几个月的修稿期。这期间，最难熬的是她要照顾两个尚年幼的女儿，自己还要上班，忙得真叫不亦乐乎，遇上有个头疼脑热的，也只会瞒着我，让我安心学习。两个女儿是生活中的开心果，再苦再累，看到她们童真的笑容，所有的阴霾都会一扫而空。最艰难的那段写作期，孩子们只能在晚上睡前见到我，大女儿就会很好奇地问，为什么别人的爸爸都能陪孩子玩，我的爸爸每天那么忙？妻子随口答道，你的爸爸是博士，你们要向他学习。小小年纪的女儿，尽管不懂什么是博士，但感觉爸爸是在做着很了不起的事，也经常会一脸骄傲地跟小伙伴炫耀说，我的爸爸是博士。

　　现任职于中山大学的弟弟一直都在背后默默地支持着我，是我不断前进的动力。当年弟弟读博，我送了一台笔记本电脑，在我拿到博士录取通知书后，他又反赠了一台。弟弟是个超级学霸，一直是我学习的榜样。浙江大学博士毕业后，他放弃了企业高薪邀请，也投身高等教育事业。所有的寒暑假，他都会在学校实验室度过。上文提及的那篇历时三年多的文章初稿，就是那年春节在他办公室完成的。弟媳善解人意，不论是经济上还是精神上都给予了很大的鼓励与帮助。回想这么多年，没有家庭的关心、支持与鼓励，我不可能有此著作。

　　感谢华中师范大学张耀灿教授、谢守成教授、蔡红生教授、林剑教授、秦在东教授、刘从德教授、刘宏达教授、梅萍教授、唐克军教授启发我独立思考，培养我的问题意识，锻炼我的学术思维。

感谢胡咚、曾兰、王卫国、孙清华、张艳斌、张海霞、吴倩、廖宇婧、曹清燕、孙禄、程仕波、陈华、陈永峰、祝鑫、丁琳、陈娟、宋增伟博士在本著作撰写期间给我的鞭策、鼓励和帮助。

感谢中国社会科学出版社责任编辑杨晓芳为此书的出版付出的大量辛勤劳动。

感谢长江大学人文社科处和长江大学马克思主义学院为本书出版提供经费资助，感谢徐前权处长、彭开智副处长、姜学勤院长、刘小燕书记等领导的大力支持和鼓励。

由于本人才疏学浅，理论水平和研究能力有限，本书难免存在疏漏和不当之处，恳请学界同人不吝指正。

伍廉松

2022 年 12 月于古城荆州